小小社会人

儿童的
社会认知与
社会学习

赵 欣◎著

华东师范大学出版社
·上海·

图书在版编目(CIP)数据

小小社会人:儿童的社会认知与社会学习/赵欣著.—上海:华东师范大学出版社,2023
ISBN 978-7-5760-3895-8

Ⅰ.①小… Ⅱ.①赵… Ⅲ.①儿童教育-社会教育 Ⅳ.①G611

中国国家版本馆 CIP 数据核字(2023)第 097709 号

小小社会人:儿童的社会认知与社会学习

著　者	赵　欣
责任编辑	张艺捷
责任校对	江小华
装帧设计	卢晓红

出版发行	华东师范大学出版社
社　址	上海市中山北路 3663 号 邮编 200062
网　址	www.ecnupress.com.cn
电　话	021-60821666 行政传真 021-62572105
客服电话	021-62865537 门市(邮购)电话 021-62869887
地　址	上海市中山北路 3663 号华东师范大学校内先锋路口
网　店	http://hdsdcbs.tmall.com
印刷者	上海龙腾印务有限公司
开　本	787 毫米×1092 毫米 1/16
印　张	15.5
字　数	234 千字
版　次	2023 年 6 月第 1 版
印　次	2023 年 6 月第 1 次
书　号	ISBN 978-7-5760-3895-8
定　价	58.00 元

出版人　王　焰

(如发现本版图书有印订质量问题,请寄回本社客服中心调换或电话 021-62865537 联系)

本书为国家自然科学基金青年科学基金项目"复杂情境下儿童选择观的发展研究"（项目批准号 32100865）、上海市哲学社会科学规划教育学青年项目"学龄前儿童成败观的发展与培养机制研究"（项目批准号 B2022005）研究成果。

本书出版受到华东师范大学教育学部 2022 年度中文学术专著出版资助计划资助。

目录

前言：儿童如何在社会环境中"航行"？/ 1

第一章 他在想什么？儿童对心理状态的认知 / 1

心理理论 / 2
关于偏好的推理 / 11
情绪理解 / 15
撒谎意味着什么？/ 21
更复杂的心理活动 / 23
儿童的选择观 / 25
总结与启示 / 35

第二章 他们什么关系？儿童对人际关系的认知 / 39

对于人际关系亲疏的理解 / 40
对于人际层级的认知 / 43
对于领导者的理解 / 48
总结与启示 / 50

第三章 我们与他们：儿童对社会群体的认知 / 53

贫穷与富有 / 54

男性与女性 / 57

语言与口音 / 59

内群偏好与群体间偏见 / 61

本质主义 / 64

刻板印象的形成与减少 / 68

群体的层级差异 / 73

总结与启示 / 77

第四章 好与坏：儿童的道德认知 / 79

道德认知发展的理论 / 80

婴幼儿的道德认知 / 83

婴幼儿的亲社会行为 / 88

儿童的亲社会动机 / 90

儿童的合作行为 / 93

更复杂的道德认知 / 97

更微妙的亲社会行为：社会善念 / 103

认知与行为之间的差别 / 113

对社会规则的认知 / 116

总结与启示 / 122

第五章 信任与怀疑：儿童的社会学习 / 125

小小科学家 / 125
模仿与观察学习 / 128
信任、质疑与教学 / 131
从众 / 134
阅读与学习 / 137
总结与启示 / 141

第六章 我是谁？儿童的自我认知 / 143

自我概念 / 143
自我认知的文化差异 / 145
自尊 / 147
认识未来的自我 / 149
总结与启示 / 152

第七章 行不行？儿童对于能力的认知 / 155

思维模式 / 155
思维模式的影响因素 / 158
低龄儿童的成就认知 / 161
自我与他人 / 169

总结与启示 / 173

第八章　坚持下去：儿童的自控力与毅力 / 175

自控力的定义与测量 / 175
如何提升自控力 / 177
理性的坚持 / 185
总结与启示 / 189

结语 / 193
参考文献 / 201

附录 / 225

附录1　选择观任务指导语 / 225
附录2　成本与社会评价任务指导语 / 227
附录3　社会善念理解任务指导语 / 230
附录4　成就限制认知任务指导语 / 231

前言：儿童如何在社会环境中「航行」？

我们生活在一个复杂的社会环境中，每天要处理大量的社会信息。对于儿童更是如此。儿童如何认识他们所处的这个纷繁复杂的人类世界？他们又如何在这样的社会环境中进行学习？这是近几十年的儿童社会认知（social cognition）和社会学习（social learning）领域的研究想要回答的问题。

孩子们大概是这个世界上最可爱也最奇妙的生物，但理解孩子绝不是一件很容易的事情。身为大人的你，一定也会疑惑，他们大大的眼睛后面是怎样的思考呢？他们的脑子里面到底在想什么呢？有的时候我们可能觉得他们什么都懂，他们常常会模仿我们做各种动作，会"察言观色"，有的时候还会知道我们需要帮助，并且伸出援手。而更多时候，我们可能会在苦恼，为什么他们不听话呢？为什么他们不能站在对方的角度看问题呢？为什么他们一而再，再而三地犯错误呢？这就是我们可爱又恼人的孩子们啊！

儿童认知发展的研究给我们打开一扇窗，让我们有机会看看孩子们到底在想些什么。自皮亚杰以来，我们对于儿童认知的发展有了越来越多的了解。近三四十年，随着儿童发展研究方法和技术的发展，越来越多具有突破性和颠覆性的研究成果出现，我们对儿童认知的看法也有了很大的变化。五六十年前，主流的观点可能会认为儿童是非理性的、是没有逻辑的、是以自我为中心的、是无法理解因果关系的。简单地说，他们似乎什么都不"懂"。但现在，越来越多的研究成果启示我们，儿童其实懂得比我们以为的多很多，他们认知这个世界的方式甚至可以媲美科学家们。其中，越来越多的研究者们（包括我自己）所关注的问题是，儿童如何认识他们所处的这个社会环境，如何认识他人和自己,如何在这个环境中进行学习。在本书中,我将会基于已有的研究来分析和论述:儿童拥有令人惊叹的驾驭社会环境、处理社会信息、与他人互动交流的能力;同时,年幼的儿童也还存在着很多认知上的限制,距离成年人还有一定的"差距",但是他们强大的学习能力让他们快速发展,"懂"得越来越多。

毫无疑问,我们生活在一个非常复杂的世界,人与人之间进行着复杂而精妙的互动。作为成人的我们每天也要应对各种各样的人,面对庞杂的信息的轰炸。我们要面对的人既包括与我们关系最为密切的,我们的家人、朋友和我们周围的人,也包括我们不那么熟悉的陌生人、其他文化或国家中的人。对我们成人来说,在这样的人类环境中,加工、筛选、处理这些信息并在这些基础上进行人与人之间的互动几乎是我们无时无刻不在做的事情,这样的能力对我们在社会环境中生存是至关重要的。

举个例子,想象你坐在一个咖啡馆,看到对面桌的小姑娘,喝了一口杯中的冰拿铁,露出了满意的表情,你心想她大概是很喜欢喝冰咖啡的。这时,你不小心把一支笔掉到了地上,这支笔不听话地滚到了她的桌子底下,她立马放下了手中的咖啡,俯下身帮你捡起了那支笔并走过来递给你,你心想她一定是很善良的乐于助人的人,你说了声"谢谢"。这时两个和她差不多年纪的小姑娘走进了咖啡厅,其中一个与她打起了招呼,熟络地聊起了天,脸上洋溢着愉快的笑容,另一个则在旁边看着他们交谈,没有怎么插话,你心想她跟第一个人应该是好朋友,而跟另一个人可能还不太熟,也许接下来会认识。你可能还注意到,她们说话时普通话中时不时地夹杂着一些上海话,你心想她们一定是上海人吧。

在这个例子中,你几乎是瞬间就可以对这个小姑娘喜欢什么、是什么样子的人、与谁是朋友、从哪里来等方面做出判断。尽管你们之间还没有太多的交流,你就已经对她有一定的了解了。我们几乎是无时无刻不在观察他人的行为,对他人的喜好、品质、人际关系、社会群体等各个方面进行推理。这帮助我们了解他人喜欢什么,是一个怎样的人,值不值得交往。

那么儿童呢?想象一个儿童的一天,他/她也是要和各种各样的人打交道,推测他人的喜好,判断他人的好坏,认识自己和他人在这个世界中的位置,与他人合作,共同解决或大或小的问题。那么,儿童如何认识自我和他人?如何与他人进行交流、互动与学习呢?这样的能力对于儿童与他人相处,在这个社会中"航行"无疑是非常重要的。

如前文所述,近几十年,研究领域内对于这些问题有了越来越深入的研究,但也还有很多问题没有解答。本书将基于已有文献分析探讨儿童如何认知自我及他人以及社会环境,如何处理社会信息,如何在社会环境中进行学习,并在现有研究的基础上提出未来研究需要解决的问题。

全书的内容框架如下:

第一章将着眼儿童对于他人的心理状态的认知。儿童与他人进行互动的一个非常重要的环节就是通过他人外显的行为和语言推测对方内在的心理状态,包括他人的想法、偏好、愿望、情绪、信念等。我们将探讨儿童是如何推测和理解他人的愿望、偏好、信念、情绪等的,又是如何根据这些推测对他人的行为进行预测的,如何根据这些推测实现自身的目的(比如说,为了自身利益而撒谎),以及如何综合这些信息来认知自己和他人的选择的。近十几年,关于儿童对于他人心理活动的认知的研究有非常重要的成果。我们将基于这些成果,分析儿童对于他人的心理活动的认知的发展规律、发展机制、影响因素、文化差异等,并探讨如何提升儿童对于他人心理活动的认知。

第二章将关注儿童对于人际关系的认知。儿童在社会环境中生存时遇到的每一个个体都不是孤立存在的,而是与其他个体有着各种各样的联系的。人与人之间的关系或亲密、或疏远。每个人都有亲人、朋友、熟人,也会遇到形形色色的陌生人。人与人之间也有层级关系,有的人相对处于人际层级的高处,有的人处于人际层级的低处。那么儿童在与他人相处的过程中如何通过或明或暗的线索去推测人与人之间的关系的亲密程度和层级关系就非常重要。近十多年,涌现出一些有关儿童对于人际关系的认知的研究,但还有非常多尚未被研究的问题。我们将基于已有的研究成果,探讨儿童对于人际关系的认知的发展规律和影响因素等,并提出对于未来研究的展望。

第三章将关注儿童对于社会群体的认知。儿童在社交互动中所遇到的人，无论男性还是女性、年轻人还是老年人、本地人还是外地人、南方人还是北方人、红队的还是蓝队的，等等，都是隶属于各种各样的社会群体的。群体之间的冲突和合作是社会发展中的一个重大议题。儿童可能对于不同的社会群体有一定的认知甚至是偏见，也会对于与自己属于同一个社会群体的人有自然的偏好。有关于儿童对于社会群体的认知的研究在近十几年有很多的突破。我们将基于这些成果，分析儿童对于各种维度上的社会群体的认知，以及这样的认知可能的形成原因以及可能带来的后果，并落脚于如何培养儿童对于社会群体的理性健康的认知，减少人际之间的偏见和冲突。

第四章将着眼儿童的道德认知。儿童在社会环境中成长的一个非常重要的任务就是学习社会规范和道德规范，做一个遵纪守法，甚至是亲社会的好孩子，与他人和谐相处。另外一个非常重要的任务就是识别好人和坏人，对他人的行为作出评价，甚至是纠正他人违反社会规范或道德规范的行为。有关于儿童道德认知的研究虽然有着很长的历史，也有很多经典的理论（如，皮亚杰的道德发展阶段论、科尔伯格的道德发展理论），但近十几年，研究者对于儿童的道德认知和亲社会行为的研究有很多突破性的进展，改变、甚至颠覆了我们对于儿童道德发展的看法。我们将基于这些成果，探讨儿童对于各种各样的社会和道德规范的学习和理解，对于直接或间接的亲社会行为的认知和判断，以及他们自身的道德行为和亲社会行为的发展，以及这些认知和行为的影响因素，并落脚于对于儿童的德育的反思。

第五章将关注儿童的社会学习。每个家长和老师都希望我们的孩子好好学习。但是，对于儿童一生的发展最重要的、最普遍的学习，并不一定是在课堂中发生的，而是在他们出生之后（甚至是在出生之前、在子宫中）、在日常的互动中就已经发生了。儿童通过观察和模仿他人、通过他人的直接教学等方式学习各种各样的知识和规则。我们将基于近三十年的有关于儿童社会学习方面的研究，探讨儿童社会学习的规律，分析儿童强大的学习能力，揭示儿童社会学习的灵活性和有选择性，为更好地促进儿童的社会学习提供建议。

第六章将关注儿童的自我认知。儿童需要认识他人、认识他们所处的环境,也要认识他们自己。"认识你自己"可以说是最难的一件事情了,而对自我认知的研究也是非常困难的。很长时间以来,我们对于青少年的自我的发展(比如同一性、自尊等)有一定的了解,近十几年,有关于更低年龄儿童的自我认知的发展的研究也不断涌现。越来越多的研究成果告诉我们,即便是年龄较低的儿童也有一定的对于自我的认识,并且这些认知可能对于他们的行为有重要的影响。并且,儿童的自我认知也受到文化环境的重要影响。我们将基于这些成果,探讨儿童及青少年自我认知的发展及其影响因素、文化差异等,并对未来的研究提出展望。

第七章将关注儿童的对于能力的认知。儿童在社会环境中与他人进行社交互动的过程中,会经历各种各样的成功,也会经历大量的失败,儿童也会在与他人的交往过程中与他人进行比较。在这个过程中,儿童会逐渐形成对于自我及他人的能力的认知,这些认知也可能会反过来影响儿童的能力的发展和面对成功和失败时的反应。近几十年,有大量关于儿童对能力的认知的研究涌现,包括儿童对于能力的可变性的认知、对于成就的结果和过程的认知、对于自我和他人的比较的认知,并且这些认识可能对于他们的行为有重要的影响。我们将基于这些成果,探讨儿童对于能力的认知的发展及其影响因素,并对未来的研究提出展望。

第八章将关注儿童的自控力和毅力。自控力几乎是人类开展任何活动的基础,对于儿童来说尤为重要。无论是在学习中,还是在与他人互动、合作的过程中,都需要自控力作为基础。儿童在遇到困难的时候的持续努力和毅力对于其在各个领域中取得成就是必不可少的。我们将基于对于儿童的自控力和毅力的研究,揭示儿童自控力和毅力的发展的社会认知基础及其影响因素,为培养提升儿童的自控力和毅力提供建议。

最后,在结语部分,我将总结儿童社会认知与社会学习方面的现有成果,我认为这些研究启示我们,儿童远比我们以为的"懂"得更多,他们有着非常强大的认知社会环境、处理社会信息的能力,从而与他人进行交流和学习。他们的社会认知和社会学习是灵活的、有选择性的,也是快速发展的。但是现有的研究还存在很多的局限性,比如还相当缺乏具有整合观点的研究以及跨文化的研究,我将基于这些局限性对于未来研究的方向进行展望。同时,我也将为家长、老师和教育工作者等提出一定的具有实践价值的、可操作性的建议。通过这些方面的介绍,相信本书可以对研究者了解儿童社会认知的发展以及对于教育工作者和家长培养适应日渐复杂的未来社会的儿童有一定的帮助。

第一章 他在想什么？儿童对心理状态的认知

在与他人互动的过程中，我们看到的往往都是人的外显的行为，但在这些外显的行为背后却是人们内在的心理活动。我们无时无刻不在通过这些外显的行为来推测人们内在的心理活动。当你与一个人相处时，你会不自觉地猜测他心里在想什么，他喜欢我还是不喜欢我，他是开心还是伤心，他有没有骗我，他说这句话隐含着什么意思呢，是出于什么意图呢。显然，人们往往并不会把他们脑子里面的真正的想法直白地说出来或者表现出来，而会很好地隐藏它们。这是人类的奇妙之处，也给我们的生活增添了很多趣味，同时也带来了很多挑战。

显然，对他人心理活动的理解和推测是儿童发展中的一个重要的议题，也是儿童与他人更好地交往的重要技能。为了能够跟他人更好地交流和合作，我们不能仅仅关注我们自己的想法，我们也不能仅仅关注我们所能看到听到感受到的客观世界，我们还必须要去关注和理解他人的心理活动，他人想要什么，有怎样的看法。我们要理解他人的信念和想法可能跟我们不一样。看问题的角度不同，大家的看法和感受就会有不同。这样才能帮助我们更好地站在他人的角度共同解决问题，达到双赢。

比如说，我们需要理解他人喜欢的也可能跟我们不一样，所谓甲之蜜糖，乙之砒霜；也要理解人们会隐藏自己的真实感受，他人真正的感受也许跟我们看到的表面不一样。这些对儿童来说并不是一件容易的事情。其实，这对我们成年人来说也并不是容易的事。想想有多少父母将自己的喜好强加于儿女之上。在皮亚杰看来，7岁之前的儿童存在一个非常重要的限制，就是他们以自我为中心，不能站在他人的角度看问题

(Piaget，1970)。近几十年，研究者开始系统探究儿童对他人心理活动的认知，研究者给这样的能力起了一个术语叫做"心理理论"(Wellman，2014；苏彦捷和刘艳春，2012；陈英和等，2001)。越来越多的研究启示我们，皮亚杰可能大大地低估了儿童对于他人心理活动的认知，也许在7岁之前儿童就已经具有了一些站在他人角度看问题的能力。

心理理论

学者们对于心理理论(theory of mind)的定义可能因研究各有不同，但简而言之，心理理论可以说是指一个人对他人的心理状态的认识，所谓心理状态包括(但不限于)愿望、偏好、信念、需要、意图、情绪等。人们基于这些对他人的心理状态的认识对自己或他人的行为作出预测及解释(Wellman，2014；王茜等，2000)。

"心理理论"这个术语非常妙，为什么称之为理论呢？就是因为"心理理论"是我们对于他人心理的"理论"，也就是说，是我们推测他人的心理状态是怎样的，是如何驱动他们的行为的。显然，与人们外显的行为或者说出来的话不同，我们是没有办法直接观察到人们内心的活动的，我们必须通过各种各样的线索来推理他人内心的意图、愿望、信念、情感，等等。之所以称之为"理论"，也是因为，人们的这种对于他人心理活动的推论，是一个成体系的、不断更新的"理论"，我们不断会根据新的"线索"或者是"证据"来更新我们对于他人心理活动的"理论"，就好像我们科学家做研究要提出理论并根据所收集到的证据来更新理论一样(Gopnik 和 Wellman，2012)。

那么，为什么我们要研究儿童心理理论的发展呢？心理理论的能力有什么重要性呢？简单来说，"心理理论"是我们与他人愉快交往的基础。很多研究表明，心理理论能力越高的孩子越受同龄人欢迎，更可以与他人友好相处，也表现出更多的亲社会行为(Slaughter 等，2015；Watson 等，1999；Wu 和 Su，2014；陈童和伍珍，2017)。心理理论能力的低下也往往跟自闭症等严重的行为问题和发展问题相关(Frith 和 Happé, 1994)。所以,我们显然是希望孩子们有很好的心理理论能力的。

刚刚我们说了,他人的心理状态包括愿望、偏好、信念、情绪,等等。那么儿童对于这些不同的心理状态的认知都是怎样的,有怎样的发展呢?研究发现,儿童对于不同的心理状态的理解的发展时期有所不同。我们先来看看对于愿望(或者说偏好)的认知。搞清楚他人喜欢什么,有时候很简单,有时候也可能有些困难。别人可能直接告诉你,"我喜欢巧克力蛋糕",那事情就会变得简单,但有的时候我们可能需要通过一些不那么明显的线索来推测他人到底喜欢什么,想要什么呢。Repacholi 和 Gopnik 在 1997 年发表的一项奠基性的研究就是想要探究儿童对于他人愿望的认知。他们想要探究的是,儿童是否能够理解"萝卜白菜,各有所爱"。我们知道大部分的小朋友都喜欢饼干胜过西兰花,如果让他们在饼干和西兰花中进行选择,他们大多会选择饼干。但是,也许有人不喜欢饼干,而更喜欢西兰花,那么儿童能够理解别人喜欢的东西也许跟他们自己不同吗?研究者在儿童面前分别品尝饼干和西兰花,研究者先拿起了西兰花,放在嘴里,看起来很享受地吃了起来,并且还说"嗯——好吃!好吃的西兰花";然后,研究者拿起小饼干,嫌弃地撇嘴,同时说"呕——难吃!难吃的小饼干"。接着,研究者把装有饼干和西兰花的餐盘推给宝宝,并伸出手说,"你可以给我点东西吗?"让儿童从饼干和西兰花中选东西给她吃。显然,实验者是想看,儿童是会给她实验者喜欢的西兰花,还是给儿童自己喜欢的饼干。结果发现,14 个月大的宝宝,大部分(超过 80%)会把自己喜欢吃的小饼干给实验者。他们似乎还并不能理解,他人喜欢的和自己不同。相反,18 个月大的宝宝们则大部分(70%左右)拿了西兰花给实验者。也就是说,18 个月大的宝宝能够理解,虽然我自己喜欢饼干,但你喜欢的可能跟我喜欢的不一样,我要给你你喜欢的东西。

这个实验有两个令人惊叹的发现,第一个是,仅仅 18 个月大的宝宝们就能够不再自我中心地把"我想要的"拿给别人,而是能够根据实验者对待不同食物的反应和情绪推测出他们的喜好,把别人喜欢的那个给别人。另一个重要的发现是,14 个月的儿童还不能做到这一点,他们会一厢情愿地把自己喜欢的东西给别人；也就是说，从14个月到18个月之间，差不多4个月的时间里，宝宝们对"他人"愿望的理解发生了惊人的进步。这代表1岁半左右的孩子已经能够理解不同的人有不同的愿望或是偏好。

随着年龄的增长，儿童对心理活动的认识越来越复杂（Wellman 和 Liu，2004；Wellman 等，2006）。除了刚刚所说的愿望之外，儿童也逐渐理解，他人的信念可能与自己的信念不同。比如说，儿童自己认为猫咪藏在草丛里面，但是研究者告诉儿童，另外一个故事人物小明认为猫咪藏在车库里面，然后问儿童，现在小明要去找猫咪，他会去哪里找呢？随着年龄的增长，儿童逐渐可以理解小明的信念与自己不同，他的行为应该是与他的信念相一致的，而非受自己的信念影响，所以小明会去车库里面找猫。

儿童逐渐对于他人是否知道某个事情也有一定的理解，他人知道的可能与你不一样。比如，儿童自己看到过一个抽屉里面装着一只玩具狗，他们也能理解另外一个从来没有看过抽屉里面的人是不知道抽屉里面有什么的。另外，他们也可以逐渐理解，不是所有人都跟我想的一样，别人可能有着跟我不一样的信念，也可能有着跟现实世界不一样的信念。研究者把这样一种理解叫作"错误信念"(false belief)。比如一个非常经典的错误信念测试是给儿童呈现一个创可贴盒子，问儿童认为里面装的是什么。显然大部分儿童都会说里面是创可贴，然后主试把盒子打开，发现里面装的其实并不是创可贴，而是蜡笔！接着，主试将蜡笔放回盒子中，并询问儿童里面装的是什么以确保他们还记得里面装的是蜡笔（不是创可贴）。接下来是测试问题，主试向儿童介绍一个新的人物（比如，小明），并问，小明从来没有看过盒子里面，那么小明会觉得盒子里面是什么呢？正确答案显然是创可贴。没有看过盒子里面的小明自然会根据盒子的外观进行猜测，那么他应该觉得里面装的是创可贴。这对于我们成年人来说非常简单，但这样的回答需要儿童认识到他人的想法可能与自己不一样，也可能与现实世界不一样。这并不简单，5岁左右的儿童才可以给出跟成人一样的回答。

类似的经典的"错误信念"的测验范式还有萨利-安任务。在萨利-安任务中，主试用玩偶给儿童讲述一个故事，一位故事人物萨利把一块饼干放到了饼干盒里,离开了屋子,之后安进来把饼干从饼干盒里拿出来然后藏到了抽屉里,这个过程萨利并没有看到,等萨利再回到屋子里,萨利会去哪里找饼干呢?这个问题对于我们成年人来说可能很简单,当然是去饼干盒里了。虽然饼干现在在抽屉里,但是我们知道萨利并没有看到安移动饼干的这个过程,所以他还是会觉得饼干在饼干盒里。但是一个3岁的孩子可能并不能理解别人看到的可能跟自己看到的不同,随着年龄的增长,5岁左右的孩子就可以理解人们的信念可能与现实不同,也就是说理解一个人可以拥有错误信念。

儿童同样可以理解他人脸上的表情和真实的感受可能不一样。比如,给儿童讲这样一个故事,今天是小马的生日,他很想要一辆小汽车作为礼物,但是他的朋友给他送了一本书。大家都很开心地在笑,小马想表现得有礼貌。然后,问儿童两个问题,一个是小马现在内心的感受是怎样的,他是开心的,一般般,还是伤心的;第二个问题是,小马现在脸上的表情是怎样的,他表现的是开心的,一般般,还是伤心的。任何一个成年人都可以理解,小马想要表现得有礼貌,所以他现在脸上应该是表现出开心的样子,但他的心里多少有一些不开心,也就是说小马的内心感受和脸上的表现是不同的。儿童在6岁左右也能够理解这种内心感受和脸上表情不一样的情况。这个任务被称为"隐藏情绪"(hidden emotion)任务。

研究者们经过很多的研究,基本上发现儿童的心理理论的能力在婴儿期到学龄前期有稳步的发展,他们从认为自己喜欢的东西也是别人喜欢的东西这样的一种以自我为中心的想法,到能够意识到人们其实有着各自不同的偏好,再到慢慢理解自己所知道的东西也许别人并不知道,再到慢慢理解他人可能有着与现实不同的错误信念,再到能理解他人表面的情绪也许跟他们真实的感受不同。研究者给这五个步骤起名为不同愿望、不同信念、知识未知、错误信念、隐藏情绪,认为儿童心理理论的发展是按照这样的顺序发展的(Wellman 和 Liu, 2004)。

虽然早期有关心理理论的大部分研究是基于西方儿童(比如,美国、澳大利亚等),但近十几年来也有很多心理理论的研究取样了中国的儿童。总体来说,这些研究发现,中国儿童心理理论的发展的时间与西方儿童比较一致,基本也是在2岁到6岁之间有重要的发展。但具体不同任务发展的顺序以及具体的年龄段稍有差异。值得注意的是，中国儿童对于他人知识的理解发展得相对更早一点，而西方儿童对于信念的理解要发展得相对更早一点，比如中国儿童会更早地理解他人所知道的事情可能与自己不同，而西方儿童会更早地理解他人的信念可能与自己的信念不同。也就是说，与西方儿童（比如美国、澳大利亚等地的儿童）的发展顺序不同，中国儿童可能会先顺利完成先前提到的知识未知任务，然后再完成不同信念任务（Wellman 等，2006；方富熹等，2009）。

研究者们认为这可能是因为东西方文化中对于知识和信念的强调程度不同。西方文化强调真理和信念，而中国文化强调知识的获得和掌握。与这一观点类似，东西方文化下的亲子对话也存在这样的差异，西方家长大量地强调思考和个人的想法、信念，而中国家长更多地讨论知识（Tardif 和 Wellman，2000）。大家也可以想一想，自己与孩子交流的过程中，是不是也有这样的倾向，可能你更关注你的孩子知道什么，掌握了什么知识，而不是他自己对一些事情的看法和信念是怎样的。

当然，每每我们看到这些不同文化之间的差异，我们也要谨慎看待。首先，这些研究的结果可能只代表某一个时代下不同文化间的差异，而文化都是在不断变化的，比如，也许我们现在的家长也比以前的家长更加强调孩子们自己的看法，所以十年前的研究结果在现在还是否适用我们并不能断言，我们需要越来越多新的研究。其次，这些文化差异的结果是否能够推论到整个国家也值得商榷，作者可能只是选取了某一个城市（比如，北京）的孩子，是否可以代表这个国家中其他城市的孩子呢？并且，即便是同一个国家的内部，也可能存在着大量的个体差异，或者不同文化层面的差异。比如大城市和小城市之间的差异，城乡之间的差异，不同社会经济地位之间的差异等都不能忽视。这也提示我们，需要取样于更广泛群体的研究来揭示这些差异是否存在。

在上文所述的这些心理理论任务中，研究者们会给孩子们讲故事或者向他们问问题，基本都需要儿童有一定的语言理解能力，那么还不会说话的小婴儿是否对他人的心理活动有理解呢？如果你家里有一个宝宝，你可以回想一下,有没有哪个瞬间你觉得她理解了你的心理活动呢?比如,你的意图、你的偏好、你的愿望,等等。小婴儿还不会说话,所以研究他们非常困难。我们只能从其他一些途径来了解他们的想法,比如他们的眼睛,他们在看什么会告诉我们一些他们的想法。机智的心理学家们通过测量婴儿的"注视时间"来探究他们对于人们的心理活动的认识。

让我们来了解一项有关婴儿的心理理论发展的研究。在 2005 年发表的一项研究中(Onishi 和 Baillargeon,2005),研究者试图探究 15 个月大的婴儿是否能理解错误信念。研究者给小婴儿呈现一个"玩偶戏"(这是研究者们经常用来研究婴儿的一种方法)。婴儿会看到他们面前的戏台上有一个黄盒子和一个绿盒子,还有一个西瓜形状的玩具。戏台后面有一扇门,一个人拉开门,玩了一会西瓜玩具,然后把它放进了绿盒子中。接着,这个人打开门,把手伸进绿盒子,并重复了一遍这个动作,看起来是想要去拿西瓜玩具。接着,这个人回到了门后面,并把门关上,这之后,原来在绿盒子中的小西瓜自己跑到黄盒子里去了。并且,重要的是,刚刚想要拿小西瓜的这个人在这段时间一直在门后面,没有看到小西瓜位置变化的这一幕。接着,这个人再次打开门,想要再去拿西瓜玩具,那么这个时候,你觉得他会把手伸进哪个盒子里呢?对于我们成年人来说,这很简单,显然,我们会认为他会把手伸进绿盒子里,因为他并没有看到西瓜玩具移动位置的一幕,他应该还以为西瓜玩具还在绿盒子里。

当然 15 个月大的婴儿并不能说话,但研究者设计了非常精妙的方法来回答这一问题。这一方法基于的逻辑是孩子们会对他们觉得违背他们的期待的场景感到更加惊讶,也就会看得更久一点。这一范式也被称作违背期待范式。在呈现完刚才的场景之后,研究者会给小婴儿看两种场景,一种是看到刚才玩偶戏中的那个人打开门,把手伸进绿盒子里,另一种是把手伸进黄盒子里,并测量宝宝看这两种场景的时间。结果发现,当这个人把手伸进黄盒子时,婴儿注视该场景的时间会更长一些。也就是说,婴儿原本期待的是,实验人员把手伸进绿盒子中。

你大概已经猜到了,这个研究中的情景与上文中"萨利-安"任务从实质上说是一样的,只不过在这项研究中,宝宝们不需要说话,只需要用眼睛告诉我们他们的答案。这一研究似乎在启示我们，婴儿早在15个月就具有一定的理解他人错误信念的能力。

但是，需要注意的是，这样的研究方法还是存在一定的争议的，学者们对于婴儿是否真正具有理解他人错误信念的能力还有很多争论。比如，有关婴儿的心理理论的研究的结果在一些类似的研究中没有被重复出来（Crivello和Poulin-Dubois，2018；Powell等，2018；Poulin-Dubois等，2018；Baillargeon等，2018）。以及，婴儿的注视时间除了表示违背期待，可能还有别的含义。关于这些争议的讨论也还在继续，还需要更多的研究来探究婴儿是否具有心理理论能力，或者说具有怎样的心理理论能力，以及婴儿所表现出的心理理论能力与学龄前儿童有怎样的实质差异。

虽然说心理理论的能力会随年龄有所发展，但与很多其他能力一样，儿童的心理理论也存在个体差异，有的孩子心理理论能力要比其他孩子更好。那么这种个体差异从何而来呢？心理理论能力受哪些因素影响呢？我们有没有办法提升儿童的心理理论能力呢？我们看个体差异的来源，一般从内部和外部两个方面来看。

从内部来看，有很多研究表明，儿童的执行功能和心理理论之间存在着重要关系。先来说说什么是执行功能。执行功能是指个体对思想和行动进行有意识控制的能力，包括抑制控制、工作记忆、在不同的规则之间进行转换等能力。比如比较常用的一项测量抑制控制的任务叫作日/夜司楚普任务。在这个任务中，儿童会看到一系列要么画着太阳要么画着星星和月亮的图片，但是任务的规则是，看到太阳的时候要说晚上，看到月亮星星的时候要说白天，也就是说要说相反的东西。那么显然，在这个任务中，儿童需要抑制住自己说图片上的东西的冲动。为了研究执行功能和心理理论之间是否存在关系，以及这样的关系在不同文化中是否同样存在，一项2006年发表的研究（Sabbagh等，2006）取样中国和美国的3至5岁儿童，采用上文所说的错误信念等任务测量儿童的心理理论能力，以及司楚普任务等测量儿童的执行功能。结果发现，在中国和美国儿童中，心理理论和执行功能都随年龄增长。而且，在控制了年龄之后，心理理论与执行功能之间存在着稳定的正相关。可见，执行功能对于心理理论的发展非常重要。这可能是因为，在认知他人的心理活动的时候，儿童需要去抑制自己的想法而从对方的角度看问题。

接下来，我们再从外部因素来看看哪些因素会影响心理理论的发展。研究表明，父母与孩子的对话一定程度上可以解释这些个体差异。首先，与孩子进行有关心理活动（比如偏好、欲望、情绪等）的讨论可以预测更好的心理理论能力（Adrian 等，2005）。比如，2005 年发表的一项研究（Adrian 等，2005）关注亲子阅读时所谈论的内容与儿童心理理论发展的联系。研究者首先招募 4 至 5 岁的儿童及其家长来到实验室共同阅读四本图画书，研究者对家长在亲子阅读中所采用的有关心理活动（比如愿望、情绪、信念、想法等）的语言进行编码。研究者还让家长汇报了他们在日常生活中与孩子进行亲子阅读的频率。研究者也用错误信念任务测量了儿童的心理理论。结果发现，平时进行亲子阅读的频率以及家长在绘本阅读任务中提及心理活动相关的内容的频率与儿童在错误信念任务中的表现呈显著正相关。并且在控制一些潜在的无关因素（如儿童年龄、智商、父母教育水平，以及家长在亲子阅读中使用的其他词语等）后，此相关依然存在。尤其是，有关认知状态的内容（如，思考、认为、知道等）以及有关情感内容（如，快乐、悲伤等）的频率与儿童的错误信念表现尤为相关。所以说，如果家长可以常常跟孩子讨论，"你是怎么想的？""你现在感受如何？""你喜欢什么呢？""小明喜欢什么呢？"儿童的心理理论能力可能就会更好。

对于聋儿的心理理论研究也提供了一定的启示。有研究表明（Schick 等，2007），如果是生活在父母也是聋人的家庭里，父母和孩子从小就用手语进行交流，这些孩子的心理理论与正常健听儿童并没有什么差别。而如果聋儿的父母是健听父母，也就是说这些父母并不会手语，孩子的语言发展可能有一些滞后，那么他们的心理理论发展也有一定的滞后。可见这种亲子之间的互动对于儿童心理理论的重要性。

类似地，也有研究表明，是否有兄弟姐妹，或者说家庭成员的多少也会对儿童心理理论有所影响。结果发现，至少在西方家庭中，家里面兄弟姐妹更多的孩子比没有哥哥姐姐的孩子在心理理论任务中表现更好（Perner 等，1994；Jenkins 等，1996）。这也很好理解，如果有一位哥哥或姐姐时常与我们讨论各种各样的心理活动,与我们互动,也许可以帮助我们更好地理解对方想要的跟自己不同,可以帮助我们更好地站在对方的角度看问题。但这也并不是说独生子女家庭的孩子心理理论就落后,如果他们的家长跟他们有很多关于心理状态的讨论,他们也时常与堂表兄弟姐妹或者周围的小伙伴一起玩耍交流,那么也是对他们的心理理论的发展有所促进的。所以说,看心理理论的影响因素,决不能只看单一方面,要多个方面全面来看。

有趣的是,不同文化中能促进儿童心理理论提升的因素存在差异。取样于中美儿童的一项研究(Lu 等,2008)表明,与孩子讨论他们自身的一些心理活动,比如说他们的欲望、情绪、偏好等可以促进美国儿童的心理理论发展,而对于中国儿童来说,更有效的方法是讨论他人,比如与孩子讨论绘本中的故事人物,比如"妮妮在做什么?""妮妮觉得怎么样呢?"具体来说,在这项研究中,研究者们把 85 名中国学龄前儿童随机分配到实验组和控制组当中。所有的儿童都先进行了一次有关于心理理论任务的前测,然后开始训练。训练以 1 至 3 位儿童的小组进行,每次训练持续 10 至 15 分钟,共进行 4 次训练。在每次训练当中,研究者首先给儿童讲了一个故事,接着问儿童,你可以给我讲讲这个故事吗?或让我们一起再讲讲这个故事吧。在实验组当中,研究者会问儿童一系列有关于故事中的人物的问题,他会让儿童去讨论故事中的人物以及他们做了什么,他们在故事当中的情境中是如何反应的。相反地,在控制组当中,儿童也读了相同的故事,研究者们也会问儿童一些问题,但是这些问题不是有关于故事当中的人物的,而是有关于故事当中的一些其他的物理特征,比如说,故事发生的地点,故事中出现的物品的颜色等。两个组当中问题出现的数量是一样的。在训练之后,两组的儿童又会参与一次心理理论的测试。结果发现相比于控制组的儿童,实验组的儿童在前测和后测之间有了更大的提高。研究者们认为,这可能与中国文化重视人与人之间的关系有关,通过更适合我们的文化的训练方式进行训练,可以更好地提升我们文化中的孩子们的心理理论。

到目前为止,我们了解了儿童心理理论的发展、影响因素等,但是,这些研究主要局限于探究儿童在心理理论任务中的表现。然而,儿童对于他人心理活动的认识其实还包括很多其他的方面。接下来,我们将继续了解儿童对于其他方面的心理状态的认知。

关于偏好的推理

"她喜欢什么呢?是巧克力慕斯还是抹茶蛋糕?"

在上文中,我们就提到了,我们与他人交往的过程中往往需要去推测他人的偏好。在心理理论的研究中,我们得知儿童在 18 个月左右就能够理解他人可能有着与自己不同的偏好,"我喜欢饼干,而你可能喜欢西兰花"。但是,这个研究中主要探究的是儿童能不能通过他人的情绪表现推测他们的喜好,以及能不能理解他人与自己的喜好不同,并且根据他人的喜好给他人提供对方喜欢的东西。但是,推测他人的偏好远不止这么简单。很多时候,推测出他人喜欢什么是很复杂的,大多情况下对方不会通过语言或者表情直接表现出对于任何东西的偏好,而是需要你通过对方的行为或者其他细节来进行推测的。

想象这样的情境,你看到一个人从一堆各种各样的东西中拿了一个东西,那么我们可以推测,可能她就是喜欢这个东西。比如,一个人从一堆各种各样的水果中拿起一个苹果,很有可能她就是更喜欢苹果胜过其他水果。再想象一下,如果一个人是从一堆的苹果中拿起一个苹果,那么,你还能觉得她是喜欢苹果胜过其他水果吗?很可能你会认为,她是除了苹果没有其他选择了。如果有其他水果的话,或许她不会选苹果。

现在我们再来考虑一下概率的问题。想象一下,如果看到一个人从一大堆苹果和几个香蕉中连续拿了三个香蕉,你觉得她应该是喜欢香蕉吧?相反,如果看到一个人从这样的一大堆苹果和几个香蕉中连续拿出了三个苹果,你会觉得她喜欢苹果吗?

相信你和我一样,在第一种情况下比较确信这个人更喜欢香蕉,而在第二种情况下则没有太多的信心认为她是真的喜欢苹果(毕竟,很有可能,她就是随机拿的)。你可以很快做出这样的判断和认识。那么,小朋友也有这样的认知吗？在2010年的一项研究中(Kushnir等,2010),研究者首先招募了72名3—4岁的儿童来参加实验。研究者们给儿童观看一个玩偶从一堆玩具中连续拿出玩具场景。儿童们被随机分配到三种情境下,在每一种情境下,玩偶都是从一堆有两种类型的玩具(比如,蓝色的球和黄色的正方体)的盒子里拿玩具,但是这三种情境的不同之处在于玩偶拿出的目标玩具在所有的玩具的数量中所占据的百分比,在三种情境下这个百分比分别为18%(即,目标玩具占少数)、50%(即,目标玩具和另一种玩具一半一半)和100%(即,全部都是目标玩具)。在三种情境下,玩偶都是连续拿出了五个目标种类的玩具(比如,连续拿出五个蓝色的球)。之后,研究者问儿童,你觉得玩偶喜欢什么玩具呢？研究者摆出之前出现过的两种玩具,蓝色的球、黄色的正方体还有另外一种儿童之前没有见过的玩具(比如,红色的圆锥)让儿童拿一个给玩偶。

我相信作为一个理性的成年人的你,一定和我有同样的直觉,这个玩偶从蓝色球只占18%的盒子里连续取出了5个蓝色球,一定说明它是真的很喜欢蓝色球(胜过另一种玩具)吧,而在50%和100%组中,它的选择也许是随机抽样的一种体现,而非代表它的喜好。研究发现,学龄前儿童也会有这样的直觉！在目标玩具占少数(18%)的情境下,基本大部分的儿童都认为玩偶喜欢目标玩具。在目标玩具占50%的情况下,这样的推测变低了,而在目标玩具占100%的情况下,则没有很多儿童认为玩偶喜欢目标玩具。在一项后续实验中,研究者还用几乎一样的方法测量了年龄更小的20个月左右的婴儿。与学龄前儿童的结果一致,20个月左右的婴儿们也认为,当玩偶所选择的目标玩具只占少数的时候,它应该就是喜欢这个玩具；而当这个目标玩具占大多数的时候,婴儿们则没有做出这样的推论(Kushnir等,2010)。

我们可以从这些研究结果看到,即便是小朋友,在推测他人的偏好的时候也会考虑到统计信息(或者说,概率信息)。还有类似的研究很好地重复了这个结果(Ma和Xu,2011)。当然,并不是说儿童在这么小的时候就懂统计学(我们这些成年人都还学不好统计呢),他们在做上述的这些推断的时候,很可能根本没有在有意识地(或者说外显地)思考18%、50%这些有关概率的信息,而是说,他们内隐地、自动地会考虑到统计信息的影响。

除了统计信息，儿童还会根据行为背后的成本来推测一个人有多喜欢某个东西。想象一下，假设小明现在面前有两个玩具可供他选择，一个小青蛙和一个小鸭子，都放在他面前的桌子上，小明拿了一个小鸭子，我们大概可以推测他喜欢小鸭子（胜过小青蛙）。再想象一下这个场景，小青蛙在书架的最底层，小明轻轻松松就可以拿起来，而小鸭子则在书架的最高层，小明需要费一番力气踮起脚才可以拿到。如果这时小明还是去拿了在书架最高层的那个小鸭子，那么我们可以很明确地推测出他更喜欢小鸭子玩具，因为即使要费很大的力气他还是选择去拿小鸭子，他对小鸭子应该是真爱吧！再想象一下，如果他选择去拿最底层的小青蛙，那么这个时候我们能肯定他是喜欢小青蛙胜过小鸭子吗？并不能，因为他有可能是因为小青蛙比较好拿到，而小鸭子比较难拿到，才去拿的小青蛙。这样的推理对我们成人来说似乎很简单。而近些年的一些研究表明 5—6 岁的儿童也能够做出这样的推理（Jara-Ettinger 等，2015），即在推测他人的偏好的时候考虑到成本的因素。所以说，儿童在对他人的行为进行观察和推测时，并不是只看表面，而是可以去推测行为背后的心理活动，去考虑很多情境性的信息（比如概率信息、成本信息等），这体现了他们对于心理活动的非常复杂的认知。

让我们再来思考一下推测他人的偏好这件事情。虽然说，我们要考虑概率信息，要考虑他是不是没有其他的东西可选，但通常情况下，一个人自己拿的东西可能能够代表他的偏好。但是想想，如果是别人给他的东西，那么可能就不能代表他的偏好了。如果小明自己从一个香蕉和一个苹果当中拿了一个苹果的话，我们可以推断他喜欢苹果；但是如果是小林给了他一个苹果的话，那我们其实并不知道小明是不是真的喜欢苹果。近期的研究发现，即便是 13 个月的小婴儿也有这样的直觉性的理解（Eason 等，2018），小宝宝们会根据一个人自己拿东西的行为来预测他们的偏好以及之后的行为（预测他下次还会拿同样的东西），但是当别人为这个人拿东西（而非自己拿的时候），小宝宝们则不会做相同的预测。

儿童在对他人的偏好进行推测的时候还会考虑一些有关于社会交往的信息。比如，一个人从两个香蕉和一个苹果中拿了一个香蕉，如果周围一个人也没有，那你大概可以比较确定地推测，她喜欢香蕉胜过苹果。而如果，她的后面还排着另外一个人也等着要领水果，这个时候我们可以推断他一定就是喜欢香蕉吗？恐怕并不能，因为有可能他是为了给后面的人留两种不同的水果，而不一定是自己非常喜欢香蕉。在我们近期的研究中（Zang 等，2023），我们探索儿童在推测他人的偏好的时候是否会考虑这样的潜在的社会因素。我们给 4—10 岁的儿童和成人呈现一系列故事，这一系列故事都是有关于两个故事人物在水果加餐时间排队领水果的。当排到第一个人的时候，只剩下两个相同的水果和一个唯一的水果可以选（比如，两个苹果和一个香蕉）。在一个故事中，排在前面的这个人拿了唯一的那个水果（比如，唯一的香蕉）；而在另一个故事中，排在前面的这个人拿了两个相同的水果中的一个（比如，两个苹果中的一个）。我们让 4—10 岁的儿童去推测这个人到底喜欢什么水果，比如是苹果、香蕉，还是另一种没有出现的水果（比如，草莓）。结果发现，成年人认为那个拿走了唯一的香蕉的故事人物应该确实是喜欢香蕉的，但那个拿走了两个苹果中的一个的故事人物则不一定是喜欢苹果的，他可能只是为了给排在后面的人留两个不一样的水果让他可以选择，所以才拿了两个苹果中的一个。儿童的结果是怎样的呢？年龄较小的儿童（比如 4—5 岁的儿童）大多数认为故事人物拿了什么水果就喜欢什么水果，他们并没有考虑故事人物可能有其他目的（比如，想给他人留两个不一样的水果）。但是，随着年龄的增长，儿童的回答的模式也越来越接近成人，各个年龄的儿童依然认为拿走了唯一的香蕉的故事人物应该确实是喜欢香蕉的，但是年龄越大的儿童越认为那个拿走了两个苹果中的一个的故事人物不一定是喜欢苹果的。也就是说，随着年龄的增长，儿童越来越能够理解个体想要给他人留选择的这样的亲社会目标可能导致其选择自己没那么喜欢的东西。7 岁以上的儿童明显有这样推理。

所以，仅仅是在推测偏好这一过程中，儿童就会综合考虑很多信息，不仅仅是这个人做了什么，还有他有没有其他选择（如，有没有其他水果可以选），他有没有其他可能的动机（如，有没有可能是为了给他人留东西），有没有除了偏好之外的其他因素影响了他的选择行为（比如，成本）。所以说，儿童对于偏好的推测是灵活的、复杂的而非僵化的。

刚刚我们了解了对于偏好的推测和理解。可以看到，仅仅是推测偏好就已经非常复杂，儿童有这样的复杂的推理和理解的能力。接下来，我们来看一下有关情绪的认知和理解。

情绪理解

推测他人的情绪又是一件难事。有的时候，对方会直接告诉我们他们的感受如何，比如，他们现在很生气。这可以让生活变得简单，我们就不用一直猜测对方是不是不高兴了。不幸的是，大部分时候，人们不会对自己的情绪那么开诚布公。人们会隐藏自己的情绪，会不愿意暴露自己的情绪。这也是为什么理解和认知他人情绪的能力非常重要。

前面我们讲心理理论的时候，已经了解到，心理理论中非常重要的一个方面是理解他人可以隐藏自己的情绪，也就是内心的真实感受和脸上的表情可以不同。但是，对情绪的理解，还有很多很多的方面。

首先，让我们来看看情绪可以给我们提供的各种各样的信息。小婴儿可以通过大人们的表情来获得很多的信息，这些表情可以帮助小婴儿了解这些大人的感受，比如，5个月的婴儿就能够分清积极的表情和消极的表情。7个月的婴儿能够将积极或消极的表情与相对应的声音相联系。10个月大的婴儿也能够理解当一个人实现了自己的目标的时候，她应该表现出积极（而非消极）的情绪（Ruba 和 Pollak，2020）。

大人们的表情也可以帮助小婴儿们对这个世界、对周围的环境有所判断。婴儿在不确定的情境下也会去根据周围的成人（尤其是妈妈）的表情来判断行动。比如，说在经典的视崖实验中（小婴儿需要爬过一个看起来有深度的，但实际上是有玻璃板的断崖），如果小婴儿看到妈妈在对面表现出积极的、鼓励的表情，他们会更有可能判断这是一个安全的、可以尝试的环境，从而爬过视崖（Score 等，1985）。

除了表情有情绪，声音也是有情绪的。我们往往可以通过"声音表情"来推测一个人的情绪，以及造成这种声音的原因。比如说，如果听到"哇哦"的声音，我们大概率可以推测是一个人看到了好玩的东西。小婴儿也有这样的理解。机智的研究者们通过精妙的研究设计发现（Wu 等，2017；Wu 等，2021），如果儿童听到"哇哦"的声音，可以推测出是因为看到了有趣的玩具，如果儿童听到"Mmm"的声音也可以推测出是因为看到了好吃的食物。也就是说，小婴儿也可以从他人的带有情绪的声音中推测背后的原因。

对情绪的理解是有个体差异的，也更是有文化差异的。面对同样的情景，不同人可能有不同的情绪反应。另外，就算有同样的情绪，人们的表达方式也受文化的影响。比如，不同文化中的理想情绪是不同的，西方文化推崇张扬的情绪，你一定也有所感受，西方人拍的照片大多是咧着嘴笑；相比较而言，东方文化则更加内敛，拍的照片大多是微笑。接下来我们就来详细了解几个有关于情绪理解和表达方面的跨文化的研究。

首先，中美文化当中对于"理想情绪"的期待有所不同。什么是理想情绪？我们都想要处于一种"感觉很好"的状态中，但是什么是一种"感觉很好"的状态可能因人而异，有的人心目中的这种"感觉很好"的状态可能是一种非常快乐、兴奋、热情的状态；而有的人心目中的这种"感觉很好"的状态则可能是一种平静、安宁、岁月静好的状态。所以说，理想情绪可以说是人们所喜欢并想要感受到的情绪状态，而这种理想情绪也可能是因人而异的。研究表明，理想情绪的不同可能与文化差异有着重要的关系。研究表明，西方文化中的理想情绪更加高唤醒，比如说兴奋、激动，东方文化中的理想情绪更加低唤醒，比如说平静。其实也很好理解，西方文化更多地推崇个人主义，会更加鼓励人们去影响他人，一般会选择采取即时行动，因而处于高唤醒的状态。而相反，东方文化更加推崇集体主义，鼓励人们适应环境、适应他人，会更看重低唤醒的状态（Tsai 等，2007）。有趣的是，研究发现，学龄前儿童也有这样的文化差异！比如说，给不同文化下的儿童呈现比较平静的、抿着嘴的笑脸，和比较激昂的、咧着嘴的笑脸，东方文化下儿童更加喜欢前者，而西方文化下的儿童更加喜欢后者。给儿童呈现可以带来比较平静的、低调的、快乐的活动（比如，舒缓地打鼓），和比较激昂的、快乐的活动（比如，激烈地打鼓），东方文化下儿童也更加喜欢前者,而西方文化下的儿童更加喜欢后者。也就是说,不同文化下的儿童对于理想的情绪状态有不同的期待,这体现在他们所喜欢的表情和活动上。

其次,中美儿童对于不同情绪状态的知识也有所不同。儿童需要理解他人在特定状态下的感受是如何的。心理理论任务中的隐藏情绪任务中其实也需要这样的能力,但是情绪理解不仅限于此。研究者会采用各种各样的方法来研究儿童的情绪知识。比如,研究者给小朋友讲很简短有趣的故事。在这些故事中,主人公会遇到各种各样的情境,实验者会问被试小朋友,在每个故事中,主人公的感受如何,有怎样的情绪。比如,今天明明过生日,他收到了很多礼物,他会感觉怎么样呢?再比如,贝贝刚刚做了一个噩梦,她感觉怎么样呢?小朋友们可以通过从不同表情的图片中进行选择来回答。研究者们还会问儿童什么会让人开心,什么会让人生气,什么会让人伤心,什么会让人害怕。小朋友可以列出所有他们能想到的事物,列的事物越多,情绪理解能力得分越高。采用这样的方法的研究发现在学龄前期(3—6岁),美国欧裔儿童的情绪理解能力要比中国儿童或者在美国的华裔儿童更好一些(Wang,2003)。这代表美国孩子的情绪理解能力就比中国孩子好吗?并不是的。

一方面,中国孩子的情绪理解在小学期(比如7岁左右)就迎头赶上,甚至比美国白人孩子发展更快(Yang等,2021)。另一方面,中国孩子在对于语音情绪理解的方面表现得更好。我们知道,相比于西方文化,中国文化(或者说,东方文化)更加含蓄,我们比较少直接讨论或表达自身的情绪,我们在生活中其实会更加察言观色,会根据多种线索来识别他人的情绪。研究者发现,说话的语气语调是我们判断他人的情绪的一个重要线索。比如说,儿童问,"妈妈我可以出去玩吗?"妈妈回答,"玩吧玩吧!你成天就玩吧!"那么这个时候,言语内容上虽然是让孩子去玩,但显然,我们可以从语气中感受到妈妈的生气。那么中国儿童和美国儿童在对这些更加隐性的、含蓄的语调情绪的理解有何不同呢?在2021年发表的一项研究中,研究者招募了4—9岁的中美儿童参与研究(Yang等,2021)。每个儿童要完成两个游戏。在这两个游戏中,儿童都会听到一些音频,每个音频含有一个词语且带有一种语气。有些音频中,词语的语义和语气的感情色彩是一致的,比如,开心语气下的"很好""温暖";或者不开心语气下的"痛""讨厌"。然而,他们听到的另外一些音频中,语义和语气的感情色彩是不一致的,比如,开心语气下的"讨厌",或者不开心语气下的"很好"。儿童要玩的这两个游戏的规则有所不同,其中一个是语义游戏,另一个是语气游戏。在语义游戏中,儿童要根据词语的意思来判断听到的词语语义是积极的还是消极的,所以要尽量避免听到的语气语调的影响。在语气游戏中,儿童则是要根据语气来判断听到的语气是积极的还是消极的,那就要忽略语义的影响。结果发现,美国儿童受语义的影响比中国儿童大,所以相比较于中国儿童,美国儿童对语义更敏感;而中国儿童受到语气的影响要比美国儿童大,对语气语调更敏感。这样的文化差异尤其是在年龄较大的8—9岁的儿童中更加明显。

  这样的结果说明什么呢?这可能就与我们的文化中的情绪表达方式有关。在中国文化中,人们更倾向于含蓄地表达情绪,通过一些字面外的线索来表达,比如说语气语调。在中国文化中,儿童可能从小就被父母鼓励去注意更加微妙的、非语言性的情绪线索,所以中国儿童对语气语调中表达出来的情绪线索理解力比美国白人儿童要高,更能听懂话外音。

  不同文化下的儿童在情绪理解上的差异还体现在对于情绪问题的理解和情绪问题的解决上。我们每个人都会遇到情绪问题,比如因为一个人玩耍很孤单而感到伤心,因为要上台演讲而紧张,因为要去玩过山车而害怕等。那么我们在遇到这些情绪问题的时候又是如何解决的呢?我和我的合作者设计实验探究了这个问题。我们给中国和美国的5—10岁的儿童各呈现两个故事,其中一个故事是有关小乌龟的:"小乌龟是班级里的一名学生。明天,就要轮到小乌龟给全班同学讲故事了。因为小乌龟以前从来没有在这么多人面前公开演讲,所以小乌龟感到非常紧张。小乌龟一想到明天,就紧张得睡不着觉。"另一个故事是关于小熊的:"这是一只小熊。小熊想要玩。但是小熊家的每个人都在忙,没有人跟小熊玩。小熊感到非常孤独和伤心。小熊坐在地上哭了起来。"可见,这两个故事中的主人公都是遇到了情绪上的一些问题,我们让儿童补全这两个故事,从而来分析儿童是如何看待以及解决这些情绪问题的。我们初步的分析发现,美国儿童在解决情绪问题时会比中国儿童更多地提到他人所提供的情感方面的支持,如父母、朋友所提供的情感支持(例如,妈妈来安慰她、鼓励她),较少地依靠自己的情绪管理;而中国儿童则会比美国儿童更多地提到自己的一些情绪管理策略,如自己找一些事情做就不感到悲伤了、自己练习演讲慢慢就不紧张了,较少地提到他人所提供的情感支持,反而较多地提到他人所提供的实践方面的支持(如,妈妈教她如何练习演讲)。当然,这只是一些初步的发现,还需要收集更多的数据来进行更细致的分析。

那么我们了解了不同文化下的儿童在理想情绪、情绪知识、语音和语调的情绪理解、情绪问题的解决上有很有趣的文化差异,我们接下来就要问,为什么儿童对于情绪的理解上会有这些文化差异呢?这些文化差异的来源是什么呢?

首先,我们来看看孩子们每天接触的文化产品,比如他们看的绘本、故事书等。这些文化产品中可能就已经体现出一些文化上的差异。研究者们去编码中美文化下比较畅销的故事书中的故事人物的表情,结果发现西方文化的故事书有更多的兴奋的表情,而东方文化的故事书相对而言有更多的平静的、快乐的表情(Tsai, 2007)。可以想象这些孩子们所接触的文化产品都存在这样的差异,那么不同文化下的孩子们也会逐渐形成不同的理想情绪。同样,在我们自己的研究中,我们也发现中国和美国的有关情绪问题解决的绘本和故事书中也存在情绪问题解决方面的差异。中国的有关情绪问题解决的绘本中要比美国的绘本中更多地提到自我的情绪解决策略,也比美国的绘本中更少地提到寻求他人的情绪上的支持。像故事书这样的文化产品的文化差异也可能是造成儿童的情绪解决策略上的文化差异的原因。

另外一个导致儿童情绪理解上的文化差异的来源则是亲子对话。让我们看看,孩子们是和如何跟父母进行亲子对话的。在上述所说的情绪理解能力的研究中,研究者不仅仅测量小朋友的情绪理解能力,还同时邀请了小朋友们的家长们来跟他们一起看故事书进行讨论和对话。家长和小朋友一起看的书是只有图片,没有文字的,所以他们可以自己决定说什么。故事中的主人公经历了很多事情,心情应该也是起起伏伏的。研究者们记录下了妈妈和小朋友读这本书的全过程,并对亲子对话的内容进行编码分析。研究者们最关注的是家长提到心理状态(比如,"开心""悲伤""高兴""喜欢")的频率,以及提到动作行为(比如,"跑来跑去""跳舞")的频率。研究者们发现在亲子对话中,美国欧裔家长比华裔家长更多地提到心理状态,而华裔家长比欧裔家长更多地谈论行为动作。更重要的是,家长在亲子互动中谈论的内容与孩子的情绪理解能力存在重要的相关性。家长提到心理状态(相比于谈论行为)的比例越高,孩子的情绪理解能力越好。也就是说,家长们在讲故事中谈论心理状态的频率差异可能是影响中美儿童情绪理解能力差异的一个重要原因(Doan 和 Wang,2010)。

那为什么中美家长谈论的内容有所不同呢?哪种文化中的家长更好呢?想一想,你的父母会跟你经常讨论情绪吗? 其实,不同文化中所鼓励的情绪表达方式就是有差异的。比如在美国这样的看重个体主义的文化中,人们比较看重个人的情感表达,认为这是一种表达自我、表达个体的重要方式,所以直接讨论情绪或直接表达情绪通常是很受鼓励的,那么在这样的文化下,父母自然会更多地与儿童谈论情绪,这是具有文化适应性的。相比较之下,在中国文化中,人们更看重维持好人际关系以及群体的和谐,相对而言不那么看重个人情感的表达,认为直接表达或者谈论个人的情绪可能会对群体和谐有不好的影响。所以在我们中国的文化中,人们通常会比较推崇委婉的表达方式。父母也相对较少地直接和儿童讨论情绪。所以,我们要承认文化之间的差异,对于个体来说,重要的是适应自己所在的文化。

所以总结来说,我们看到儿童的发展在潜移默化中受到家庭、环境、文化的影响。美国文化中更看重自我和自主性的发展,更推崇情绪的表达,那么在这种文化中的家长也会更加注重和儿童讨论情绪,因此美国儿童能更加熟练地讨论情绪产生的各种原因,他们对于情绪语义的理解也会更好。然而在中国文化中,我们更看重人与人之间的和谐,更推崇内敛,不太鼓励过多的情绪表达,很多事情只可意会不可言传。虽然中国小朋友们理解或讨论情绪的能力发展得晚一些,但在对于更隐秘的语音情绪的理解方面表现得更好。作为家长和老师,我们可以汲取各个文化中的长处,全方位培养孩子的情绪发展。更重要的是,发现孩子的本身的长处,鼓励他们的适应性发展。

至此,我们了解了儿童对于愿望、偏好、情绪、信念等心理活动的理解和认知,接下来我们来看看儿童这些能力在日常生活中的一个非常有趣且有争议的体现,那就是撒谎。

撒谎意味着什么?

一提到说谎,可能大家第一反应都会觉得说,这不是个好事,撒谎的孩子道德品质有问题,我不希望自己的孩子撒谎。我也经常会听到家长说,"我家孩子也不知道怎么回事,最近开始学会撒谎了,我要不要引导一下"。家长的这种看法是很正常的一种反应,但是换个角度看,也许撒谎恰恰是一种能力的体现,孩子如果可以撒谎了,证明他能够把自己的真实想法隐藏起来,操控对方的想法。也就是说,撒谎可能正是儿童对他人心理状态进行认知和操控的能力的体现。在撒谎研究领域非常具有影响力的学者李康教授在加拿大做的一系列研究很有启示。

先来看看孩子们是从什么时候开始撒谎的。你也可以回忆一下:你的孩子第一次撒谎是什么时候呢?是怎样的场景呢?研究表明,大部分孩子是 2—3 岁开始就已经有撒谎的经历了,并且在 3—7 岁随着年龄的增长有越来越多的撒谎经历。当然孩子们刚开始说谎的时候可能还不能很好地掩饰自己,撒谎技能比较差,说出的谎言很容易被人识破。随着年龄的增长,儿童的撒谎能力也会有所提升。在一项研究中(Evans 和 Lee,2013),研究者们邀请 2—3 岁的儿童来到实验室。研究者告诉这些孩子自己要去房间的另一个角落去找一本书,并且要求孩子不要偷看身后的玩具。当然,如你所料,这整个过程都被摄像机拍下来了。当实验人员回到座位上的时候,会问孩子有没有去偷看玩具。研究者们关注的是孩子有没有撒谎。结果发现,这些 2—3 岁的孩子们中,有 80% 的儿童偷看了玩具,而这些偷看玩具的儿童中,40% 进行了撒谎行为。

在另一项类似的研究中,研究人员邀请 2—4 岁的孩子来实验室玩一个竞猜游戏。在这个游戏中,研究人员抽出一张扑克牌,让孩子猜点数,如果猜对了就会获奖。在孩子游戏过程中,研究人员借故要离开一会儿,离开前特意叮嘱孩子千万不要看卡片。当然,这一切还是被摄像机记录了下来。研究人员回来时,还是会询问儿童是否有偷看。结果发现,摄像机显示大概90%的孩子都偷看了,但当研究人员询问的时候,只有部分小朋友承认自己偷看了。并且,研究者也发现了年龄的影响,随着儿童的年龄增长,撒谎的比例也相应的增加。2岁的孩子中,30%的孩子撒谎了;3岁的孩子中,50%的撒谎了;4岁的孩子中,绝大多数都撒谎了。并且,随着儿童年龄的增长,他们不仅仅撒谎的次数越来越多,撒谎的技能也越来越厉害,成人越来越难以从他们的表情或动作识破孩子们的谎言(Leach等,2004)。

这是否意味着大多数孩子都是道德品质有问题的呢?是否意味着孩子年龄越大道德品质越败坏呢?当然不是!想想撒谎是一件多么复杂的能力。孩子需要去隐藏一些事情以达到自己的目的。在另一系列研究中(Evans 和 Lee,2013;Talwar 和 Lee,2008;Evans,Xu 和 Lee,2011),研究者探究撒谎行为和心理理论、执行功能和道德判断之间的关系。研究发现撒谎行为和心理理论有显著的正相关,也就是那些撒谎更早或者说具备更好的撒谎能力的孩子往往是那些心理理论能力更高的孩子。有一项对于中国孩子的研究还发现,对3岁的孩子进行心理理论方面的训练(比如,让孩子们学习一些有关心理活动的概念)能够促使原来不会撒谎的孩子成功撒谎(Ding等,2015)。这也证明了撒谎是需要一些心理理论的能力作为基础的。毕竟,撒谎的时候你需要去思考对方在想什么,对方知道什么,不知道什么,然后去思考自己的心理活动和他人的心理活动之间的差别,从而去思考要不要撒谎以及怎么成功地撒谎。实际上,撒谎本质上就是在对方的脑袋里制造一个与事实不同的错误信念。比如,在上述的实验中撒谎的孩子需要能理解虽然自己知道自己偷看了,但实验者并没有看到我刚才做了什么(当然,他们不知道有摄像头呀!),所以我可以让她认为我没有偷看(而实际上,我偷看了)。跟妈妈撒谎自己没有打碎花瓶的孩子,也需要能够理解虽然自己知道自己打碎了花瓶,但妈妈不知道,所以我可以让她认为我没有打碎花瓶(而实际上,我打碎花瓶了)。

撒谎行为也是与执行功能有着显著的正相关的(Evans,Xu 和 Lee,

2011)。毕竟撒谎的时候，儿童需要抑制住自己把真相说出来的冲动，还要管理好自己的表情，想好要说什么样的话，还得同时观察着对方的反应来思考要怎么编造这个谎言，是很需要调控认知资源的一件事情。有趣的是，对于小孩子(7岁之前)来说，撒谎却跟道德判断没有太强的相关。可见，幼年时期的撒谎并不代表道德认知或者道德品质有问题。

所以说，孩子很小的时候，如果撒谎，我们并不需要觉得这是一个很糟糕的行为。甚至可以说，是随着孩子生理上成熟、大脑发育、认知能力提升的一个必然会产生的现象，是孩子发展中的一个小小的成就。如果你发现了你的孩子撒谎，可以先窃喜一下，他又进步了！但是，并不是说，撒谎是值得被鼓励的，或者说要放任孩子们随意撒谎。我们当然可以通过一些方法教导孩子们诚实守信是好的品质，不诚实是不好的。除了直接强调说谎是一件不好的事情之外，故事书是教导孩子、给孩子们传递这些道理的一种寓教于乐的好方式。其实很多故事书都涉及这样的道德故事，比如说像《匹诺曹》《狼来了》等都是在试图教导孩子撒谎的坏处以及诚实守信的好处。有研究探究这些故事能否让孩子变得更加诚实。结果发现，对于3—7岁的孩子，《华盛顿和樱桃树》的故事要比《匹诺曹》《狼来了》这些故事效果更好，原因是，《华盛顿和樱桃树》的故事在强调"诚实会有好结果"，当华盛顿向他的父亲承认是自己砍了樱桃树，他的父亲赞扬了他的诚实。而《狼来了》《匹诺曹》等故事是在强调"不诚实会有糟糕的结果"，《狼来了》中的小男孩因为总是喊"狼来了"所以当真的有狼来的时候就没有人相信他了；匹诺曹每次撒谎鼻子都会变长。也就是说，强调诚实守信的好处更能促进3—7岁孩子诚实说真话(Lee等，2014)。当然，榜样的力量也是非常重要的，家长自己要做好榜样。在生活中尽量减少撒谎的行为，诚实待人，言传不如身教。

更复杂的心理活动

随着儿童年龄的增长，到了儿童中期或者说是小学期，儿童对于他人心理活动的认知就会变得越来越复杂（Lagattuta 等，2015）。前面我们虽然了解了很多对于情绪理解的研究，比如儿童对于什么情境下人们会开心，什么情境下会伤心这些情绪的认识。但是，随着儿童年龄的增长，他们对于情绪会有更加复杂的理解。比如有的研究关注儿童是否能够理解同一情境所引起的情绪可能因人不同。比如说，小狗接近一个人，有的人很喜欢小狗，他会很开心，但有的人害怕狗，她会感到恐惧。在一项研究中（Gnepp 等，1987），研究人员在 5—8 岁儿童中研究了这个问题，发现 8 岁的儿童更能理解这种对不同人可能引起不同情绪反应的情境。

在另外一个类似的研究中（Bamford 和 Lagattuta，2012），研究者给 5—10 岁的儿童呈现两个故事人物经历了情绪上模棱两可的情境（例如，换了一位新老师），并告诉儿童两个故事人物最初的情绪体验是相同的，但是其中一个故事人物开始思考更乐观的方面，而另一方则对情况持悲观态度。也就是说，他们面对相同的情境的想法不同。研究者让儿童预测并解释每个故事人物当前的情绪。结果发现，在 5—10 岁之间，随着年龄的增长，儿童越来越理解对于情绪上模棱两可的情境，一个人如何解构和认知这个情境（比如是看积极的方面还是消极的方面），他的情绪感受就会有所不同。

另外，我们成年人也可以理解人同时可以有非常复杂的，甚至是矛盾的心理状态，比如，一个人可以同时非常想要变得健康，同时又很想要吃垃圾食品。我们也有时候会在同一时间感觉到不同的，甚至是完全相反的情绪，比如说我们在照顾我们的宝宝的时候，可能同时感觉到非常的厌烦，那另一方面也同时感觉到非常的满足和幸福，即所谓的累并快乐着。那么儿童可以有这样的理解吗？有研究表明儿童在比较小的时候，比如说 7 岁之前还不能理解人可以有矛盾的情绪或者愿望，比如说，他们并不能理解你同时很想要帮助别人，又同时很想要出去玩。等到孩子比较大之后，比如说七八岁之后才能够理解这样的复杂的心理状态（Choe 等，2005；Harter，1983；Harris，1989；Harter 和 Buddin，1987；Pons 等，2004）。

研究者还探究儿童对于自身想做的事情和应该做的事情之间出现矛盾的时候会有怎样的情绪体验。研究者给 4—8 岁儿童有关于愿望（想做的事情）

和规则(应该做的事情)的故事。比如,"有一天,小明正一个人在外面踢球。突然球滚到路中间。现在,小明真的很想跑到路上捡他的球,但是小明想,我不应该跑到街上。或者小明的妈妈说,'你不应该跑到街上。'"在这个故事中,研究者会呈现两种结局,一种是,故事人物放弃了自己本来想做的事情,遵守了规则,比如"小明决定不跑到街上";另一种结局是,故事人物违反了规则做了自己想做的事情,即"小明跑到街上,得到他的球"。

接着研究者让儿童推测故事人物的情绪,"你认为小明现在感觉好还是不好呢?有点好/不好,还是非常好/不好?"并且还会问儿童"除了你刚刚说的感受之外,小明还有其他的感受吗?"结果发现,4—5岁的孩子会认为主人公实现自身愿望(比如,小明跑到街上拿到球)的时候会有更积极的情绪,认为遵守规则但没有实现自身愿望的人物会有消极情绪。7—8岁的儿童则恰恰相反,他们认为遵守规则的人会有更积极的情绪。这些结果说明,随着年龄的增长,儿童越来越理解,并不是只有满足自身愿望的时候才会感到开心,做正确的事情、遵守规则也会让人有积极的情绪。这可能也是学校教育对于我们孩子们的影响。类似地,研究者也发现(Yang 和 Frye,2018),当一个人既有较为低阶的、简单的愿望(比如,想要吃巧克力),也有更为高阶的、长期更有益处的愿望或者目标(比如,想要保持身体健康)时,6—7岁的儿童会预测这个人会做符合更加高阶、长期的目标的事情。

所以说,对他人心理状态的认知并不是到6岁就已经发展完全了,而是持续在发展,即便是到了成年人的阶段,也不是所有的成人都能够很好地站在他人的角度看问题,理解他人的喜怒哀乐。

儿童的选择观

前面我们了解了儿童对于偏好、愿望、情绪等的理解,儿童会根据他人的外显行为对他们的内心的心理活动进行推测;他们也会根据他人的偏好、愿望、情绪这些心理活动对他人的未来的行为进行预测,比如,如果知道小明喜欢饼干,那儿童就会预测小明看到饼干就会吃饼干。近十年,很多研究(包括我们自己的研究)从选择的角度探究儿童对心理活动的理解。其基于的逻辑就是,愿望并不一定就会直接导致相应的行为,中间需要经过"选择"这一个环节。对于儿童的选择观的研究,很大程度上也受到了哲学上有关自由意志方面的研究以及社会心理学中对成人对于选择的理解的研究的影响。

选择是人类生活中不可避免的重要部分。人们每天都会面临各种各样的选择,有些选择关乎个人的发展,有些选择关乎集体或整个社会的发展。选择观指对于选择的信念和观点,包括认为个体可以选择做什么(以及不可以选择做什么)的信念、对选择行为的评价等(Kushnir, 2018)。一个人的选择观往往会影响并引导其选择和决策行为(Job 等, 2010)。因此,选择观在个体的日常生活和重大决策中起着重要作用,也对整个社会和国家的发展有着重要意义。从儿童发展与教育层面来说,儿童在日常生活中也面临着各种各样的选择,他们要选择是去写作业还是再看一会儿电视,是帮助别的小朋友去捡玩具还是自己玩自己的玩具,是把糖果跟妹妹分享还是自己留下全部的糖果。这些选择都相对比较日常、不会有特别严重的后果;随着他们年龄的增长,他们也会面对越来越复杂的、重要的选择,比如去哪个学校,选什么专业,与谁做朋友,等等。在越来越复杂的社会环境中,对选择的认知和做选择的能力就显得尤为重要。培养具有健康成熟的选择观的儿童,让他们能够理性思考自己的选择,帮助他们适应愈加复杂的未来社会更是有着至关重要的意义。

我们在做选择的时候往往要考虑我们有怎样的选择,我们又面临着怎样的限制。比如,在电视剧《权力的游戏》中第一季第二集的这一幕就很好地诠释了选择的意义。

奈德·史塔克说:"我别无选择。"
凯特琳·史塔克说:"你明明有选择,而且你已经做出了你的选择。"

这段对话发生的背景是这样的,当时的国王之手(也就是首相)突然离奇死亡,国王劳勃·拜拉席恩不远万里从首都君临城来到临冬城,来请求他的好友,也是当时的临冬城主奈德·史塔克去首都君临城做他的国王之手,而奈德的妻子,也就是凯特琳·史塔克,显然不希望他离开临冬城。所以就出现了这样的对话。

通过这个例子我们可以看出,我们一直在思考我们有哪些选择,并且我们不断地思考和评估他人的选择。实际上,我们作为人类的一个关键的任务就是去识别和推理自己及他人在特定情况下的选择以及对他/她的选择的限制。

我们的选择往往是受各种因素影响的。有些因素来源于外在世界。比如物理因素和社会道德因素。对于奈德来说,在面对要不要去君临城接受国王之手这个职位的选择时,他会考虑路途遥远,从维斯特洛大陆最北边的临冬城到偏南边的君临城去任职,这是物理因素;他也要考虑这是来自他最好的朋友国王的请求,而他的妻子显然是不希望他离开临冬城,这是社会与道德因素。有些影响因素来源于我们的内心世界,比如奈德,他有保卫七国的责任感和使命感。这些因素都会影响我们在一个情境中对我们所面临的选择的理解和看法。

虽然每个人都有一些基本的对选择的理解,但不同人对选择的理解的个体差异又很大。奈德认为他自己没有选择,隐含的意思是他必须遵守国王的命令,凯特琳认为奈德是有选择的并且已经做出了选择,隐含的意思是他选择把国王的请求放在了家庭之上。两个人对于同一个选择情境的看法可能是完全不同的。

我们之所以觉得选择观很重要,是因为一个人的选择观很大程度上会引导这个人的行为。如果一个人认为他可以选择做一件事情,他才可能去付出努力做出这样的选择。但如果一个人根本不认为他有这样的选择,那基本他是不会做出任何努力的。从另一个方向来说,一个人的行为,他所经历的选择,也可能会塑造他之后对选择的看法。

除了自身的行为,我们也会对他人的选择做出评价,我们在评价一个人的选择的时候,会自然地考虑到他还有什么其他选项吗,他做出了这样的选择是克服了哪些因素,付出了哪些代价,等等。

近二十年来,有关成人选择观的研究成为社会心理学的热点话题。研究发现，虽然存在一定的文化差异，但在各个文化中，个人的内在心理因素（如，愿望、偏好等）和外在的社会道德因素（如，道德规范、他人的期待等）均是人们在思考选择时会着重考虑的两个方面（Miller 等，2011；Savani 等，2011）。这些因素既可能是推动个体选择的动力因素，让人们认为可以做出相应的选择；也可能是选择的限制因素，让人们认为不可以做出其他选择。当内在的心理因素和外在的社会道德因素存在冲突时，文化的差异尤其明显：东方文化的人们会更看重内在心理因素对选择的影响和限制，而西方文化的人们则更会看重外在社会道德因素的影响和限制（Iyengar 和 DeVoe，2003；Markus 和 Kitayama，2003）。研究还表明成人的选择观与其行为表现之间的重要关系：选择观更加成熟的人在各方面的选择行为上都有更好的表现，包括自控行为（Job 等，2010）以及其他需要自我控制和自我管理的行为表现，如道德和亲社会行为（MacKenzie 等，2014）、工作和学业表现（Feldman 等，2016）等。总的来说，以往成人研究发现了内在的心理因素和外在的社会道德因素在人们的选择观中的重要作用，并发现了选择观与选择行为的重要关系。

近些年来，研究者们开始直接地探究儿童对于选择的理解和观点，主要探究儿童在各种各样的情境中认为自己及他人可以选择做什么以及不可以选择做什么。研究者们尤其关注内在心理因素、社会与道德因素等对选择带来的限制，即儿童是否认为一个人可以选择克服心理因素或社会道德因素的限制而自由选择（如 Kushnir，2018；Zhao 等，2021）。首先，这些研究发现，对于没有任何因素限制的情境，各个文化（包括中国和美国等）中的 4 岁儿童均认为人们可以自主选择做一些不受限制的事情（比如，在操场上跳上跳下）。

第二，关于心理因素，比如，我们成年人通常会认为，一个人很想做一件事情（比如，想吃桌上的诱人的曲奇饼干），他可能就会去做这件事，但是他也可以选择不去做这件事。一个人很不想做一件事情（比如，很不想吃蔬菜），他可能不会做这件事情，但是他也可以选择去做这件事情。也就是说，我们认为，一个人的愿望（或者说欲望）通常会导致他做出相应的行为，但是这个人也是可以选择不去做他想要做的事情，或者选择去做他不想做的事情。我们是可以自主选择的,选择是可以调控愿望与行为之间的关系的。在一系列的研究中(Kushnir等,2015;Wente等,2016;Zhao等,2021),我们探究儿童是否会有这样的想法。我们给4—8岁的儿童呈现一系列故事,有的故事中的主人公有想做的事情(比如,妮妮很想吃桌子上的饼干),然后问儿童,妮妮可以选择不吃这块饼干吗,还是她就一定要吃呢?有的故事中的主人公有不想做的事情(比如,璐璐不想喝蔬菜汤),然后问儿童,璐璐可以选择尝尝蔬菜汤吗,还是她就一定不喝呢?显然,这些问题都是为了测量儿童是否认为一个人可以选择不做自己想做的事情或是选择做自己不想做的事情。结果发现,4岁孩子认为一个人没有这样的选择,她必须去做与自己的欲望一致的事情;而随着年龄的发展,儿童越来越认为一个人可以选择做与自己的欲望不同的事情,大概在6岁左右,大部分的孩子认为一个人可以有这样的选择。并且我们也在中国儿童中研究了这个问题,也发现了类似的发展变化规律。也就是说,随着年龄的增长,孩子们越来越意识到一个人的行为可以与他的主观意愿不同,一个人是可以选择克服自己的内心愿望的,是可以做自己的行为的主宰,而非自己欲望的奴隶的。选择观任务指导语见附录1。

第三,关于社会与道德因素,我和其他研究者也发现了学龄前期到学龄期的发展变化。在这些研究中,我们给儿童呈现一系列的故事。比如,小明想要穿睡衣去学校(违反社会规范),或者小刚想要打别的小朋友(违反道德规范)并询问儿童认为这些故事主人公是否可以选择这样做。各个文化下的学龄前儿童均不认为人们可以选择违背社会或道德规范行事;但在学龄期(7岁左右),东西方文化背景下的儿童出现差异:美国儿童愈加认为,人们可以选择违反社会规范和惯例,而亚洲儿童(中国、新加坡等)则愈加认为,人们不可以选择违反社会与道德规范(Chernyak等,2013;2019;Zhao和Kushnir,2019)。这体现了随年龄增长,亚洲儿童愈加看重社会与道德因素对于选择的影响。

我们还考察了不同文化(如,中国和美国)下的5—7岁儿童是如何讨论有关于选择的问题的(Zhao和Kushnir,2019)。我们结合采用更加开放式的研究方法和比较封闭式的迫选问题希望能够对中国和美国的儿童有关于不同选择看法的深入的了解。我们给中国和美国的孩子均呈现有关于个人选择、社会惯例方面的选择和道德方面的选择的图片。每一个图片上，都有一位主人公面临着两个选择。个人选择的图片里，主人公面临着一个玩球还是玩小汽车的选择；社会惯例方面的选择的图片里，主人公面临着一个下雨打伞还是打一个水桶的选择；道德方面的选择的图片里，主人公面临着与他人分享玩具还是据为己有的选择。图片如图1所示。我们让儿童根据这些图片来自己讲故事。这样的开放式的问题可以比较自然地体现儿童对于这些不同类型的选择的自发的看法。尤其是，儿童的故事可以揭示他们在讨论各种各样的选择的时候会采用什么样的语言，着重讨论哪些方面的内容。在这些看图讲故事的任务之后，我们还问了孩子一些迫选问题，包括图片中的故事人物能不能选择玩另一种玩具，能不能选择用水桶挡雨，以及能不能不与他人分享玩具。

个人选择　　　　　社会惯例选择　　　　道德选择
（玩球还是玩小汽车）　（下雨打伞还是打水桶）　（分享还是据为己有）

图1　选择讨论任务中所采用的图片

在对儿童的故事进行编码时，我们主要关注几类内容，第一类是影响儿童选择的一些内部的动机，比如愿望和偏好等。我们编码孩子在各类选择的故事中使用例如"想要""喜欢"这样的词语的情况。第二类我们关注的内容是儿童所使用的有关评价的词语，比如"正确/错误""好/坏""有趣/无聊"等。第三类我们关注的是儿童所使用的与规则、规范、责任等方面有关的词语，比如"应该""必须""男孩都喜欢玩具"等这样的说法。最后一类，我们也关注儿童所使用的"选择""决定""可以"等这样的有关选择的语言。具体细则与示例可见表1。

表 1　选择讨论任务的编码细则

词语类型	词语示例（英文）	词语示例（中文）	Example
愿望与偏好	Want, like	想要，喜欢	"he wants to share"/"他想分享"
评价	fun/boring, serious/silly/weird, good/bad, nice/mean, right/wrong,	好玩，有趣，无聊，奇怪，好/坏，礼貌/善良，对/错	"the car is fun"/"小汽车很好玩" "it's good to share"/"分享比较好"
选择与可能性	Choose, choice, decide, pick, option, this or that, which one, can, could, can't, couldn't will, won't, would, wouldn't	选，选择，决定，这个或者那个，哪一个，能，可以，会，不能，不可以，不会	"he chose the umbrella"/"他选择雨伞" "he can just take the bucket and cover on his head"/"他可以拿起水桶放在头上"
规范与责任	Ought to, have to, should, always, usually, often, never, X is for . . . , we, you	应该，必须，总是，经常，通常，从不，……就是……用的，我们，大家，人们	"he should use umbrella"/"他应该用雨伞" "umbrellas are for raining"/"雨伞就是下雨天用的"

除了语言，我们还非常关注儿童是如何讲述这些选择的，比如儿童是同等程度地讨论选择中的两种可能性，还是主要讨论其中一种可能性而避免讨论另外一种可能性。如果只是讨论其中一种可能性可能就隐含着儿童可能认为这种可能性是"正确的"。

结果发现，在个人选择的故事（玩球，还是玩车）当中，中国和美国的儿童表现出很大的相似性。两种文化中的儿童都采用了很多有关愿望和偏好的语言（如，"她喜欢球"），并且大都讨论了玩球和玩车两种可能性。在迫选问题中，两个文化的绝大多数儿童也都认为主人公是可以选择另一种可能性的（即，不是必须要玩球或者必须要玩车）。

在有关道德选择的故事（与他人分享玩具，还是据为己有）中，中国和美国的儿童都会有较多关于愿望和评价（如，"这样不好""她想要跟朋友分享"）的表述。中美儿童的故事也多集中于描述分享的选择，较少提到不分享的选择，这可能也隐含着他们认为分享的选择是正确的那个。虽然在儿童的故事中，我们没有发现明显的文化差异，但是在迫选问题中，美国儿童要比中国儿童更多地认为一个人可以选择去做不道德的事情（即，将玩具据为己有）。这可能提示我们，美国儿童（而不是中国儿童），虽然对于不道德的选择有和中国儿童类似的评价（"这是不好的""不正确的"），但是他们依然认为一个人可以选择去做这样不道德的事情。这可能体现了西方文化在个人选择和社会道德规范出现冲突时，对于个人选择的看重。

在有关于选择的故事中，最明显的文化差异体现在有关社会惯例方面的选择方面（即，下雨的时候打伞，还是打水桶）。美国儿童的故事中使用了很多的有关于个人愿望和偏好的描述（比如，"他想要打水桶"），但是中国儿童则很少提到有关于愿望的描述，而更多地提到有关于评价的描述（比如，"打水桶很奇怪"）和有关于规范的描述（如，"下雨天就是应该打伞"）。与此一致的是，在迫选问题中，美国儿童也比中国儿童更多地认为一个人可以选择去做不那么符合社会规范的事情（比如，下雨的时候打水桶）。这些研究结果共同证明了中国和美国两种文化中的儿童都对于不同领域的选择（个人选择、道德选择、社会惯例性选择）有不同的看法，并且这两个文化的儿童之间也表现出了很多的相似性（如，对于个人选择和道德选择的看法）和差异性（如，对于社会惯例性选择的看法）。

综上所述，在学龄前阶段，各种文化下的儿童对选择有一些基本的理解和看法，能够考虑到内在心理因素和社会道德因素等的影响和限制；这些看法随年龄增长逐渐变化并愈加受文化环境的影响。

那么，儿童的选择观与他们的选择行为有怎样的关系呢？有更成熟的选择观的儿童也会有更成熟的行为表现吗？近期，我们的研究探究了儿童有关自身克服自身愿望的选择观与他们的自控行为之间的关系。正如上文所说，随着年龄的增长，4—8岁的儿童都逐渐认为人们可以选择克服内在欲望的限制。而在4—8岁期间，儿童的自我控制能力同样也是逐渐提升的。那么，有可能儿童的有关克服内在欲望的选择观与他们的自我控制行为就是密切相关的，那些认为人们可以选择克服内在欲望的孩子在行为上也表现出更好的自我控制行为。

但也有可能,在不同文化下有不同的结果。东西方文化存在很多的不同,比如,西方文化更看重独立的自我,而东方文化更看重依存性。这样的文化观念会通过家长和其他人传递给孩子。已经有很多研究发现,东西方家长在与孩子的对话中强调完全不同的方面。在西方,家长在与孩子的对话中就会强调个体的心理状态,比如个体偏好、想法、欲望等。而东方家长在与孩子的对话中就会强调比如社会规范、与他人的关系,社会角色等。所以孩子从家长以及他们生活中的其他人那里得到的这些文化信息可能会影响孩子如何看待和理解他们的自控经历。美国孩子可能认为他们的自我控制主要是有关控制内在欲望。但是,东亚儿童就可能把自我控制更多看作是有关遵守他人的期待或者社会规范。这样对于自我控制的不同的理解和想法就可能会进一步导致选择观与自控行为之间的关系在不同文化中有所不同。对于美国儿童来说,他们的自控经历可能与他们对于选择克服欲望的选择观非常相关。但对于亚洲儿童来说,可能这两件事情就是比较独立的。

为了探究这个问题,我们招募了美国、中国和新加坡的 4—8 岁的儿童(Zhao 等,2021)。我们测量了他们的有关于克服内在欲望的选择观。此外,我们还让他们进行了一系列的自我控制任务,比如,在其中一个任务中,研究者给儿童呈现了一大堆非常具有吸引力的玩具,但是任务的规则是儿童不能玩这些玩具,而需要根据玩具上所贴有的标签的颜色来将这些玩具进行分类。我们关注的当然是,儿童有关克服内在欲望的选择观与他们在这些自我控制任务中的表现之间的关系。结果发现,美国儿童选择观与自我控制行为存在显著的正相关,而在中国和新加坡这些东方文化中的儿童的选择观和自我控制则相对比较独立(没有明显的关系)。结果如图 2 所示。

这就支持了我们之前的假设,文化可能会影响信念与行为之间的关系。虽然说美国孩子和中国孩子随着年龄的增长都逐渐相信人们可以选择克服欲望的限制,自控能力也越来越好。但是他们选择信念与行为之间的关系则非常不同。对于美国孩子来说,也许因为他们认为自控行为更多的是有关控制自己的内心欲望,所以他们对于选择控制欲望的信念和行为之间的关系也是紧密相关的。而对于中国孩子来说,也许他们认为自控行为更多的是有关遵

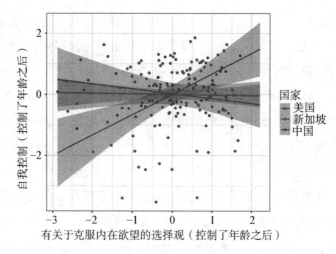

图 2　不同国家中有关于欲望的选择观与自我控制之间的关系

守他人的要求和规则的，所以他们对于选择控制欲望的信念和行为之间没有什么关系。有可能，对于中国孩子来说，他们的自控行为与他们选择遵守他人的要求和社会规范的信念关系更加紧密，我们目前也在去探索这样的可能性。

上述这些有关选择观的研究大多局限于仅有单一因素影响的"简单"选择情境，然而现实生活中的选择并非如此简单，而往往是复杂的、同时受多种动机因素影响的。在复杂选择情境中，不同动机因素之间的关系会因情境有所不同：首先，不同动机因素可能共同一致地指向一个选项（如，内心的愿望和社会道德规范相一致），也可能存在冲突，指向不同的选择（如，内心的愿望和社会道德规范相冲突）。近期，我们的研究探究儿童对于有多种动机因素共同影响的复杂的选择情境的看法。比如，妮妮现在可能面临着内心的愿望和社会道德规范之间的冲突，她很想要跟她的朋友出去玩，但是同时，她的弟弟需要她帮忙找球。妮妮最终还是选择了帮助弟弟找球。在这个情况下，可以说，妮妮是克服了一个比较大的冲突而做出了最后的"正确的"符合道德规范的选择。再来想象一下另一个情境，娜娜不想跟朋友出去玩，她不喜欢出去玩，此时娜娜的弟弟需要她帮忙找球，娜娜轻松地选择了帮助弟弟找球。在这个情况下，娜娜并没有经历什么动机上的冲突，顺理成章地做出了"正确的"选择。

对于妮妮来说,在一定程度上,做出正确的选择很难,而对于娜娜来说,做出正确的选择则比较简单。儿童在对娜娜和妮妮进行评价的时候,也会考虑到这些选择背后的因素。有趣的是,年龄比较小的小朋友(4—5岁)会对于做正确的选择比较简单的人物(也就是,娜娜)评价更高,相反随着他们年龄的增长,他们会对克服了冲突而做出正确选择的人物(也就是,妮妮)评价更高,8—9岁的儿童基本与成人的想法没有什么差别。这也体现了儿童对于复杂选择有越来越成熟的认知。

虽然我们对于儿童的选择观的发展有了越来越多的了解。但是,还有很多的未解答的问题需要未来的研究来探索。现有研究大多集中于对儿童选择观的年龄差异的描述,对于选择观的发展机制及影响因素我们还了解得比较少。影响选择观发展的因素可能有很多,我们还是可以从内在因素和外在因素两个方面来考虑。从内在因素来说,儿童自身的选择经历可能是影响选择观发展的重要因素。儿童可能会从其自身的选择经历中逐渐意识到自己可以选择做什么,比如从自身的克服愿望的经历中逐渐意识到自己可以选择做与自身愿望不同的事情。从外在因素来说,父母与孩子进行的与选择有关的亲子对话可能也会影响儿童自身的选择观。家长如果经常与儿童讨论与选择有关的话题,包括讨论选择的可能性与限制、不同选择可能带来的结果,以及选择中的冲突和成本等问题,可能可以促进儿童不断地思考这些与选择有关的概念,从而形成更加成熟的选择观。这些都是未来研究的重要方向。

总结与启示

在这一章中,我们了解了儿童对于心理活动的认知。我们知道儿童的心理理论能力会在学龄前阶段有重要的发展,他们会逐渐理解他人的偏好可能与自己不同,他人所拥有的知识也会与我们不同,他人的信念也会与我们不同,他人脸上的表情可能与内心的真实情绪不同。我们也了解了执行功能、亲子对话等都可能是影响心理理论的重要机制。我们也了解了儿童对于他人偏好的推论能力,他们不仅仅会关注对方做了什么,也会灵活考虑情境信息,比如所选的东西在所有可以选择的东西中所占的比例,儿童选这个东西要付出的成本等。我们也了解了儿童对于情绪信息的理解,尤其了解了文化环境在情绪理解中起到的重要作用。我们也了解了儿童的撒谎能力的发展,对撒谎有了更客观的看法。我们还了解了儿童对于更加复杂的,甚至是矛盾的心理活动的理解。最后,我们还了解了儿童的选择观的发展,了解到儿童逐渐认为人们可以选择做与自身的愿望不同的行为。

那这些对于我们有怎样的启示呢?

第一,儿童是非常聪明的!他们对于他人的心理状态有很多直觉性的认知,并且这些认知并不是完全僵化的,而是会随着他们所看到的新的"证据"而不断变化的。儿童也不总是以自我为中心的,是能够站在对方的角度看问题,理解对方的愿望、信念可能与自己不同的。儿童的认知也具有一定的灵活性,他们不是只看某一个方面,而会越来越综合多个方面的认知和理解。但是,早期儿童对心理状态的认知显然也存在其相应的局限性,随着年龄的增长,他们对心理状态的认知也变得更加灵活和复杂。

第二,文化对儿童对于心理状态的认知有重要的影响,但是也有很多的研究发现了不同文化中儿童对于心理状态的理解的共性。了解文化之间的相似与不同可以帮助我们了解儿童的发展在多大程度上受社会文化环境的影响,在多大程度上又是受到其他的共性的影响。需要注意,了解各种文化的差异可以帮助我们理解文化没有绝对的优劣,对于个体来说重要的是要适应自己所在的文化,并对其他文化保有开放的态度,理解来自不同文化背景的人。

第三,家长和教育工作者可以做什么事情来促进儿童对于他人心理状态的认知的呢?家长可以观察一下孩子什么时候开始讨论和表达一些有关于内在心理活动的信息,比如,我想吃东西,我想出去玩,这些都是愿望的表达,再比如,我喜欢蓝色,我喜欢娃娃,这些都是喜好的表达。慢慢地,他们还会有我觉得,我认为,这些有关信念的表达,以及我很开心,我不开心,这些有关于情绪的表达。如果你听到你的孩子有这些表达,那么很好,你的孩子开始讨论心理活动的信息了。作为家长我们可以引导孩子更多地去谈论这些内心的感受和思考,比如,可以跟孩子表达自己的愿望和情绪,比如,"妈妈今天很开心,因为妈妈完成了一件重要的工作","你对妈妈说谎了,妈妈好伤心"。我们也可以鼓励孩子们表达自己的心理活动,比如问他们"你喜欢什么呢?","你对这个问题是怎么想的呢?"当然,我们也可以跟他们去讨论其他人的心理活动,比如一起讲故事然后一起去讨论故事当中的人物是怎么想的,为什么这么想,不同人的想法有怎样的不同。家长还可以与孩子讨论一天中发生的事情,鼓励孩子们去想想今天遇到的其他人的感受是如何的。家长可以通过这些方式引导孩子们去感受、去注意,对于生活中同样的事情,不同的人的心理活动也许有所不同。比如今天的加餐是苹果,小明可能很开心,因为他喜欢苹果,但小林可能就没那么开心,因为他更喜欢吃香蕉。慢慢地,孩子们就可以更好地理解自己和他人的心理活动。

第二章 他们什么关系？儿童对人际关系的认知

在上一章中，我们了解了儿童对于他人的心理活动的认知，这主要还是把他人当作一个独立的个体。而我们每个人，除了是个体之外，还是"社会人"，会跟很多其他个体发生各种各样的联系，有各种各样的关系，我们每个人都有亲人，有爱人，有朋友，有同事，也会遇到很多很多的陌生人。我们也在人际关系中也有着自己的位置，可能是一个小团队的领导者，也可能在另一个环境中处于相对较低地位的位置。理解人与人之间的关系可以让我们更好地对个体的特征进行判断，更好地与他人相处，更好地理解自己在社会环境中的位置。那么，儿童对于人与人之间的关系和组织形式是怎样认识的？在这一章中，我们来看看儿童对于人们之间的关系的认知。

让我们想象你刚刚换工作进入一个新的团队，在与你的新同事们的接触中，你会很自然地发现有几位同事之间关系很好，而有的同事们之间则关系相对疏远。你当然也会发现，有的人是领导，大家都听他的。尽管是平级的同事，你也会发现有的人非常受欢迎，在这个团队里面有较高的话语权，而有的人则更多的是跟随别人的想法。实际上，无论是在公司、学校、还是陌生的地方，我们每天都在对他人之间的关系进行推测认知，谁和谁关系好，谁又是谁的上级，谁有着更多的权力，等等。这些认知和理解可以帮助我们更好地进行社交活动。

这样的对于人际之间关系和结构的推理并不简单。我们往往要基于非常隐形的一些线索来进行观察推理。比如说，很少有人会直接说我跟小明关系好，跟小刚关系不好，往往需要我们根据一些隐性的线索去进行推断。这些认知过程对我们成年人来说可以说是很自然的认知过程，那么儿童是什么时候开始形成这样的认知的呢？儿童会根据哪些线索来判断人与人之间的关系呢？

对于人际关系亲疏的理解

这个世界上有各种各样的人际关系，最亲密的可以说就是亲情的关系，然后是友情的关系。在友情之中，也有密友和一般朋友的区分，还有可能只见过一面，或只是微信点赞之交的那种人。那么儿童可以推测人与人之间关系的亲密程度吗？他们会根据什么线索进行推测呢？

我们先从友谊来说。友谊是一种非常重要和普遍的社会关系。我们每个人都有朋友。友谊对我们自身很重要，推测他人的友谊关系也非常重要，这可以让我们预测他人会如何互动。比如，我跟妮妮刚认识，但妮妮和娜娜是很好的朋友，那么当我和娜娜之间出现冲突的时候很有可能妮妮就会站在娜娜的一边，而不是站在我这边。那么推测他人的友谊关系也会帮助我们更好地做出有关于跟谁进行社会互动的决策。

那么我们通过什么线索来判断两个人是好朋友呢？其中一个我们可能会用到的线索就是分享秘密。秘密中通常包含着大量有价值的社会和隐私信息，在对于成人的研究中发现，分享秘密比相似性、对彼此的关心程度，在友谊中更为重要。所以观察哪些人知道彼此的秘密可以作为社会关系的线索：如果一个人告诉另一个人一个秘密，那么他们很可能是朋友。在一项研究中（Liberman 和 Shaw，2018），研究者招募了 3—12 岁的儿童，探究儿童是否会根据跟谁分享秘密这一线索来推测谁跟谁是朋友。

研究者给孩子介绍了三个故事人物，比如小明、小刚、小华。三个人都一起上学，这一天，小明送给小刚一块饼干，同时，小明告诉了小华一个他从来没有告诉过别人的秘密。接下来研究者问儿童，小明跟小刚和小华中的哪一个人是更好的朋友。结果表明，6 岁以上大部分孩子都认为被分享了秘密的小华是小明更好的朋友。这说明，6 岁的儿童认为分享秘密比分享食物更能够体现友谊。在后续的实验中，研究者用类似的研究方法发现，儿童也会认为分享秘密比分享知识更能够代表友情。儿童还认为分享秘密甚至比亲近性（比如，在同一个篮球队，经常一起打篮球）更能够体现友情。

那么3—5岁的孩子呢？他们在以上的实验中的选择比较平均，没有明显的偏好。接下来，研究者又设计了一个更简单、更容易理解的实验，想看看3—5岁的孩子是否理解人们一般会跟朋友（而非他人）分享秘密。研究者还是采用给小朋友们讲故事的方法。故事的主人公依旧是小明和小刚还有小华，但是研究者直接告诉孩子们小明和小刚是朋友，和小华不是朋友，然后主试询问孩子，小明有一个秘密，你觉得他会更乐意把秘密分享给谁，或者这两个人都分享？结果发现，即便是这些3—5岁的孩子也理解人们会更愿意将秘密只分享给朋友。研究者还问这些孩子，小明得到了三好学生的奖项，他会告诉谁，或者两个人都告诉？结果发现，孩子们认为小明会把自己获奖的好消息分享给两个人（而不仅仅是自己的朋友）。这说明，这些年幼的孩子，虽然还并不能通过一个人跟谁分享秘密来推测他跟谁是好朋友，但他们明白秘密分享在某种程度上与友谊有关。

除了秘密，我们还会根据哪些因素来推测人际之间的友谊呢？刚刚有提到，我们可能会考虑两个人的相似性，如果娜娜和妮妮有很多相似的地方，比如，娜娜和妮妮都喜欢吃西餐，那她们俩有可能是朋友；我们也可能会考虑亲近程度，如果娜娜和妮妮总是很亲近，花大量的时间一起玩，或者上课总是坐在一起，那她俩可能是朋友。忠诚也是一个非常重要的因素。我们成年人往往对朋友很忠诚，甚至有时候可以放弃自己的利益以支持自己的朋友，也往往会期待我们的朋友在我们面临与他人的冲突的时候选择支持我们。我们也往往认为背叛是友谊结束的一个重要的标志。所以说，忠诚很可能也是判断友情的一个重要的线索，甚至有可能是比相似性和亲近性更重要、更根本的友情的特征。研究发现（Liberman和Shaw，2019），即使是3—5岁的儿童也会根据忠诚性（相比于相似性、亲近性）来判断友情，并且这种倾向随年龄增长愈加稳定。这些研究体现了儿童从很小的时候就对于友情有一定的理解。

除了友情，我们人类社会中还有很多或亲密或疏离的关系。比如，家人、爱人应该是要比朋友更加亲密的，而熟人、陌生人显然是比朋友更疏离的关系。我们也会通过各种各样的线索去推测他人之间的关系有多亲密。如果看到两个人只是在握手，我们应该会觉得他们是刚刚认识，不太熟悉；如果看到两个人见面互相拥抱，那么我们应该会推测，他们是比较熟悉的朋友；如果看到两个人在喝同一杯饮料，或者吃同一个冰淇淋，甚至是在亲吻，那基本上是爱人或者家人。所以说，唾液的分享是推测亲密关系的一个重要的线索。

在一项研究中（Thomas 等，2022），研究者想要知道小朋友们能不能通过他人分享唾液的行为推测出他们的亲密关系。研究者首先招募的是 5—7 岁儿童，并给他们讲这样一个故事：妮妮正在用吸管喝果汁。这时有另外两个故事人物过来，一个是妮妮的家人（如，妮妮的亲姐姐等），另一个是妮妮的朋友。两个人都想要吃妮妮正在吃的食物。接着，研究者告诉儿童她俩中其中一人现在正在用妮妮的吸管喝她的果汁，研究者让儿童猜测是谁正在用妮妮的吸管喝她的果汁，是妮妮的家人，还是妮妮的朋友。需要注意的是，在这一条件下，妮妮分享这个食物是需要分享唾液的（比如，用同一根吸管喝果汁、吃同一个冰淇淋）。另外还有三种条件，分别是，分享可以分开的食物（比如，一串葡萄）、不可以分开的玩具和可以分开的玩具。也就是说，在这其他三种条件中，妮妮不需要分享唾液就可以跟他人分享这个食物或者玩具。

结果发现，在妮妮分享这个食物时需要分享唾液的条件下，儿童更倾向于认为妮妮分享给了自己的家人（而非朋友），但是在另外三种条件下，儿童的选择在随机水平，没有很强烈的倾向。也就是说，5—7 岁的儿童认为唾液交换的行为更应该出现在家人这样的亲密关系中。在后续的研究中，研究者们还设计了非常精妙的实验测试了学步儿和婴儿，也发现了类似的结果。并且，他们还认为互相分享唾液的人会在对方处于痛苦的时候给予回应和安慰。

所以，儿童对于人际之间的关系，尤其是关系的亲密程度有一定的认知。但有关这一话题的研究还有很多问题可以探索。比如，虽然我们知道儿童具备一定的通过友情及亲情的一些特征（如，亲密性、忠诚性等）对这些关系进行推理的能力，但是在现实生活中去理解人与人之间的关系可能还涉及对于更大范围内的社交网络（social network）的推理和认知。也就是说，儿童不仅仅需要知道两个人之间的关系，可能还需要把一个群体中的很多人之间的关系表征成一张网络。比如，一个班级里面的 30 个人，谁与谁是好朋友，谁跟谁有很多共同好友，谁跟谁几乎不怎么熟悉，谁特别受欢迎，几乎是这张社交网络的中心，谁处于比较边缘甚至是孤立的位置，自己又处于这张网络的哪个位置。这些可能是更加复杂但也对于儿童在一个群体内理解人与人之间的关系非常重要的认知。另一方面，未来研究还可以探索儿童对于人际关系的亲疏的认知对儿童的社交表现有怎样影响，比如，拥有更敏感的对于人际关系的认知的儿童是否会更擅长与他人进行互动，更擅长形成友情，更受到他人的欢迎。

对于人际层级的认知

人际关系中不仅有亲疏，也有层级的差异。假设你到一个新的环境，见到一群新的人，你会不自觉地去观察和猜测哪一个是有权势的、有地位的人。也许有时候这样的线索很明确，比如在一个公司里你明确知道谁是老板，谁是上级，谁是下级。但是，更多的时候，并没有这些明确的线索，一方面，人们不会戴着"我是老板""我是下属"这样的名牌走在大街上；另一方面，人与人之间的这种层级的差异可能不仅体现在类似于职位的这种显性的层级，也体现在一些更加隐性的人际互动中。

这些关于人际层级的判断和认知对于我们每一个个体在社会环境中生存都是重要的，因为处于更高层级的人，或者说有更多权力的人往往可以决定一些事情甚至占有更多的资源。虽然这样的资源分配或者权力分配并不一定是公平合理的，但是准确地判断和认知权力和层级关系无疑可以帮助我们更好地在社会环境中生存。从整个社会来说，虽然有一些层级的差异是不公平的，但是也有很多差异是合理的、是能够保证这个社会更高效有序地运行的。比如，一个公司中有上级有下级、有老板有员工、有合理的体系才能保证公司的正常运转，如果大家都是平级的，群龙无首，则可能出现混乱或影响工作效率。

这种人际层级的差别不仅仅，也不一定体现在财富上面，可能是权力、地位、声望的差别，所以对其的认知和判断可能更加复杂和微妙。我们成年人通常可以通过各种线索来快速准确地判断社会地位的差别，并且可能对于不同社会地位的人我们会有不同的相处方式。"趋炎附势"描述的正是这样一种行为。我们可能也会对于不同地位的人具有不同的价值判断。那么儿童呢？儿童是否可以做出这样的人际层级的认知？他们通过怎样的线索来判断权力的高低？他们对于处于不同人际阶层的人有怎样的不同的期待和偏好？

其实儿童也是一出生就处于权力特征不同的各种各样的社会关系中。比如，在家庭中，父母比孩子可能有更多的权力，大哥哥大姐姐可能比弟弟妹妹有更多的权力，甚至在很多家庭中，父亲和母亲在权力上也会有一定的差异。在小区的游乐场上，可能也会有不同的层级和权力地位的存在，有的小朋友比其他小朋友处于更高的地位，可以"领导"或者"命令"其他小朋友。等到孩子进入幼儿园、学校，这样的层级差异可能会越来越明显。儿童在生活中可能也会越来越意识到，个体和个体在相处过程中，很多时候都不是平等地互动，而是存在很多的层级差异。比如，儿童会逐渐自然形成很多的小团体，小团体中可能会有领导者和追随者。每个班级可能也会有班长、小组长等领导者。从儿童发展的角度来说，认识、理解这些概念也可以帮助他们更好地驾驭社会环境。

在过去的十年里，有越来越多的研究者开始关注儿童对于社会层级的认知。有很多不同的因素可能导致个体与个体之间的社会层级。比如最简单的、最易于判断和理解的（可能也是最不正当的）是个头上的差异，也就是身体上的强弱。从动物群体来说，通常身体上的强弱可以决定地位上的差异，也就是"弱肉强食"的道理。在一些人际群体可能也存在这样的由个头大小决定层级差异的现象，比如个子大的小朋友可以从个子小的小朋友那里抢夺玩具（虽然，这是不正确的）。在一项具有开创性的研究中，研究者探究小婴儿是否会根据个头的大小来判断个体层级的差异。研究者给8—13个月的婴儿呈现这样一个场景，两个人物在屏幕上相向移动，但出现了冲突，他们碰到了一起。重要的是，这两个人物的大小不同，一个更大一些，另一个更小一点。研究者采用违背期待范式给儿童呈现两种可能的结局,一种场景是较小的玩偶弯下腰移到另一边,以让较大的玩偶得以同行,另一种场景则是反过来,较大的玩偶弯下腰移到另一边,以让较小的玩偶得以同行。结果发现,10—13个月大的婴儿,对于第二种情境看的时间显著比第一种场景看的时间更长,也就是说,他们明显认为第二种情境是违背他们的期待的,也就是说10—13个月的婴儿能够理解一个身体上个头更大的个体能够赢过个头上更小的个体,个头上更小的个体会服从于个头上更大的个体(Thomsen等,2011)。这一研究说明,即便是小婴儿也能够通过比较明显的身体上的差异来判断人际之间的层级差异。

有些社会地位是靠身体的强壮、武力上的威胁等取得的,但更合理的、更普遍的、大家更认可的社会地位是通过威望、通过赢得大家的尊重所获得的。随着儿童的发展,儿童也越来越能够分清这些通过不同方式取得高社会地位之间的差异。

2018年的一项研究探究的是2岁左右的儿童对于社会地位不同的人是否有偏好。并且研究者想探究2岁的儿童对于通过他人的主动服从和通过武力强迫两种方式取得高地位的人有没有不同的反应(Thomas等,2018)。研究者用服从行为来代表社会等级。在第一个实验中,研究人员向2岁左右(21—31个月)大的孩子展示一出"玩偶戏"。两个玩偶A和B分别从舞台的两侧向另一侧进发,在中间相遇,出现冲突。此时玩偶B向玩偶A"鞠躬"并让到一边,让玩偶A得以通行,也就是说,玩偶B屈服于玩偶A。之后,研究人员将两个玩偶摆到孩子面前并问孩子更喜欢哪一个玩偶,孩子伸手触碰的玩偶被当作更喜欢的那个。实验发现多数孩子都选择了玩偶A,即处于更高地位的玩偶。

所以说,孩子们偏好有更高的地位的一方。那么下一个问题是,儿童是否会在意高地位者是通过何种方式取胜的呢?举例来说,如果冲突中获胜的一方是通过武力而不是对方的自愿服从而从冲突中获胜,孩子还会对高地位者有同样的偏好吗?针对这个问题,研究者又做了一个后续实验,同样是玩偶A和玩偶B从舞台两侧向中间进发,但与实验一不同的是,玩偶A在遇到玩偶B后直接用武力击倒玩偶B,使自己得以通行,也就是说,玩偶A是通过武力来取得玩偶 B 的屈服的。之后,研究人员同样让孩子选择他们喜欢的玩偶,结果这时,多数孩子都选择了玩偶 B(而非玩偶 A)。

儿童是可以区分获得地位的不同方式的,他们喜欢那些通过正当方式取得更高地位的人,而非那些通过武力得到地位的人。所以说,即便是在小孩子的眼中,武力也绝对不是显示自己高地位的方式,通过"以德服人"的方式更有可能让孩子真正地信服。

除了屈服之外,还有很多其他我们用于推测个体之间层级差异的线索,比如声望、决策权、资源的分配等。随着年龄的增长,儿童可能可以通过越来越多的线索来推测社会层级的差异。有一项研究(Enright 等,2020)招募了美国 3—6 岁的儿童参与实验。研究者给儿童讲了很多小故事,每个小故事中都有一个高地位的人物和一个低地位的人物。需要注意的是,研究者并没有直接告诉儿童哪个故事人物处于高地位,哪个人物处于低地位,而是给他们呈现各种各样的有关有关于社会地位的线索,然后看儿童是否可以通过这些线索推测出来故事人物的地位高低。比如,在其中一个故事中,研究者呈现的是有关于决策权力的线索:这是妮妮,那是娜娜。妮妮和娜娜想吃点零食。妮妮想要薯片,但娜娜想吃奥利奥。娜娜总是那个做决定的人。因为娜娜想要奥利奥,妮妮和娜娜就吃奥利奥。在另一个故事中,研究者呈现的是有关于声望的线索,比如,这是小刚,那是小明。小刚和小明都喜欢给大家讲故事。这天,小刚和小明都告诉了全班同学,他们各自要开展讲故事的活动,希望大家来参加。结果,没有人去听小刚讲故事,大部分人去听小明讲故事了。研究者还探究了其他线索,包括财富的多少、身体上的强弱等。每一个故事讲完,研究者都会问儿童你认为这两人中间谁是管事的那个人,从而衡量儿童能否从这些线索中推测出来谁具有更高的地位。接着,研究者还会问儿童他们更喜欢谁,从而衡量儿童对于地位不同的人的偏好。研究者还让儿童在两个故事人物中进行资源的分配,从而探究儿童会不会给地位高或地位低的人分配更多的资源。结果发现,第一,3—6 岁的儿童都能够通过这四种线索(决策权力、声望、财富、身体强弱)判断出来谁的社会地位高。第二,3—6 岁的儿童在偏好测量上都更喜欢地位较高的个体而不是地位较低的个体。第三,在资源分配方面,5—6 岁的儿童会更倾向于将资源分配给地位较低的个体而不是地位较高的个体,而3—4岁的儿童则比较随机。所以说即便是3岁的儿童也对于社会层级有一定认识,并且可以通过多种线索对社会层级进行判断。此外,虽然孩子们表现出了对于高地位的人的偏好,但他们(尤其是5岁以上的孩子)在分配资源的时候会向低地位的一方进行倾斜。

除了身体强弱、资源的分配、受到的尊重、决策的权力等,人们还会通过哪些线索来推测和判断他人社会层级呢?一个是请示或许可,处于低社会地位的人在做一些事情之前需要向高地位的人请示,高社会地位的人通常负责给予他人许可或者拒绝他人的请求。比如员工想要请假是需要得到老板或者上级的许可的。第二个是命令,处于高地位的人(比如说,老板)往往可以对低地位的人发号施令,安排他们进行各种各样的工作,或者给大家进行分工。第三个是制定规则,处于高地位的人往往可以制定一个组织的规则,比如老板或者管理层需要设定公司的规章制度,班长或者班委需要制定班规等。研究者探究3—9岁的儿童能否通过这些线索来判断谁是处于更高地位的一方(Gülgöz和Gelman,2017)。结果发现,从3岁起,儿童就可以理解请示和许可,认为需要得到他人的许可的一方是处于更低地位的,给予他人许可的一方是处于更高地位的。从5岁起,儿童也能够理解制定规则的人通常是处于更高地位的。到7岁,儿童才能够理解发号施令的人是处于更高地位的。

这些结果共同告诉我们,儿童对于人际之间的层级,或者说社会地位具有一定的认知和理解,并且这样的认知和理解也随着年龄的增长有一定的变化。至少在两三岁的时候,儿童就能通过一些有关于社会地位的线索进行判断和推测,并且偏好处于更高社会阶层的个体;但是他们的偏好也是灵活而非僵化的,反对通过武力来获取高地位。但是随着他们年龄的增长,他们相关的理解也越来越丰富,比如越来越理解并区分不同的有关社会阶层和权力的线索。

虽然我们对于儿童对于人际层级的认知有一些了解,但有关这一话题的研究还处于初步的阶段,还有很多问题需要未来的研究来回答。现有的研究主要局限于描述儿童在什么年龄能够通过什么样的线索去推测人际之间的层级关系,但是我们对于这样的认知有怎样的前因和后果都还知之甚少。一方面，少有研究关注哪些因素会影响儿童的这些对于社会地位的理解。首先，儿童自身在自己的小环境或者大环境中所处的地位会不会影响他们对社会地位的理解和偏好呢？这里所说的小环境可以是儿童自己所在的小团体（比如，三四个一起玩耍的好朋友）或者是班级中（比如，是班干部），大环境可以是在整个社会中，那些在这些环境中处于更高地位（比如说，是小团体的头头或者说小组长）的儿童会不会对于社会地位高低的一些线索更加敏感，对于高社会地位的个体更加偏好？其次，儿童所处的家庭环境，跟父母的互动方式，父母的观念也有可能影响他们对社会地位的理解和偏好。比如，如果父母在跟孩子的对话或者互动的过程中，会经常提到有关于社会阶层的讨论，那么他们的孩子也可能会对人际关系的层级更加敏感。父母在这样的对话中更多地表现出对于处于低地位的人们的关怀可能也会使得孩子更多地愿意将资源向低地位者进行倾斜。此外，一些非言语的线索也可能会向儿童传递有关人际层级或者地位差异的信息。比如，父母之间的某一方比另一方有更多的决策权力或者倾向于向另一方发号施令等。另一方面，儿童对于人际层级的认知对于儿童各方面的发展表现有怎样影响也是未来研究需要去探讨的问题，比如，拥有更敏感的对于人际层级的认知的儿童会在人际互动中更加游刃有余、"趋炎附势"吗？会更受到欢迎吗？

对于领导者的理解

与人际层级紧密相关的另一个问题就是对于领导者或者领导地位的理解。团体中几乎都有领导者，可以大到一个国家的领袖，也可以小到一个三人小组的小组长。领导者在一个团队中的重要性不言而喻。领导者往往被赋予了更多的权力，同时也意味着有更大的责任。

我们成年人往往对于领导者有一些期望，比如我们会期望领导者作为团队的榜样、为团队做出更大贡献，并不希望他们做出滥用权力、以权谋私的行为。那么儿童对于领导者的理解是怎样的？儿童是如何理解团队中的领导地位的呢？他们会认为领导者需要肩负更大的责任，还是会认为领导者会拥有更多的权力呢？

为了更好地了解儿童关于领导地位的想法，研究者们结合故事情境和具体提问，对5—6岁的孩子们展开了系列实验（Stavans 和 Diesendruck，2021）。研究者首先对儿童讲述了一个有关合作和领导力的故事。在这个故事中，四个小朋友想去游乐园玩，并且想要一个领导者来决定他们什么时候去玩、去玩什么游乐设施（即领导者具有决定权），于是，他们通过内部选举的方式选出了公认的领导者，并跟随领导者的指挥来到了游乐园。在游乐园中，他们发现游乐园的项目都必须两两组队玩耍，并且每玩一次需要向槽内总共投入6个硬币，于是他们两两组队玩耍。接着，研究者问儿童："你猜猜看故事中的小朋友们会各自贡献多少个硬币去玩游乐设施？"之后，研究者将会揭示故事人物们实际贡献的硬币数，并要求儿童对这些实际结果的可接受度进行评价。结果发现，儿童认为身为领导者的小朋友应该比其他三个非领导者贡献出更多的硬币，并且更难以接受领导者付出比平均贡献额（3个硬币）更少的硬币；而对于非领导者，儿童则只期望其付出平均贡献额（3个硬币），超出或低于均值的贡献都是不被鼓励的。也就是说，儿童认为，相比于非领导者，领导者应该担负更大责任，做出更多的贡献。

在明确了合作关系的"贡献过程"中儿童对领导者所持有的态度之后，研究人员又想要进一步探究"收益过程"，即，在更加关涉个人利益的收益阶段，儿童将会对领导者获得的收益有着怎样的预期和评价呢？研究者们询问儿童，当故事中的四个小朋友结束两两组队的玩耍后，他们被告知可以拿走游乐设施槽内的6个硬币作为合作游戏的奖励，你认为（故事中的）小朋友应该拿走多少硬币作为奖励？在儿童回答完之后，研究者揭示角色们实际拿走的硬币数，并要求儿童对这些结果的可接受度进行评价。结果发现，在预测问题和评价问题中，儿童均认为，不论个体是否为领导者，都应该获取相同且均等的酬劳；且多拿比少拿更不能接受。这也表明，儿童并不认为领导者具有高于非领导者的权力（或资格）来获取更高的酬劳。也就是说，儿童认为，在团队中，领导者应该比非领导者肩负更多责任、做出更多的贡献，而非享有更多权力或得到更多的收益。

　　这些结果告诉我们,五六岁的儿童对于领导地位也有一定的认识,也会对于领导的权力和责任有越来越成熟的期待。对于领导者的理解的研究也还相对比较少,有很多可以探究的方向。除了探究儿童对于领导者的理解的影响因素之外,一个很有趣的可探讨的问题是文化环境可能也会影响儿童对于社会地位和领导的理解和看法。比如说,不同文化中可能对于什么是好的领导有不同的看法。比如,有的文化可能非常看重自信(assertiveness),而有的文化可能会更看重领导是宽厚仁慈的、是公平的、是可以团结人的。需要注意,这里所说的文化可以是多层次多维度的,不仅仅是不同的国家、不同的种族。比如说,从比较小的维度来说,不同的公司可能也有不同的文化,有的公司可能看重自信、独断、有决策力的领导,有的公司则比较偏好仁慈待人、集思广益的领导。这些都是未来的研究可以探究的问题。

总结与启示

　　在这一章中,我们了解了儿童对于人际之间的关系与层级结构的认识。这方面的研究在过去的十年不断涌现。关系的亲疏和关系的高低是研究者关注的两个重要的方面。首先我们了解了儿童可以通过各种各样的线索(唾液分享、秘密分享、忠诚性等)推测人与人之间的关系亲疏(是否家人、朋友等)。并且,这样的推测在儿童很小的时候(甚至是婴儿时期)就已经出现了,并且随着年龄的增长愈加成熟稳定。我们也了解了儿童对于人际之间的地位的差异的认知。即便婴儿也可以通过体型的大小和服从的关系推测人际地位的差异,但他们也已经理解通过武力而获取地位是不可取的。随着年龄的增长,儿童越来越可以通过更多的线索(比如,决策权、受到的尊重、资源的分配、制定规则的权力等)来推测地位的高低。学龄前阶段儿童对于领导的责任和义务也有一定的认识。

　　当然这个领域的研究也还有很大的探索的空间,还有很多值得研究的地方。比如儿童能否理解不同的关系的稳定性有所不同,亲情相对稳定,不容易变化,而友情则不那么稳定,容易随着时间的推移而变化。比如儿童能否理解同一个人在不同的情境下(或群体中)所处的地位高低可能有所不同,一个班级的班长在这个班级里的地位较高,但他同时也是篮球队的一员,他在篮球队里还是一个新人,地位相对较低。儿童是否能够理解这个地位的高低是因具体的情境而异的。儿童又是否理解一个团体中可能有不同的领导者,比如一个班级里面除了班长,还有学习委员、体育委员、文艺委员等。儿童是否理解他们应该各司其职,每个人有不同的责任和义务。

　　这些研究对于我们有怎样的启示呢?再一次,我们了解到,儿童在很小的年龄就表现出对于人际之间关系的相当复杂的认知。儿童对于人际线索是非常敏感的,甚至在很小的时候(婴儿时期)就已经表现出对于高地位的人偏好。是不是说,小婴儿也有一些"趋炎附势"了呢?其实,换个角度想,这也是非常正常的,这恰恰是我们人类在复杂的人际环境中生存的能力的一个早期的体现。而作为家长,我们可以做的,就是了解和认识儿童的这些能力,并且帮助他们形成更健康的对于他人的态度。比如,可以跟孩子去讨论你和谁是朋友,谁和谁是朋友,你是如何判断的,你觉得怎样的人是好的领导者,你想要成为领导者吗。跟孩子进行这样的讨论,并在这些讨论中了解孩子的想法,也真诚地与他们交流你的想法,共同形成更灵活而健康的认知。

第三章 我们与他们：儿童对社会群体的认知

在上一章中我们了解了儿童对于人与人之间的关系的认知。我们每个人除了跟他人有各种各样的联系之外，我们还属于不同的社会群体（social group）或者说社会类别（social category）。这些社会群体包括不同的性别群体（如，男与女）、不同年龄的群体（老年人、年轻人、青少年）、来自地区的群体（如，上海人、北京人、城里人等）、不同种族或民族的群体、不同的职业群体，等等。我们每天可能会遇到很多人，所以我们很习惯快速地对他人进行分类。当你见到一个陌生人的时候，你会忍不住去把他跟一些社会类别所联系。比如这个人是男性，是黄种人，有北方口音，是码农，等等。我们每个人也会很自然地去支持与我们属于同一群体的人（比如，女性支持女性，中国人支持中国人）。这样的社会类别（或者说社会群体）包含很多的类别，既包括可能我们与生俱来的、对我们的一生都会产生持久影响的群体（比如，国籍、种族、性别，等等），也包括一些相对更加后来形成的、更加临时的、也更加容易解散的、更加肤浅的社会团体（例如，不同的班级、临时组建的运动队等）。

对社会群体的认知往往会使我们对于特定社会群体产生刻板印象甚至是偏见。什么是刻板印象？简而言之就是指把一个群体和某些特征联系起来的想法，从而忽视了群体中个体的差异。比如，有人会认为男生比女生的数学成绩更好，这就是一个关于数学能力的性别刻板印象；还有人会认为女生比男生温柔，北方人比南方人豪爽，亚洲人比西方人数学好，等等。这样的刻板印象在我们的生活中比比皆是。有的时候这样的基于社会群体的认知可以让我们很快对一个陌生人的特点进行一些判断。这些判断有可能很多时候是正确的，但却可能带来严重的问题。因为这样的判断主要是基于群体的判断,比如男生喜欢小汽车,女生喜欢娃娃。这样的判断也许从群体的平均值的层面是能够在一定程度上反映群体之间的差别的,但是用这样的对于群体的描述来判断个人就可能带来严重的偏见。显然不是每一个男孩子都喜欢小汽车,也不是每一个女孩子都喜欢娃娃。这就可能会造成我们对个体的错误判断。

那么,这样的快速对人进行分类,通过他人的社会群体对他人进行判断的倾向是天生的吗?是如何发展的呢?儿童对这些社会群体有怎样的理解和认知?儿童在生活中遇到各种各样的人的时候,也会把他们分类进各种各样的社会群体吗?他们从什么时候开始对不同社会群体的人有一定的判断呢?他们又是否会表现出刻板印象呢?我们需要首先研究和了解儿童的各种刻板印象甚至偏见的形成,才能够通过教育和其他方式来减少偏见。

研究者们对于各种各样的社会群体已经有一些研究。首先,研究者关注儿童对于一些重要的、普遍的社会群体的认知,比如性别、社会经济地位、种族、语言等。我们先来了解一下儿童对于不同社会经济阶层,也就是富有的人和贫穷的人的看法。

贫穷与富有

我们都知道贫富差距是一个非常重要的社会问题。富人有更多的财富,有更好的生活条件,占据着更多的资源,甚至有更好的就业机会,等等,并且贫富差距也往往能够在代际中传递。儿童在日常生活中可能也会接触到各种各样的与贫富差距有关的信息(比如,豪华程度不同的车、房子、玩具、衣服等)。

近些年有一些研究探究儿童对于不同社会阶层(主要是穷人和富人)的认知和观点。在一项研究中(Horwitz 等,2014),研究者首先探究 4—5 岁的儿童能否分清贫穷和富有的群体。或者说,他们会通过怎样的线索来判断一个人是贫穷还是富有。家长可以去回忆一下,你的孩子是什么时候开始注意到自己家或者别人家的经济情况的,比如说,是别人家的小朋友的玩具车更高级?

是别人家的车更好？是别人家的房子更大？在这项研究中，就是利用这些线索来展示贫富的线索的。研究者通过图片给4—5岁的孩子们介绍了两个群体，他们生活在不同的房屋里，有着不同的家具、车等。比如，其中一个群体居住的房屋里家具精美且齐全，另一个群体居住的房屋里家具稀少且有破损。研究者会问儿童这样的问题："这里有两个家庭，其中有一个富有，一个贫穷，你觉得哪一个贫穷？哪一个富有？"大部分的4—5岁的儿童（78%）能够正确通过图片中的信息区别"富人"和"穷人"。

接下来，研究者关注的是，他们对于社会阶层不同的人是否有偏好，比如说，更喜欢穷人还是富人？研究者给儿童呈现来自上述的两个群体中的人物，比如一个人物来自富有的家庭，另一个来自贫穷的家庭，并问他们更喜欢哪个人物。结果发现，大部分儿童（74%）表现出更喜欢来自富有群体的人物。这就说明，4—5岁的儿童就已经对财富的信息有所理解，并且表现出对富人的偏好。

研究者们进一步探究有关于贫富的信息是否会影响他们自己对于自己所在的群组的看法。研究者将孩子们随机分配到富裕组或贫穷组。随后孩子们回答了一些对自己所在的小组成员的喜好问题。结果发现，群体的财富信息会影响孩子对群体及成员的态度，分配到富裕组的孩子（86%）比分配到贫穷组（46%）的孩子更喜欢自己的群体中的成员。总结来说，4—5岁的儿童已经可以分得清贫穷和富有的家庭，并且对富有家庭和成员表现出更强的偏好。还有很多其他类似的研究也发现了这样的"亲富偏见"，也就是喜欢富人胜过穷人（Shutts等，2016）。

上述的这项研究表现的是4—5岁儿童的对于富人（相比于穷人）的偏好。随着他们年龄的增长，他们的想法会有所变化吗？他们会一直觉得富人更好吗？此外，他们对于富人的偏好会拓展到其他方面的认知吗？比如，儿童是否会认为富人各方面都比穷人好，甚至比穷人道德品质更高、更聪明、更努力、更优秀？还是说，儿童会形成更加有选择性的、有区分度的认识？儿童对于贫富差距又有怎样的认知呢？儿童会认为贫富差距是不合理、不公平的吗？

我们先来想想成年人的看法是怎样的。成年人对于贫富的看法其实是相当复杂和多元的。成人对于穷人和富人都是有着相对比较复杂甚至是矛盾的评价和推测，他们认为不管是穷人还是富人都有一些积极的品质也有消极的品质。比如，人们认为富人是有能力的、但是是冷漠的；而穷人是温暖的、但是相对能力欠缺的(Durante 等，2017)。人们也更加认为富人会比穷人更有可能处于领导者的地位，而穷人则更有可能处于被领导的地位(Zakaria，1999)。

那么儿童呢？儿童在什么时候会拥有这样复杂而均衡的对于贫富的认知呢？在一项近期的研究中(Yang 和 Dunhum，2022)，研究者给 4—10 岁的儿童呈现两组人，一组住在漂亮的房子里，在很大的操场上玩耍，有很多高级的玩具；而另一组则住在相对比较简陋的房子里，在很小的操场上玩耍，玩具也比较简陋。研究者问儿童一系列问题：你更喜欢哪一组人？哪一组更会帮助别人？哪一组更聪明？哪一组更努力？哪一组占据更多的资源和权力？研究者还会问儿童这样一组人比另一组人有更多更好的东西是否公平。结果发现在 4—10 岁之间，随着年龄的增长，儿童对于富人的偏好逐渐降低，虽然 4—5 岁的孩子还是对富人有很强的偏好，但是到 9 岁左右这种偏好已经消失。年龄小的儿童同样认为富人更善良，但随着年龄的增长，儿童逐渐认为富人是吝啬的，而穷人是更善良、更会帮助他人的。随着年龄的增长，儿童还逐渐认为富人占据着更高的社会地位（有更多的资源、占据更多的领导位置），也更加认为贫富差距是不公平的(Hussak 和 Cimpian，2015)，儿童也越来越倾向于给穷人分配更多的资源从而来纠正这种社会不平等(Li 等，2014；Paulus，2014)。这说明随着年龄的增长，儿童逐渐形成对于财富差异愈加复杂精细的认知，而不是简单的对于富人的偏好。

为什么会有这样的发展变化呢？为什么小孩子偏好富人，而随着年龄的增长，他们有逐渐复杂、精细、理性的对于贫富的认知呢？这可能是因为，很小的时候孩子们会直观地认为富人拥有的好东西多，所以就更喜欢他们，也会把这种偏爱扩展到其他各种各样的领域（他们也更努力、更聪明、更优秀）。慢慢地，随着他们对于社会环境有越来越多的认知，接触过越来越多各种各样的人，儿童与不同群体的接触交流，从家长或者其他成年人那里学习和感受到的对于财富和社会地位偏见，以及整个社会的行为规范和媒体的舆论导向等环境因素都可能让孩子们逐渐对贫富有更全面、更精细化的认识。

这也启示我们家长和教育工作者,可以有意识地促进儿童对于不同的社会群体的理解并减少他们的偏见和刻板印象。比如,为儿童增加与不同群体进行直接交往和接触机会,让他们与不同社会阶层和文化背景的人进行平等交往,并引导他们不带有偏见地去接触每一个独立的个体,认识到人们的多样性,从而培养儿童的健康人格。

男性与女性

性别是非常重要的一个社会群体,我们也往往会根据一个人的性别对其进行判断。对于性别的刻板印象很有可能会限制女性或者男性在一些领域的发展,比如女性在 STEM 领域的较低占比。

近些年来研究者们开始关注性别刻板印象在儿童时期的发展。在一项具有开创性的研究中,研究者探究 5—7 岁的儿童是否有男孩更聪明的刻板印象(Bian 等,2017)。研究者给 5—7 岁的儿童呈现一系列任务,这些任务都是为了测量儿童是否会更倾向于将男性(而非女性)与聪明绝顶(brilliance)这样的特征联系起来。比如,在其中一项任务中,研究者给儿童讲一个故事,关于一个人非常非常聪明(really, really smart),"在我工作的地方,有许许多多的人。但是有一个人很特别,这个人非常非常聪明。这个人很快就知道该怎么完成任务,并且比其他人都更快更好地想出解决问题的办法。这个人非常非常聪明。"并提问,下列哪一位可能是这个故事中描述的人? 在故事中,研究者很注意不给到任何有关于这个人物的性别的提示(比如,用"这个人"而非"他"或"她"),然后研究者给儿童呈现两位男性和两位女性的照片,让儿童猜测哪一个是故事的主人公。注意,在事先的研究中,研究者已经保证了这些照片上的人物在吸引力和着装上都是没有差异的,研究者关注的是他们会认为这个"非常非常聪明的人"是男性还是女性。结果发现,在 5—7 岁之间,儿童的看法有显著的变化。在 5 岁的时候,男孩和女孩都更倾向于认为自己性别的人是非常非常聪明的，这可能是由于他们对于自己内群体的偏好。但是，6岁开始，儿童的看法就有显著的变化。6—7岁的男生比女生更加倾向于认为自己性别的人物是那个非常非常聪明的。相反，在另外一项任务中，研究者给儿童讲了一个关于一个非常非常善良（nice）的人的故事，比如"这个人乐于助人，对办公室里的所有人都很友好"。同样儿童需要去猜测故事的主人公是男性还是女性，结果发现，5岁时，男生和女生都同等程度地认为自己性别的人更善良友好；而6岁开始，女孩则比男孩更可能认为自己性别的人非常非常善良友好。这些结果说明，"聪明＝男孩"的刻板印象可能早在6岁时就形成了，他们一定程度上认为男孩是更聪明的，而女孩是更善良的。

那么，这种刻板印象会造成什么影响呢？会不会影响儿童参与需要"聪明才智"的活动的兴趣呢？研究者另外邀请了一些6—7岁的小朋友参加实验。研究者给每个孩子介绍了两款游戏，其中一款游戏是给"非常非常聪明的孩子"玩的，而另一款游戏是给"非常非常努力的孩子"玩的，然后询问孩子们对两款游戏的兴趣，如"你喜欢这个游戏吗？还是不喜欢？"结果发现，对于给"非常非常努力的孩子"玩的游戏，男生和女生展现出相同程度的兴趣；而对于"非常非常聪明的孩子"玩的游戏，女生比男生表现出更少的兴趣。也就是说在6—7岁的年龄，男生和女生对于需要聪明才智的游戏的兴趣就已经有差距了。另外，研究者还采用中介效应的分析证明了正是"男生＝聪明"的刻板印象造成了不同性别孩子们对这些需要聪明才智的活动的兴趣上的差别。

总之，研究发现孩子们在6岁左右就开始有"男性＝聪明"的刻板印象，并且这种刻板印象会影响孩子们的兴趣发展，这也可能进一步限制他们将来的职业选择。

以上研究是针对美国的儿童进行的，研究者采用类似的方法开展了一项对于中国的5—7岁的儿童的类似的研究（Shu等，2022）。并且，非常有趣的是，研究者在这项研究中既探究了中国儿童对于白人男性和女性的刻板印象，也探究了中国儿童对于中国男性和女性的刻板印象，结果发现了一些不同。与美国儿童一致的是，中国儿童也大概是6岁的时候对白人男性和女性产生了刻板印象，倾向于将白人男性（而非白人女性）与非常聪明相联系起来。相反的是，当评价的对象是中国男性或女性（而非白人）时，不管是中国的儿童还是美国的儿童都更倾向于将中国女性（而非中国男性）与非常聪明相联系起来。也就是说，性别刻板印象也是因种族和文化而异的。当然，还需要更多的研究来探究不同文化下儿童的性别刻板印象的发展以及成因。

语言与口音

我们也会根据他人所来自的地域对他人进行分类，从大的国家来说，分为中国人、美国人、英国人，等等，从小的城市来说，分为北京人、上海人、山东人，等等，还有城里人、乡下人等更多分类。这些通过不同地域来对人进行分类的社会群体在我们的生活中非常常见。同样地，我们也会根据不同人的语言甚至是口音对他人进行分类，因为往往语言或者口音可以告诉我们一个人来自哪里。比如，说中文的人，说英文的人，说西班牙语的人；再比如，有北方口音的人，有南方口音的人，甚至更细化的，说上海话的人，说天津话的人，说北京话的人，等等。

那么儿童对说不同语言的人或者有着不同口音的人有不同的评价吗？研究发现，儿童对于讲不同语言，甚至是不同口音的群体也会有不同的偏好。在一项研究（Kinzler 等，2007）中，研究者们给 24 名来自说美国英语家庭的 6 个月大的婴儿呈现两位成年女性说话的片段，一个是跟他们说相同口音的英语的人，另外一个是说西班牙语的人。研究发现儿童在测试阶段看说英语的这位女性的时间更长，虽然说婴儿的注视时间可能代表很多含义，但这里，至少说明 6 个月大的婴儿就能分清说不同语言的个体，并且很有可能对与自己说相同语言的人（相比于与自己说不同语言的人）更加偏好。在后续的实验中，研究者分别给 10 个月大的生活在美国波士顿的英语家庭的婴儿和生活在法国巴黎的法语家庭中的婴儿呈现说英语以及说法语的成年人的影像。在这之后，这两位成年人的影像面前都摆着一个玩具，研究者想看孩子更倾向于拿哪位成年人提供的玩具（这也体现了孩子们的偏好）。结果正如你所料，在法国巴黎的婴儿更喜欢讲法语的成年人提供的玩具，而在美国波士顿的婴儿更喜欢讲英语的成年人提供的玩具。在另外一个实验中，研究者测试了5岁儿童的交友偏好是否也会受到说话者的语言的影响。实验中，研究者给美国英语家庭中的5岁儿童呈现两位儿童的照片，并且给他们播放其中一位儿童说法语，另一位儿童说英语的影像（当然实验者有充分平衡儿童的照片和他们所说的语言的组合）。在这之后，询问被试儿童想要跟谁做朋友。结果发现，他们更想要跟和他们一样说英语的儿童（而非说法语的儿童）做朋友（Kinzler等，2007）。

从这些实验的结果中我们可以看出，从语言上来说，相比于跟自己说不同语言的人，儿童更加偏好跟自己说相同语言的人。那么如果是跟自己说相同语言但是口音不同的人呢？研究者分别给5—6个月大的生活在美国波士顿的英语家庭的婴儿呈现两个都说英语的成年人，但他们的口音不同，一个用美国本地口音说英语，另外一个则用别国口音说英语。同样地，研究者也给生活在法国巴黎的法语家庭中的婴儿呈现两个都说法语的成年人，但其中一个用法国本地口音说法语，另一个则用别国口音说法语。结果发现，无论是在美国还是在法国的婴儿都更加偏好用本地口音说话的那位成年人。同样地，研究者在5岁的美国儿童中也发现了他们明显更想跟与他们口音一致的小朋友（而非用他国口音说英语的小朋友）做朋友（Kinzler等，2007）。

这样的对于语言和口音的偏好也会影响儿童的社会学习。有研究表明（Kinzler等，2010），儿童更喜欢跟说本地口音（而非外地口音）的人学习有关于物品的功能的知识。不过，研究也发现，当说本地口音的人经常犯错时，儿童认为正确率更重要，他们会更倾向于跟说外地口音但会提供正确信息的人学习。所以说，儿童在通过他人所说的语言和口音来对他人进行推断，并且他们更加偏好说本地语言和口音的人，但是这样的偏好并不及其他一些因素（比如，提供的信息是否正确、可靠）重要。

总结来说，已经有大量的研究关注现实生活中的这些真实存在的社会群体（比如，性别、社会阶层、语言，等等），他们往往会对个体有持久的影响。成人和儿童都会根据这些群体对人们进行判断和推测，比如认为处于这些群体中的个体通常具有某些共有的特点,遵守一些共同的文化和社会规范。我们也了解到,儿童也已经形成了一些群体间的偏见,比如对于与自己说同样的语言的人们的偏好。接下来我们会再详细了解一些有关于内群偏好(in-group favoritism),或者说群体间偏见(intergroup bias)的研究,我们也会了解到,即便是在一些有关于更加临时形成的、肤浅的、容易解散的社会群体中也会出现类似的内群偏好和群体间偏见。

内群偏好与群体间偏见

我们每个人都处于各种各样的社会群体中。比如说,是女性、是中国人、是三年级二班的、是清华的、是某某社团的,等等。对内群(in-group)的偏好是一种非常普遍的现象。我们往往希望自己国家的运动员在比赛中击败对手,我们也会更多地为自己班级的同学们加油。其实我们从前面的研究中就可以了解到,儿童从很小的时候就表现出内群偏好,他们更喜欢自己内群体的人们,比如偏好跟自己同性别的人、与自己来自同个地方的人等。

那么前面所说的都是一些我们生来就属于的或者说至少存在了一段时间的群体,儿童在其中表现出内群偏好甚至是刻板印象。那么临时组建的群体呢?研究发现,即便是并非我们生来就属于的团体也会对我们的行为和态度有很大的影响。

20世纪50年代左右,穆扎弗·谢里夫(Muzafer Sherif)和其他的一些研究者进行了一项后来被称作罗伯斯山洞(Robbers Cave)实验的研究(Sherif, 1961)。数名十一二岁的美国白人男孩在俄克拉荷马州的一个罗伯斯山洞国家公园参加营地项目。这些男孩本来并不认识彼此,而且都是来自比较类似的美国白人中产家庭。在营地项目中,他们被随机分配到两个队伍中,两个队伍住不同的木屋,并且他们给自己队的木屋起了名字,一个叫老鹰队,另一个叫响尾蛇队。在活动的前五六天,男孩子们被要求在组内开展活动,比如一起去爬山、游泳,等等,他们逐渐认识了自己团队的成员,也逐渐对自己的团队产生了依恋,并且在这个阶段男孩们被要求不跟另外一组的成员进行接触。在这个过程中,他们各自团队发展出了自己的内部文化。在接下来的四五天中,两个队伍开始进入竞争阶段,他们进行棒球比赛等活动,还需要去争夺一些资源。当两队在竞争的时候,就出现了明显的内群偏好以及对外群的偏见和厌恶。他们各自为自己的团队文化感到骄傲,比如老鹰队坚持要保持整洁、相互尊敬,他们对此也感到骄傲。他们认为响尾蛇队是肮脏的、粗俗的。相反地,响尾蛇队则认为老鹰队是伪善的人。最终两队的互动演变成竞争、冲突、互相的咒骂和敌意。

研究者尝试了各种各样的办法想让这两个队伍的成员和睦相处,但是收效甚微。这说明双方之间的群体间的偏见和冲突是非常难以调和的。而更加有趣的是,后来这两个队伍最终和解并团结在了一起,是因为他们需要共同面对一个更高阶的目标,一个共同的敌人:他们营地的水管爆裂,这个时候他们团结起来去应对这个共同的"敌人"。所以说,即便是刚刚认识的孩子们,因为被分到了不同的队伍,也很快产生了内群偏好和对于外群的厌恶。这样的内群偏好也许还不够令人意外,毕竟这些男孩有共同的队名,生活在一起,逐渐发展出了感情。

更令人惊讶的是,由随机的方法分成的群体,也会产生这样的内群偏好。20世纪70年代开始,泰弗尔(Tajfel)及其同事进行了一系列有关于"最小"群体(minimal group)的研究(Tajfel,1970;Tajfel等,1971)。所谓"最小"群体就是指几乎没有任何实质意义的、随机组成的群体。比如说,研究者会根据人们对于现代艺术的偏好,把人们分成康定斯基爱好者和克利爱好者。结果发现用这种方法进行群体身份的分配也会引起内群偏好,人们认为自己内群的个体更加聪明,给自己内群的个体分配更多的资源,等等。这之后,也有很多的研究者顺着这个思路进行探究,结果发现,即便是非常没有意义的,比如随机分配到红蓝两个队伍中的方法(Brewer 和 Silver,1978;Perreault 和 Bourhis,1999)也引发了对于自己内群成员的更积极的评价和更多的资源分配。研究者在3岁的儿童中也发现了这样的"最小"群体偏见(Dunham等,2011;Richter,Over 和 Dunham,2016)。甚至有近期的研究发现,5—8岁儿童在这种"最小"群体中表现出的群体间偏见与在性别等有意义的社会群体中所表现出的群体间偏见的强度近乎类似(Yang等,2022)。

总之,不管是在无实质意义的"最小"群体中,还是有实质意义的一些社会群体中,成人和儿童都表现出明显的对于内群的偏好,群体间的偏见或冲突等。并且,研究也发现,儿童在对他人的社会群体进行推测的时候,也会根据他人的无论是实质意义上的还是无意义的、随机形成的社会群体身份进行推断。比如,儿童认为同一社会群体中的成员应该有很多相似的特点,如他们应该有相同的偏好、特征和规范。儿童期待一个社会群体中的成员都遵守这个群体的社会规范,对违反这个规范的成员会有负面的评价。儿童认为同一社会群体的成员应该互相交往,对彼此忠诚,帮助彼此,不能伤害与自己处于一个社会群体中的成员(Diesendruck 和 Helavi, 2006; Rhodes 和 Chalik, 2013)。研究者采用测量儿童的注视时间的方式和违背期待范式发现,甚至是17个月大的婴儿也认为,当资源比较稀缺的时候,人们应该帮助自己的内群(而非外群)的个体(Jin 和 Billargeon, 2017)。

还记得我们第一章的时候讲儿童会去认知他人的心理状态。其实,描述一个人的心理状态恰恰表明,我把你当作一个"人",而不是"物体"。2017年的一项研究基于这一逻辑探究学龄前儿童会不会更容易自发地用心理状态来描述他们自己的内群成员,而非外群成员(McLoughlin 和 Over, 2017)。实际上,有很多社会心理学的研究已经表明,成年人并不总是把他人当"人"看,而可能会物化他人,尤其是在对待外群群体的时候,会不愿意去考虑他们的心理活动(Harris 和 Fiske, 2006)。这种倾向被研究者称为"去人类化"(dehumanize)。在这项研究中,研究者给5—6岁的儿童观看一些动画视频。在每部动画片中,都有两个三角形在屏幕上互动。研究者给儿童提供有关这些三角形的群体身份的信息。对于其中一组的儿童,研究者提供的是有关性别的身份信息,对于另一组的儿童提供的是有关国籍方面的信息。在性别组,研究者跟儿童说其中一部动画片里是两个"男"三角形在互动,而另一部动画片中则是两个"女"三角形在互动。这样对男生来说,"女"三角形就是外群体,"男"三角形就是内群体;反之亦然。在国籍组,研究者同样是给儿童看两部动画片,其中一部是有关于两个内群的三角形的："这两个三角形都是住在你家附近、和你上同一所学校、说同一种语言的小朋友。"另外一部是有关于两个外群三角形的："这两个三角形都是住在另一个国家、和你上不同的学校、说外国语言的小朋友"。

儿童看完了动画片之后，研究者会问他们一些问题让他们去描述动画片中的三角形人物，"你觉得刚才动画片里发生了什么？""你觉得动画片里的小朋友在做什么？""请跟我讲讲这个小朋友吧。"研究者们对儿童的回答进行编码，他们关注的是儿童的回答中涉及对方的心理活动的词语，包括愿望或意图（如，"想要"）、偏好（如，"喜欢"）或者想法（如，"认为""知道""决定"等）、情感（如，"开心""生气""害怕""伤心"）等。结果发现，儿童在描述和讨论内群体的"三角形"时，明显比在描述和讨论外群体的"三角形"时更倾向于使用以上这些有关心理活动的词汇。这一定程度上可以说明，5—6岁的小朋友，更倾向于体察自己的内群体的心理状态，而对于外群体则存在一定的去人类化倾向。和成年人一样，儿童在对待那些和自己处于不同社会群体的人时，比较难站在对方的角度看问题，容易把对方看作"非人"的"物体"。

总结一下，我们看到，无论是具有真实含义的、对我们生活有重要的、持久的影响的社会类别（性别、国籍、贫富等），还是更加短时的、肤浅的社会群体（班级、篮球队等），甚至是毫无意义的、随机组成的社会群体（红队、蓝队），儿童都表现出对于内群和外群的成员有不同的期待和态度。那么为什么会出现这种对于不同群体的不同的态度呢？当然，形成这样的群体间偏见的原因多种多样，有研究者从本质主义入手进行研究。

本质主义

本质主义的观念（essentialism）是解释个体之间的差异时的一种倾向。我们在解释个体之间的差异的时候，往往会诉诸所在的社会群体，比如会认为一个男性和一个女性的差异代表了男人和女人的差异，再进一步可能会认为这种差异来源于这些群体的本质上的不同。认为男人和女人从本质上就是不同的,女人就是来自金星,男人就是来自火星。这就涉及本质主义的概念。本质主义大体来说可以说是一种思维模式,在这种思维模式中,类别有一种决定性的本质,这种本质是内在的、不可改变的,并且可以解释该类别的特征的(Rhodes 和 Gelman, 2009)。

早期的一些有关于儿童的本质主义的研究关注对于一些自然类别的看法。比如,从 4 岁起,儿童就倾向于用本质主义的看法看待这些自然类别,比如说动物(Gelman, 2003)。那么本质主义具体包括哪些观点?举例来说,如果我们用本质主义的看法看待老虎,我们会认为老虎是虎类的一员,是因为它出生就是该物种的成员,它的这个成员身份不会受到其他环境因素的影响(比如说,不会因为周遭环境的变化,虎就不是虎了)。并且,我们认为它的这样的成员身份是由某些内在本质决定的(比如,由基因决定),而这些本质对其许多特征(例如,凶猛)具有因果影响(如,老虎的基因导致它凶猛),因此所有类别成员都具有这些特征(如,所有的老虎都是凶猛的)。总的来说,可以说本质主义观念包括稳定性(即,认为类别是稳定的、不可改变的)、内在性(即,认为不同类别有内在的、本质的差异)、信息性(即,类别可以提供丰富的、决定性的、有关于个体的信息)这些特点。

那么,我们有时候也会用本质主义的观点来看待一些社会类别,比如种族、国籍、性别,等等。人们可能会认为某些社会类别是具有本质上的差异的,比如男性和女性具有本质上的差异;他们生来如此,男性很难变成女性,女性很难变成男性,他们之间的差异是深入本质的。而有些社会类别则并非如此,比如新成立的社会群体等(如,不同的班级)(Rhodes 和 Gelman, 2009)。也就是说,有关于类别的本质主义大概就是人们认为不同类别具有内在的、不可改变的本质特征的信念(杨晓莉,孟霄,刘力,2017)。

儿童是否会对一些社会类别有本质主义的看法呢?一些研究发现,大概在 4—6 岁之间,儿童就已经对一些社会类别有本质主义的看法。比如,在 2020 年的一项研究中(Davoodi 等,2020),研究者测试了美国和土耳其的 5—10 岁儿童对于性别、国籍、宗教、社会阶层和运动队迷这五个社会类别的本质主义看法，对于每一个类别，都给儿童呈现两位故事人物，这两位故事人物分别处于某一社会类别中的两个群体，比如就性别这个社会类别来说，两位故事人物一位是男性，一位是女性；然后询问儿童这样一系列问题：他们的大脑是不同的吗？可以通过观察他们的血液得知他们是男性还是女性吗？他们生来就是男性/女性吗？他们可以改变自己的性别吗？他们是男性/女性是因为他们所处的环境吗？接着将儿童在这些问题上的回答取平均（当然，有关于改变和环境的问题会进行反向编码）。结果发现美国和土耳其的5—10岁儿童对于不同社会类别的本质主义的程度不同，他们对于这些社会类别的本质主义强弱依次为性别、国籍、宗教信仰、社会经济地位、运动队，并且随着年龄的增长，儿童对于性别的本质主义信念显著上升，对于社会经济地位和运动队的本质主义信念显著下降。所以说，儿童对于不同类别的本质主义的程度是不同的，并且随着年龄的增长，对于各个类别的区分愈加明显。

尽管对于社会类别的本质主义信念在不同社会中均有明显体现，但是也有研究表明文化以及被试本身的社会类别会影响他们对于社会类别的本质主义信念。比如说，有一项研究表明，在以色列，关于种族的本质主义信念随着年龄的增长而减少，而在美国则随着年龄的增长而增加（Diesendruck 等，2013）。再比如，美国农村和城市的儿童对于性别的本质主义信念的程度有所不同，城市儿童对性别的本质主义信念要低于农村的儿童（Rhodes 和 Gelman，2009）。当然，有关于不同文化的儿童的本质主义信念的系统研究还相当缺乏，还需要更多的研究让我们了解儿童自身的社会类别对于其社会本质主义信念的影响。

近些年来，国内研究者也开始关注心理本质论的研究，但主要关注成年人。比如说，关注对于民族的本质主义观念。有研究发现，汉族成年人对民族持有的本质主义观点越强烈，其对少数民族的消极刻板印象更严重；而少数民族成年人对民族持有的本质主义观点越强烈，其对民族的认同感越强（高承海，万明钢，2013）。然而，对于中国成人和儿童对于本质主义的看法，我们还知之甚少。

我们近期的研究试图探究中国成人及儿童对于不同社会类别的本质主义

信念及其随年龄的发展变化。除了性别和社会经济地位(即,贫富)之外,我们还特别关注本地人与外地人这一社会类别。因为在中国这样一个人口流动很大的社会,大城市的户口也是很多年轻人非常关注的一个问题,人们对于本地人和外地人的看法可能也会对我们在生活和工作中的一些态度和表现有很重要的影响。我们向成人和5—10岁的儿童展示三对属于不同社会类别(社会经济地位、性别、户口所在地)的人物,例如,妮妮是富人,娜娜是穷人;明明是男孩,璐璐是女孩;冰冰是外地人,有外地户口,玲玲是本地人,有本地户口。对于每一对对立类别中的人物,研究者向儿童提出一系列问题以测量儿童有关于该类别的本质主义信念。比如,对于贫富这一类别的问题就包括:你认为妮妮是生来就是富人,娜娜是生来就是穷人吗?妮妮可以成为穷人,娜娜可以成为富人吗?妮妮和娜娜的大脑不同吗?你认为可以通过他们的血液就能知道妮妮是富人,娜娜是穷人吗?你认为妮妮是富人,娜娜是穷人,是受他们周围的人的行为影响吗?

　　我们发现,不管是成人还是儿童对于不同社会类别的本质主义信念的程度都是不同的。具体来说,成人和儿童均对性别这一类别的本质化程度最高且显著高于随机水平,也就是说,成人和儿童都认为性别是人生而有之的、不可改变的,不同性别的人之间是有内在的本质的差异的。成人和儿童对于社会经济地位(也就是贫富)以及本地人外地人的本质主义信念都要相对低一些。也就是说,他们认为贫富和本地人外地人这些类别不一定是与生俱来的,在一定程度上也是可以改变的。总体来说,儿童的本质主义信念普遍要高于成人,且随年龄增长出现下降趋势,也就是说,随着年龄的增长,儿童会越来越认为这些社会类别可能是可以改变的,比如说穷人可以通过努力成为富人,外地人也是可以变成本地人的。

　　除此之外,我们还探究成人被试自身所处的类别,比如他们自身的性别、社会经济地位以及是否本地人身份等对于他们的本质主义倾向的影响。我们发现,男性对性别的本质主义信念要显著高于女性,也就是说,男性更加认为性别是人生而有之的、不可改变的,不同性别的人之间是有内在的本质的差异的。本身是本地人的个体对本地人外地人这一社会类别的本质主义信念也要显著高于外地人,也就是说本地人更加认为本地户口(或者外地户口)是人生而有之的、不可改变的,拥有不同户口的人之间是有内在的本质的差异的。社会经济地位更高的被试(也就是,富人)对社会经济地位持有的本质主义信念也要比社会经济地位更低的被试(也就是,穷人)更高。也就是说富人更加认为财富是人生而有之的、不可改变的,拥有不同财富的人之间是有内在的本质的差异的。如何理解这样的结果呢?我们认为这样的结果启示我们,处于高地位群体中的人可能会比处于低地位群体中的人更加认为社会中的不平等是应该的、是公平合理的,从而可能有更多的偏见和维护自己的既得利益的表现。

那么,为什么我们要研究社会本质主义?社会本质主义有怎样的影响和后果?从积极的方面来说,社会本质主义可能可以帮助儿童更好地理解和学习各种各样的社会群体。但是从消极的方面来说,本质主义也可能会带来错误的、有问题的对于个体的预设,也可能影响我们对他人的感受和与他人的关系。如果我们将群体看作为固有的、不可避免的、深入本质的不同类型的群体,这可能会进一步催化刻板印象、偏见和歧视(Gelman 和 Roberts,2017;Diesendruck 和 Menahem,2015)。当然,当前的研究认为本质主义观念本身并不足以带来偏见和歧视(Rhodes 等,2018),还需要更多的研究来探究本质主义信念与群体间的冲突、偏见、歧视等的关系。这也提示我们对于社会本质主义要有一个全面而理性的看待。

刻板印象的形成与减少

读到这里我相信你已经发现不管是儿童还是成人的刻板印象都是广泛存在的,也是有一定的负面影响的,这样的刻板印象可能会影响我们对他人的看法,也可能会影响我们对于自己的能力的判断。女孩子可能因为"女孩子不适合学科学课程"的这样的刻板印象而更少认为自己有能力有信心去学习科学。那么刻板印象是如何形成的?知道这个问题我们才能想办法减少刻板印象的危害。

刻板印象的形成可能受许多不同的因素影响,就拿我们之前提到过的性别刻板印象来说,你可以想象,作为家长或者儿童身边的成年人,你是否曾经直接或间接地说过一些话,或者做过一些事情,可能向儿童传递了关于性别的刻板印象。比如说,小女孩都喜欢粉色,小女孩喜欢洋娃娃,女孩子要温柔一些,男孩子要勇敢,女生就当个老师挺好的,男孩子要当科学家等。确实,很多研究也证实了家长与孩子的互动对于儿童的刻板印象形成有着重要的影响。比如说,不管是在家里还是在幼儿园、托儿所当中,大家给不同性别的儿童提供的玩具都是不同(Weisgram 等,2014)。成年人也会对不同性别的儿童做出不同的口头反馈,比如说,对于女孩给更多的关于外表(比如,"你真可爱""你好漂亮呀,像个洋娃娃一样")和亲社会行为(比如,"妮妮好善良")的口头反馈,而对于男孩,则给更多的关于他们的体型(比如,"你家孩子真壮实呀")和身体技能(比如,"他跳得好高啊")的口头反馈,从这些口头反馈当中就可以看到成年人关注不同性别儿童的不同的方面(Weinraub 等,1984)。

除了亲子对话这样的直接交流之外,父母的性别观念也可能通过一些更加隐秘的、非言语的方式传递给儿童。近期的一项研究发现,父母的有关于性别的观念以及在家庭中承担的家务活的多少也会对儿童的性别刻板印象以及未来的职业抱负有影响(Croft 等,2014)。研究者招募了 7—13 岁儿童和他们的父母参加研究。研究首先测量了父母和孩子的对性别角色的外显信念。具体来说,研究者给被试呈现一对夫妻,并询问他们认为丈夫和妻子谁会更多地照顾孩子,更多地做家务活。之后,研究者测量父母和孩子的外显的自我刻板印象。比如,给被试呈现两个故事人物,一个故事人物在营销公司上班,非常热爱工作,虽然需要经常加班不能照看孩子,另一个故事人物则每周只工作三天,花很多时间陪伴家人。父母会被要求回答自己更像哪一个人物,儿童会被要求回答觉得自己长大后更像哪一个人物。除了这些比较外显的测量之外,研究者还采用内隐联想测试(Implicit Association Test,IAT)的范式测量了父母的内隐的性别角色观念和自我刻板印象。IAT 是一个非常经典的测量内隐的刻板印象的方法。具体来说,为了测量父母的内隐性别角色观念,给被试同时呈现男性或女性的照片以及与"家庭"有关的物品（比如，洗衣篮）或和办公室相关的物品（比如，办公桌）的照片。被试被要求对照片是男性还是女性作出反应。重要的是，在一半的试次中性别的照片与物品的图片的组合是与大众刻板印象一致的（比如，女性照片与洗衣篮的图片一起出现，或者男性照片和办公室的图片一起出现），而另一半的试次中，性别的照片与物体图片的组合是与刻板印象相反的。研究者关注的是被试在与刻板印象一致的试次中的反应是否要比在刻板印象相反的试次中的反应更快，越是如此，越代表被试更容易将性别跟其刻板印象相关联起来，也就是说被试的内隐的性别角色刻板印象越强。同样地，在内隐的自我刻板印象的测试中，父母需要对"自我"（比如，我）还是"他人"（例如，他们）这样的词语作出反应，这些词语会跟有关"工作"（比如，一个人在做商业展示）或者"家庭"（比如，一个人在洗衣服）的图片组合出现。那同样，研究者们关注的是父母是会更容易将"自我"和"工作"还是和"家庭"联系起来。

　　此外，研究者们还测量了父母贡献给工作的时间（比如，他们每周工作多少个小时），以及相对于另一位家长来说他们各自对于家务和照看孩子所做出的相对贡献。研究者们还测量了儿童的未来职业抱负，也就是他们长大之后想从事什么职业，研究者将儿童的回答编码为符合刻板印象的女性化的职业、中性职业、或者符合刻板印象的男性化的职业。比如说，护士就是符合刻板印象的女性化的职业，推销员是中性职业，工程师是符合刻板印象的男性化的职业。

　　研究者最关注的是父母在此任务中的回答与孩子的回答的关系。有几项有趣的、值得注意的结果。首先，母亲的外显的自我刻板印象会影响女儿的外显的自我刻板印象。具体来说，母亲外显的自我刻板印象越高（即，觉得自己是照顾家庭的那个故事人物），其女儿的自我刻板印象也越高（即，觉得自己长大会更像那个照顾家庭的故事人物）。但是，母亲的自我刻板印象对于儿子的自我刻板印象并没有什么影响。第二，父亲的外显的对于性别角色的信念会主要影响到女儿的外显的自我刻板印象。具体来说，当父亲越认为女性（相比男性）更是那个承担家务的工作，其女儿会持有更高的自我刻板印象信念（觉得自己长大会更像那个照顾家庭的故事人物)。但是,父亲对于性别角色的信念对于儿子的自我刻板印象并没有什么影响。第三,父亲的外显的和内隐的性别刻板印象均会影响女儿的职业抱负。具体来说,父亲的性别刻板印象(不管是外显的还是内隐的)越高,其女儿更想要在未来从事符合女性化的刻板印象的职业。最后,父亲在家务中的贡献程度均会影响女儿的职业抱负,那些更多地参与到家务活中的父亲,其女儿更想要在未来从事中性的甚至是男性化的职业。但是,父亲在家务中的贡献程度对于儿子的职业抱负没有太大的影响。

总结一下,可以说,儿子的刻板印象和职业抱负不太受到父母的在家务中的参与程度和性别相关的刻板印象的影响;而女儿的刻板印象和职业抱负则会很大的受到父母的观念和参与家务的程度的影响。这也说明,父母的观念和行动表现有可能是女孩的性别刻板印象的形成或促进因素。

除了父母的影响外,儿童接触的故事书等媒体也可能是导致儿童形成性别刻板印象的因素。如果你还记得,之前在有关情绪理解的研究中,研究者也是关注了故事书这类的儿童读物对于儿童情绪理解的影响。2022年一项研究(Lewis等,2022)关注的是美国5岁以下儿童最常读的儿童读物。研究者对这些儿童读物进行了文本分析从而去探究在这些儿童读物中有没有一些与性别刻板印象吻合的内容,或者更确切地说,是不是与性别刻板印象吻合的内容要比与性别刻板印象相反的内容要多。研究者主要关注的性别刻板印象有四类:女性更友善,男性更不友善;女性的语言技能更好,男性的数学技能更好;女性的文学技能更好,男性的数学技能更好;女性更注重家庭,男性更注重事业。需要注意的是,这四种性别刻板印象都是在以往的研究中用外显的(比如,直接问,"你有多想要把职业/家庭跟男性/女性联系起来?")或者内隐的(比如,采用内隐联想测试等)方法印证过的。结果发现,儿童读物中确实具有上述的后面三种性别刻板印象。虽然说这样的结果并不能提供有关于"儿童读物"导致了性别刻板印象的产生的因果关系的证据,但是这样的研究揭示了性别刻板印象形成或者加剧的一种可能的来源。

这些研究对于如何减少刻板印象具有一定的启示。第一,父母要去调整自己的观念,减少自己的刻板印象,尤其是父亲应该多参与家务劳动,这样可以帮助孩子们(尤其是女孩)更多地了解到男性和女性都可以同等地去工作,也都需要同等地照顾家庭。第二,在与孩子们的交流中尽量少传达与刻板印象有关的信息,而更多地把孩子看作一个个体,无论他/她是男孩还是女孩,都可以参与科学课程或是文学课程,都可以勇敢也可以软弱,都可以渴望成为宇航员或者成为一名护士。第三,也要从孩子们从小就读的绘本、故事书、教材入手,尽量避免出现有关刻板印象的说法,甚至可以多出现一些与日常的刻板印象相反的例子,让孩子们更多地知道,任何一个个体都不应该被刻板印象所限制住。另外,积累更加多样化的经历,比如让儿童更多地接触与自己不同社会类别的人可以帮助他们更好地理解这些和自己不同的人,有研究表明接触更多的语言,或者说不同语言的人,可以让我们更加擅长站在对方的角度看问题,可以促进人与人之间的有效沟通,甚至进一步减少人际的偏见(Fan 等,2015)。

最后,从个体的角度看待和理解对方,而非从群体的角度戴着有色眼镜对对方进行预设,也可以帮助减少刻板印象。可想而知,如果你没有怎么见过法国人和德国人,你可能只能基于你的刻板印象对他们做出判断,你可能会觉得所有的法国人都差不多,可能他们都是浪漫不羁的,而所有的德国人都差不多,他们都是认真严谨的。甚至有可能你觉得法国人和德国人都差不多,外国人都很相似。但是如果你在生活中真的接触过一个个独立的法国人或者德国人,你会对他们有更全面的了解,你会发现他们每个人都有自己的特点,有的法国人确实是浪漫不羁的,有的德国人也确实是认真严谨的,但是也有的法国人认真严谨,而有的德国人浪漫不羁,你也会被他们每个人独特的特点所吸引。我们越在现实生活中多接触不同群体的人,越会让我们发现每个群体的内部都有各种各样的人,这可以帮助我们减少刻板印象,把每一个人当做一个独立的个体来看待。有研究发现,通过训练成人和儿童分清另外一个社会群体中的一个个单独的个体,可以一定程度上减少成人和儿童偏见(Lebrecht 等,2009;Qian 等,2017;Qian 等,2019)。

总结来说,我们将个体聚合成各种各样的社会群体是一种非常自然、近乎本能、非常高效的对他人进行认知的方式。了解群体的特点和各个群体之间的差异本身并没有错，也并不一定就会导致刻板印象。但仅仅从群体的角度看待他人（而忽略了其个人的特点）则可能是有害的，各种各样的刻板印象和偏见都是非常普遍的。这些刻板印象可能会导致我们对他人的认知和判断有所偏差，从而造成一些人际中的误解甚至是社会不公平。这些刻板印象也可能会造成我们对自己的认知和判断有所偏差，从而限制了自己成为一个有无限可能的人。减少和对抗刻板印象的路还很漫长，需要整个社会、学校、家长的共同努力。

群体的层级差异

在第二章我们了解了儿童对于处于不同社会层级的个体的认知和理解，但是不仅仅是个体处于不同的社会层级上，实际上，一定程度上，不同的群体也是处于不同的社会层级上。并且，这些有关于群体的层级差异大部分可能是不合理的、不公平的、需要纠正的，形成了阻碍一群人发展的系统性的、结构性的限制。

我们先从儿童熟悉的、每天都在接触的社会群体说起，比如说，性别群体。研究表明，从小学年龄段（甚至是学龄前）开始，无论是男孩和女孩都认为男孩比女孩拥有更大的决策权，更多的资源，以及更高的地位（Mandalaywala 等，2020；Yazdi 等，2020；Bos 等，2021）。比如说，在一项研究中，研究者给美国3—6 岁的儿童呈现一个阶梯，并告诉他们在梯子顶端代表有更多的玩具和衣服，并对其他人的行为有更强的控制。然后让儿童把男孩和女孩的人物图像放在梯子上时。结果发现，儿童倾向于把男孩放在高于女孩的位置，并且随着年龄的增长，女孩把女性人物放置的位置越来越低（Mandalaywala 等，2020）。研究者在很多其他文化地区（包括法国、黎巴嫩和挪威等）也发现了类似的结果（Charafeddine 等，2020）。研究还发现（Bos 等，2021），当被要求画一个领导者时，印度和美国的小学学龄儿童更倾向于画男孩和男人（而不是女孩和女人）。如果大家还记得，我们在之前讲内群偏好的时候，我们说过男孩和女孩都是偏好自己的内群体的，但是当讨论到谁处于更高的地位的时候，男孩和女孩却都认为男孩处于更高的地位。这也体现了女孩的偏好和对于地位的认知的分离，即便是刚上小学的年龄，也出现了这样的对于性别处于不平等地位的认识。

除了性别之外，对于种族这一社会类别，儿童也认为不同种族群体处于不同的社会层级上。比如，对于美国儿童的研究发现，大量的儿童认为白人比黑人处于更高的地位(Mandalaywala 等，2020)。甚至是 7—10 岁的亚裔儿童也认为白人比黑人处于梯子的更高处(Chen 等，2019)。除了性别和种族职位，儿童对于语言、口音，甚至国籍也有层级的看法。比如，有美国儿童认为说美国北方口音的人比南方口音的人处于更高的地位。

那么儿童是怎么在这么早的时候就形成了这样的有关于不同群体的不同层级的看法呢？首先，正如我们之前介绍的有关于儿童对于个体的社会地位的推测和认知，儿童对于财富、权力、地位等线索是非常敏感的，所以说儿童可以通过直接观察不同群体的财富、权力、地位上的差异来了解不同社会群体处于不同的等级。比如，孩子们可能看到男孩子被选为小组长的场面，一开始可能认为只是个体之间的地位上的差异，但一次一次地积累，儿童就会慢慢认识到可能是基于性别群体上的层级差异。

第二，儿童周围的成年人（比如，家长、老师）和同龄人可能也会给儿童传递有关于社会群体之间的层级差异的信息。一方面，家长和老师可能会直接跟孩子传递有关于层级的一些信息，比如直接说"男孩子比女孩子赚的钱更多"，"女孩子要听男孩子的话"。当然，这种说法是非常有问题的！另一方面，家长、老师或者其他人可能是以一种更加内隐的方式传递这些信息，比如，儿童对于很细微的语言上的差别都非常的敏感。比如说，相比于有关个体的描述（比如说，这个男孩子想当领导者），有关于群体的描述（比如，男孩子们都想当领导者）更有可能让儿童形成对于群体的层级差异的看法(Gelman 和 Roberts，2017)。再比如，儿童也可能通过成年人对待不同群体的时候的不同的非言语的互动模式（比如，冲谁微笑、点头、鞠躬之类的）"学习"到群体之间的层级差异。

这些群体之间的层级差异其实一定程度上反映了群体之间的不公平。比如,男性比女性获得更多的资源、拥有更多的权力等。有什么方法可以减少这种不公平性,或者说让孩子们认识到这些基于群体的层级差异是不公平的呢?

首先,可以让孩子们意识到群体之间的这些差异不是这些群体的内在的特征,而是一些外在的社会性的因素导致的。比如,男性和女性在工资上或者在领导地位上的差异不是因为他们自身的内在的原因(比如基因,比如先天的个性),而是因为社会因素(比如,不正确的社会风气,公司在招聘的时候偏好男性等)。研究表明,孩子们越是认为群体的层级差异是由这些社会因素决定的,他们就越会觉得这样的层级差异是不公平的,并且更有可能去挑战和对抗,甚至纠正这样的不公平性(Rizzo等,2022)。所以说,我们成人可以更多地告诉孩子,他们所看到的这些不同群体的层级差异并不是由他们内在的一些原因导致的,而是由一些外在的环境的问题导致的。

第二,有的家长可能会表达出世界就是这样不公平的,或者说支持层级差异的倾向,有的家长则倾向于认为层级差异是不合理的、应该被改变的。研究表明,家长的这种的对于社会层级的支持或反对的态度会影响和塑造他们的孩子对于基于群体的社会层级的态度(Kteily等,2012)。在一项研究中,研究者给4—5岁的儿童讲一个故事,其中的一个内群成员从外群成员那里扣留了稀缺资源,之后要求儿童在内群角色和外群角色之间进行资源分配。结果发现,儿童的分配取决于其父母的对于社会层级的倾向或态度(social dominance orientation)。那些父母对社会层级支持度较低的孩子往往会惩罚内群角色,而给外群角色分配更多资源;但是那些父母对社会层级支持度高的儿童往往则不会给外群角色分配更多的资源(Tagar等,2017)。所以,父母的观念的态度往往可以通过外显或内隐的方式传递给我们的孩子,想要让我们的孩子改变,我们自己必须要首先改变。

第三,儿童自己所处的社会阶层也会有所影响。猜一下,你觉得来自高地位群体的儿童和处于低地位群体的儿童哪个更有可能去支持群体的层级差异,哪个更有可能去挑战甚至纠正不公平?研究表明,来自高地位群体的儿童比来自低地位群体的儿童更有可能支持群体间的层级差异,并且更支持针对低地位群体的社交排斥(McGuire 等,2019)。研究者不仅仅在现实中存在的群体(比如白人和黑人儿童,男孩和女孩)中发现了这一现象,也在实验中暂时操控的新群体中发现了这一现象。从种族来说,黑人儿童比白人儿童更加认为种族间排斥是错误的(Cooley 等,2019)。从贫富来说,自我认定为财富水平更高的儿童比自我认定为财富水平更低的儿童对贫富水平不同的群体之间的排斥是更认可的(Burkholder 等,2020)。从实验操控的群体来说,通过实验操控将儿童分配到一个多资源或是一个少资源的群体。处于多资源群体中的儿童也比处于少资源的群体的儿童更多地认为这是公平的,更少地纠正不公平(Rizzo 和 Killen,2020)。为什么会这样呢?和上述对于本质主义的研究是一样的逻辑,可能处于高地位群体的儿童想要继续维持这样的层级差异,从而可以使得他们获得更多的资源、更多的优势;也有可能处于高地位群体的儿童比较难感受到这样的层级差异的不平等。实际上,有研究表明,与在实验操控中被分到较低地位组的儿童相比,被分配到较高地位组的儿童考虑和理解他人的心理状态的能力有所降低(Rizzo 和 Killen,2018)。如果是这样,培养处于高社会地位的儿童的同理心以及站在他人的角度看问题的能力,也许可以帮助这些儿童更好地理解低社会地位儿童的处境,感受他们的心理活动,理解这样的社会层级的不公平性。总的来说,有很多因素可能影响儿童对于层级差异的态度和看法,那么相对应的就有很多方法可以帮助儿童形成对于层级差异更合理更公平的看法(Heck 等,2022)。

除了对于现实生活中已经存在的社会群体的层级差异的看法外,儿童对于一些日常生活中可能接触的新的群体或者说在社会中群体的组成结构有怎样的看法呢?比如说,以群体的成员数量(或者说,群体的大小)为例,儿童对于不同大小的社会群体有怎样的看法和期待?从一方面说,我们也许会觉得数量上占有优势的群体可能会战胜数量小的群体,比如说 100 人的大团体可能可以战胜 10 个人的小团体。有研究表明,在出现冲突的时候,婴儿会期待人数多的群体会战胜人数少的群体(Pun 等,2016)。但从另一方面来说,很多时候并不是成员数量越多的群体就一定处于更高的社会等级,在现实生活中可能是非常复杂的。当冲突是跟武力冲突，或者身体冲突有关的时候，有可能人数多的团体可以占优。但是当要判断威望、声望、领导地位等这些社会地位的时候，也许人数较少的群体处于更高的地位。比如说，当我们想到社会地位和阶层的时候，我们脑海里往往会想到一个金字塔的结构，处于金字塔顶的往往只有几个人。比如在公司里面，领导层只有几个人，但是他们却绝对是占据着更高的社会地位的，接下来的管理层可能会有更多的人，占据着中间的社会地位，而越往下可能越是普通"打工人"，人数最多，在公司中的地位最低。

在一项研究中（Heck 等，2022），研究者给成年人和 3—10 岁的儿童呈现两个群体，一个群体中人数较多（比如 15 人），另一个群体则人数较少（比如 5 人），并问儿童认为哪一组是"管事（in charge）的"，哪一组是"领导者"，哪一组更有可能在冲突中获胜。结果发现，成年人认为是人数少的那一组是"管事的"，是"领导者"，但是会认为人数更多的那一组能够在冲突中获胜。那么 3—10 岁的儿童呢？各年龄段的儿童大多数认为人数较多的那组可以在冲突中获胜，但是他们对于哪一组是"管事的"以及哪一组是"领导者"的回答呈现出非常明显的随年龄的变化。随着年龄的增长，儿童更加认为人数更少的那组是"管事的"，是"领导者"。所以说，儿童在很小的时候似乎就对通过武力可以获取的优势（比如，在冲突中取得胜利，得到自己想要的资源）有比较明确的认识，认为是在人数上占优的群体、在体型上占优的个体可以获胜。但是对于更加偏声望、尊重、领导地位方面的层级差异的判断则会经历一些发展变化，随年龄增长越来越成熟，越来越认为可能是数量更少的、更有能力的一方拥有更高的决策权、领导权、声望等。

总结与启示

在这一章中，我们了解了儿童对于不同的社会群体的理解、认知和评价。我们了解到儿童从很小的年龄就对各种各样的社会群体（社会经济阶层、性别、种族和语言等）有刻板印象和不同的评价和偏好，甚至是对于临时形成的、短暂的类别（比如，临时形成的团体）也有内群的偏好和外群的厌恶。我们也了解了对于社会群体的本质主义倾向（认为不同社会类别间有内在的、根本性的差异）在儿童中也是非常普遍的，并且会随着年龄的增长逐步形成对于不同社会类别不同程度的本质主义倾向。我们也了解了刻板印象的一些影响因素（比如，儿童日常接触的故事书、父母的观念和行为等）以及如何可以抵抗和减少基于社会类别的刻板印象。我们也了解了儿童对于不同社会类别处于不同的社会阶层的看法和形成的可能的机制。

　　这些研究对我们有什么启示呢？一方面，这些研究让我们知道，儿童对于不同的社会群体是非常敏感的，他们如果形成刻板印象或者内群偏好等也是非常正常的，家长如果发现孩子有这样的想法也完全不需要惊慌，这可能是他们对于生活中的各种各样的线索的一种"学习"和整合。另一方面，更重要的是，我们想要帮助孩子们形成更健康的对于社会类别的看法。我们可以有意识地带孩子去接触各种各样不同类别的人，也让孩子更多地了解同一社会类别内部的不同个体之间的个体差异，比如小明和小刚都是男孩子，但他们俩的个性特点是非常不同的；也要了解不同社会类别的个体之间的相似性，比如中国人和法国人也有很多共通的地方。我们家长和老师也要做好榜样，注意管理和调整自己的对于社会类别的看法，有意识地去减少自己的刻板印象，尽量少说"男孩子怎么样，女孩子怎么样"这样的有关于社会类别的语言。尤其是对于儿童的职业发展，我们要注意不让孩子被自己所处的社会类别所限制，而要不断地鼓励他们去勇敢地追寻各种各样的可能性。

第四章 好与坏：儿童的道德认知

我们除了从人际关系和社会群体的角度认识他人外，还要从道德的维度对他人进行认知和评价。当我们与他人相处的时候，我们不自觉地就会去对周围的人进行各种各样的评价，比如这个人善良慷慨，而那个人吝啬卑鄙，这个人真诚开朗，那个人工于心计。这样的评价简直可以说是无处不在，而且几乎可以说是非常自然的过程。这样的评价与认知也对于我们在这个社会中"航行"是非常重要的，可以帮助我们识别好人，跟好人做朋友，而远离坏人。儿童成长中的一大问题就是要分清正确与错误，分清好与坏，识别靠谱的、善良的好人和邪恶的、吝啬的坏人。所以这种对好与坏的认知显然对于儿童的社会交往是非常重要的。德育一直是我们教育当中非常重要的一环。家长和老师也都想要培养有道德的孩子、正义的孩子。我们希望我们的孩子能进行道德判断，分清是非对错，希望孩子们能做出道德行为，帮助他人，做一个正直的人。

这个世界上时时刻刻都有道德的、亲社会的事情发生，也时时刻刻都有不道德的事情发生。有一些事情可能所有的人都明确认为在道德上是错的，比如令人气愤的唐山打人事件；而有些事情人们则有一定的争议，比如打人事件中的旁观者是否有义务见义勇为，不见义勇为是否应该受到道德谴责。人们对这些事情是如何看待的？儿童对这些问题的看法又是如何发展的？这是我们这一章要讨论的内容。

道德认知发展的理论

很多的学者提出过对于儿童道德认知的理论学说,在过去的几十年人们对于儿童道德认知发展的认识也有了很大的变化。在了解当代的一些观点之前,我们需要先了解一下比较早期的、经典的一些理论。以皮亚杰的道德发展理论和科尔伯格的道德发展理论为代表的经典的道德认知发展的理论基本上都认为儿童的道德认知的发展是分各个阶段的、是不连续的。皮亚杰的道德发展理论就认为儿童的道德认知发展分为三个阶段,从前道德水平,发展到他律道德阶段,再发展成自律道德阶段。皮亚杰认为在大概 7 岁之前,儿童处于前道德判断阶段,这个阶段的儿童很少表现出对规则的关注和知觉。5—10 岁儿童处于他律道德阶段(heteronomous morality)。这个阶段的儿童认为规则是由权威人物制定的,是永恒而不容置疑的;他们在进行道德判断的时候只看结果,不考虑行为背后的意图;他们单方面尊重权威,认为规则就是由权威人物决定的,不可改变;并且他们的道德判断呈现出极端的态度,非好即坏,并不理解一些较为复杂的、模棱两可的看法。9—11 岁之后,儿童进入自律道德阶段(autonomous morality)。这个阶段的儿童认为规则是灵活的,是可以协商的,可以改变的;儿童对于行为的道德判断也不仅仅只看结果,而是会考虑动机;儿童在与权威相处时也是处于相互尊重的关系;他们的道德判断也不再绝对化,能够理解一些更为复杂和模糊的看法(Piaget,1965)。

许多跨文化研究(除少数研究之外)已证实皮亚杰关于儿童的道德认知的规律的看法是有一定的普遍意义的,比如从注重效果到注重动机,从受外部权威的控制到受内部道德原则支配,从他律到自律,这样的变化规律是具有一定的普遍意义。但是,近年来的研究表明,儿童的道德认知要比皮亚杰所认为的发展更早,也更加复杂。也就是说,皮亚杰一定程度上低估了儿童的道德认知的发展。比如,儿童对于行为意图的理解比皮亚杰所发现的更为复杂。当儿童在判断别人的行为时,如果偶然犯错误与故意犯错误的差异是相当明显的话,即使是学前儿童也能考虑行为的动机(如,Margoni 和 Surian,2020;

Cushman 等,2013)。另外,一些学龄前儿童在犯了错误时,也会说,"我不是故意的",这也说明他们在看待自己的行为的时候也会考虑到自己的意图。

在皮亚杰之后的一位对于儿童道德认知的理论发展有非常重要的贡献的人物就是科尔伯格。科尔伯格采取道德两难故事进行测量,比如其中一个故事是这样的:

> 欧洲有个妇人患了特殊的癌症,生命垂危。医生认为只有一种药物能救她,就是本城药剂师最近研制的一种新药。配制这种药成本为200元,但药剂师却索价2000元。病人的丈夫海因兹到处借钱,最终才凑得1000元。海因兹迫不得已,只好请求药剂师便宜一点卖给他,或者允许他赊账,但药剂师说:"我研制这种药,正是为了赚钱。"海因兹走投无路,撬开了药店的门,为妻子偷了药。你觉得海因兹是否应该这样做?为什么?

不知道你对这个问题的想法是怎样的。每个道德两难问题其实都存在两种准则之间的冲突,一方面是遵守规则、法律或权威人物;另一方面是为了满足个体需要或者其他原则而违反规则、法律或权威。

科尔伯格关心的不仅是你如何选择,他也关心你如何解释你的选择。比如可能会有人回答说,"我觉得他不应该这样做,偷东西是不对的,是违法的"。也有人可能会回答"我觉得他应该这么做,他已经走投无路了,生命是最重要的"。在儿童回答后,科尔伯格还会进行一些追问来明确他们对服从和权威、法律、规则和权利等的看法。

通过这样的研究方法,科尔伯格得出结论,儿童的道德认知发展可以分为三个水平,每个道德水平又包括两个不同的道德阶段。我们简单来了解一下这三个水平六个阶段。最低的水平是前习俗道德水平。在这个水平,儿童认为规则是外在的,还没有把规则内化为自己的。孩子们一般是为了回避惩罚或赢得奖励而遵守权威制定的规则。这个水平又具体分为两个阶段。第一个阶段是惩罚与服从定向,也就是说,遵守规则是为了逃避惩罚,认为会受惩罚的事就是不应该做的事。比如说,这个阶段的孩子可能会回答"偷东西是不对的,因为警察会把他抓起来"。第二个阶段是天真的享乐主义,也就是,遵守规则是为了获得奖赏或满足个人目标。比如说,这个阶段的孩子可能会回答"他需要药救妻子,可他已经尝试了很多方法,只能偷了"。第二个水平是习俗道德水平。在这个水平,儿童认为遵守规则是为了得到他人的支持或维持社会秩序。这一水平同样由两个阶段组成。第三阶段称作"好孩子"定向,这个阶段的儿童认为道德的行为就是受人喜欢的行为。比如,儿童可能会回答"海因兹的行为只是一个好丈夫应该做的,并没有什么问题"。第四阶段是维持社会秩序的道德,这个阶段的儿童认为服从法律和社会秩序就是正确的行为。比如,这个阶段的儿童可能会回答"虽然海因兹有责任挽救他的妻子,但是他偷窃就是违反法律,违反法律总归是不对的,他必须赔偿药剂师,并且应该因偷窃而受罚"。最高的水平是后习俗道德水平。科尔伯格认为,在这个水平,个体已经形成广泛的公平原则来界定事物的是非对错,且这种公平原则可能与法律或权威冲突。这一水平同样由两个阶段组成。第五阶段为社会契约定向。处于这个阶段的人们认为法律应该是反映大多数人的意志,促进人类幸福的工具。比如,有人可能会回答"海因兹这么做可能是违法的,但是在万不得已的情况下去偷药也是可以理解的,我并不认为他需要受到什么处罚,需要改变的是我们的法律规则"。最后一个阶段是普遍的伦理原则。处于这一阶段的人们根据良心基础上形成的道德原则判断是非对错,人类普遍的道义和准则高于一切。比如,有人可能会回答,"生命至上是最重要的原则,就算是为了陌生人,也应该偷药"(Berk,2015)。

科尔伯格认为,虽然人们的道德发展都需要遵循三个水平、六个阶段的发展顺序,但是在任何一个年龄,都存在处于多个阶段(而不是同一个阶段)的儿童。儿童年龄越小,处于第一、二阶段的儿童越多,随着年龄的增长,处于较高阶段的儿童更多。但绝对不是所有的人最终都会达到第五至六阶段。实际上,只有非常少的才能够达到最高阶段(Kohlberg,1969)。

不管是皮亚杰还是科尔伯格,他们的研究方法都大量依赖于复杂的语言技能,对于低年龄段的儿童是非常不适合的,比如科尔伯格的道德两难故事对于学龄前的儿童来说几乎是无法理解的。近些年来,随着研究方法和研究技术的进步,越来越多的道德认知方面的研究关注低年龄段的儿童,设计不需要复杂的语言技能就可以对儿童的道德认知进行探究的方法。有越来越多的研究发现,儿童的道德认知发展比这些经典的理论所认为的更加早。比如婴儿就可以分清帮助他人的个体和阻碍他人的个体,表现出对前者的偏好。婴儿也可以区分与他人公平分享的人和自私的人,表现出对前者的偏好。在学龄前阶段,儿童还可以进行更复杂的道德认知,比如他们可以区分明显的故意伤害他人的行为和无意间给他人造成伤害的行为等。同样地,儿童的亲社会行为也发展得很早。接下来,我们来详细介绍一些有关于儿童早期的道德认知与亲社会行为发展的研究。

婴幼儿的道德认知

为了更好地在复杂的社会环境中生存,我们需要准确地评估身边的人谁是好帮手,值得交朋友,而谁则可能是"害人精",要远离。成年人常常下意识地根据他人的行为对其作出道德评判,比如我们会对帮助他人的个体评价更高,对阻碍他人的个体评价很低。而这一评判过程快到让人难以置信,那么小婴儿有分清好人和坏人的能力吗?

一项 2007 年发表的经典研究探索了还不会说话的小婴儿能不能分清"助人者"和"阻挠者"(Hamlin 等,2007)。在实验一中,研究者给 6 个月和 10 个月的婴儿呈现玩偶戏,研究者用有着眼睛的各种形状来代表人物。一个有着眼睛的红色小圆球想要尝试爬上山顶,"帮助者"小黄三角将它推了上去,而"阻挠者"小正方形则将它挤了下去。在儿童对这个场景习惯化之后,接下来,研究人员向婴儿展示了"帮助者"小正方形和"阻挠者"小三角,让他们从这二者中选择一个,从而测量他们对于两者的偏好。结果发现,实验者们发现大多数小婴儿们选择了"帮助者",这说明,小婴儿是可以分清"帮助者"和"阻挠者"的,相较于阻挠他人的"坏人",婴儿更喜欢帮助别人的"好人"。

在后续的实验中，研究者用类似于实验一的方法，探究婴儿们对帮助者和中立者（行为对他人没有影响）的比较，以及对阻挠者和中立者的比较。结果发现，相较于中立者，婴儿更喜欢帮助者；而相较于阻挠者，婴儿则更喜欢中立者。所以说，即使小婴儿还不会说话，他们就已经对他人的助人和阻碍的行为进行评价了。

这一研究吸引了学界的极大的关注，也有越来越多的研究来试图探究儿童对于他人的评价和偏好。但是这些研究也引起了一些争议。首先，在这些研究中，研究者们是根据婴儿对表现出亲社会行为（比如，助人）的人物（或者说带有人物特点的方块）或表现出反社会行为的人物的相对偏好（更愿意亲近哪一个人物）来推断他们的"评价"的。然而，这些偏好是否就能够揭示或者代表婴儿的道德评价呢？或者说，从多大程度上，这种偏好是跟我们所谓的道德评价是一个概念呢？这样的偏好距离我们成年人或者稍大的儿童所具有的对于道德准则的评价和理解相差多远呢？

第二个争议是，虽然有很多研究试图重复这一经典研究的结果，但是还是有相当一部分研究没能重复原实验所得到的结果（Salvadori 等，2015）。越来越多的研究者也开始用元分析的方法来综合分析多个研究的结果，试图来搞清楚婴儿对于助人者的偏好到底有多大的效应。并且也有越来越多的全世界范围内的实验室开始一起合作，试图探究这一经典实验的结果是否可靠。

虽然，上述的研究发现，儿童更加偏好帮助他人的个体，而不是阻碍他人的个体，但是如果面对的对象是一个坏人呢？儿童懂不懂得恶有恶报呢？懂不懂得做了坏事的人应该受到惩罚呢？在一项研究中（Hamlin 等，2011），研究者探究婴儿会如何评价一位对表现出反社会行为的人表现出负面行为的个体。具体来说，研究者给 5 个月大的婴儿和 8 个月大的婴儿呈现一场玩偶戏。一个玩偶反复尝试打开一个装有拨浪鼓的透明盒子的盖子，但都没有成功。在其中一个试次的时候，婴儿看到一位亲社会的玩偶帮助这个需要帮助的玩偶打开了盒子，拿到了拨浪鼓。而在另一个试次中，婴儿则看到一位反社会的玩偶阻碍了这个想要打开盖子的玩偶，他跳到装有拨浪鼓的盒子上，砰的一声关上了盒子。在看完了这场互动之后，婴儿应该可以判断出谁是亲社会的玩偶,谁是反社会的玩偶,但此研究中研究者关注的是婴儿如何评价新的人物对于这个亲社会玩偶和这个反社会玩偶的进一步的亲社会或者反社会的行为。为了研究这个问题,儿童被随机分配到了两种条件中。其中一个条件被称作"亲社会目标条件",此条件下的中心人物是刚才在上一场玩偶戏中表现出亲社会行为的玩偶。在这场戏中,这个亲社会的玩偶正在玩球,玩着玩着球掉了。接下来儿童又看到两个不同的试次,其中一个试次中,他的球被一位"给予者"给送回来了。也就是说,这位"给予者"帮助了这位亲社会玩偶。在另一个试次中,球被一位"掠夺者"给抢走了。也就是说,这位"掠夺者"伤害了这位亲社会玩偶。另一个条件被称作"反社会目标条件",此条件下的中心人物则换成了在上一场玩偶戏中表现出反社会行为的玩偶。依然是,这位反社会玩偶的球掉了,有一位"给予者"把球给他还回来了,而另一位"掠夺者"则把球抢走了。最后,研究者让这两种条件下的儿童在"给予者"和"掠夺者"中选择其中一个从而来衡量他们的偏好,或者说社会评价。那研究者关心的当然是,在亲社会目标条件下和反社会目标条件下,儿童对于"给予者"和"掠夺者"的偏好会不会有所不同。

结果发现,婴儿对"给予者"和"掠夺者"的偏好确实会受到目标人物先前行为的影响。当目标人物是亲社会的玩偶时,大部分 5 个月和 8 个月大的婴儿都更偏好"给予者"。但是,在反社会目标条件下,儿童的偏好有所变化,并且因年龄而异。5 个月大的小婴儿还是继续偏好"给予者";相反,8 个月大婴儿则明显更加偏好"掠夺者"。所以说,8 个月大的婴儿更加偏好那些对亲社会人物更好的人,而更偏好那些对反社会人物更差的人。可见婴儿的社会评价的灵活性和复杂性。

在接下来的实验中,研究者在近 2 岁大的学步儿中也发现了类似的结果。并且,研究者还探究学步儿自身是否对于表现出亲社会行为的人和表现出反社会行为的人也有不同的表现。研究者向学步儿展示前面实验中出现过的开箱的木偶场景。在每一场玩偶戏中,儿童都会看到交替发生的亲社会行为和反社会行为各三次,从而能够知道哪一个是亲社会玩偶,哪一个是反社会玩偶。然后,儿童被随机分配到两个条件中,一个是"给予"条件,另一个是"掠夺"条件。在"给予"条件中,研究者跟儿童说,现在只剩下一个零食了,你需要决定给谁。研究者让儿童决定是把仅有的一个零食给亲社会玩偶还是反社会玩偶。在"掠夺"条件中,研究者跟儿童们介绍一个新的玩偶,并说这个玩偶一个零食也没有,你需要决定从亲社会玩偶或是反社会玩偶那里拿走一个零食给这个新的玩偶。结果发现,大部分"给予"条件中的学步儿都选择把唯一的零食给亲社会玩偶;相反,大部分"掠夺"条件中的学步儿都选择拿走反社会玩偶的零食。也就是说,小朋友们理解,敌人的敌人就是朋友,或者说,坏人就应该受到惩罚。

类似地,在另一项研究中(Mendes 等,2018),研究者让一个玩偶给儿童们送一个礼物。对于一半的儿童,他们遇到的是一个"好人",玩偶送给他们礼物;而另一半的儿童却遇到了"坏人",这个玩偶佯装送给他们礼物后又把礼物收了回去,像是捉弄了他们一番。之后,出现另外一个玩偶打这个"好人"或是"坏人"的画面。研究者想要知道儿童会不会为了看到"坏人"被惩罚的画面而付出成本。研究者告诉儿童他们需要付出贴纸才能看到玩偶被打。结果发现,6 岁的小朋友在看到"坏人"被惩罚后,大多都更愿意付出一些成本来继续观看更多的"坏人"被惩罚的画面。所以说,儿童能够理解坏人是应该受到惩罚的,他们甚至会愿意付出成本来使得坏人受到惩罚。

刚刚我们所了解的是婴幼儿对于助人和伤害人(阻碍人)的评价,道德认知的另一个很重要的方面是资源的公平分配。那么,小婴儿对于公平有理解吗?他们会认为资源应该公平分配而非不公平分配吗?

在一项研究中(Sloane 等,2012),研究者探究了 19 个月左右的婴儿是否有对于公平分配的认知。和许多有关婴儿的实验一样,婴儿还是需要在实验室观看玩偶戏。研究者采用我们多次提到的违背期待范式来探究婴儿是否更加期待公平分配的场景,也就是说对不公平分配的场景会更加惊讶,看得更久。这个实验中的玩偶戏具体是这样的:两个蹦蹦跳跳的玩偶面前各摆着一个小盘子。此时,一位实验者从右侧的窗口出现,并拿出了两块饼干。接下来,婴儿们看到两种场景,一种是公平分配的场景,也就是实验者在两个玩偶面前各放了一块饼干。另一种是不公平分配的场景,即实验者在一只玩偶前面放了两块饼干,另一只玩偶前面什么都没放(好残忍!)。研究者比较了婴儿们看公平分配场景和不公平分配场景的时间。结果发现,婴儿们看不公平分配的时间要明显长于公平分配剧本,也就是说,婴儿们确实是期待出现公平分配的结果的。当然这样的结果还不足以证明婴儿理解了公平,或者说对公平有所期待,他们有可能只是喜欢对称的结果。因而,研究者还设置了两个控制组,其中一个控制组中,玩偶是不动的,也就是说不是一个有能动性的个体;在另一个控制组中,实验者没有进行饼干的分配,而是仅仅将玩偶面前的盘子上的盖子揭开,然后出现的还是平等的场景(两个玩偶前各有一块饼干)或不平等的场景(其中一个玩偶前有两块饼干,另外一个玩偶面前没有饼干),只是这个条件下,并没有分配的过程。在这两个控制组中,婴儿对于平等或者不平等分配的场景的注视时间均没有明显的差异。对比实验组和两个控制组,我们就可以得出结论,儿童确实是对于有分配过程的对于有能动性的个体的分配才会期待公平,而不是仅仅基于一种对于对称的简单的偏好。还有另外一项研究在 15 个月大的婴儿身上也发现了类似的对于公平分配的期待(Schmidt 和 Sommerville,2011)。

这些研究告诉我们,婴儿认为资源应该进行公平分配,那么婴儿对于进行公平分配的分配者和进行不公平分配的分配者会有不同的评价吗? 比如他们会更喜欢公平分配的人,而非不公平分配的人吗? 在一项研究中(Geraci 和 Surian,2011),研究者给 10—16 个月大的婴儿呈现动画人物,其中一个动画人物在两个接受者之间公平分配玩具(各给一个),而另一个动画人物在两个接受者之间不公平分配玩具(给其中一个接受者两个,另一个没有)。结果发现,10 个月大的婴儿还没有表现出对公平分配者和不公平分配者的不同的反应,但 16 个月大的婴儿已经明显表现出对于公平分配者偏好,他们自己会更想要接近公平分配者,他们也会更加期待他人接近那个公平分配者。在另一项类似的研究中,研究者发现 15 个月大的婴儿也会更偏好公平分配者而非不公平分配者(Burns 和 Sommerville,2014),也会更愿意把资源分配给公平分配者。这些都说明,在 1 岁多,儿童就对公平有一定的认知,对于公平分配的行为评价更高。

儿童会对他人的助人和公平与否的行为作出评价,这表现了他们的道德认知的初步萌芽。那么儿童自己会表现出亲社会的行为吗？

婴幼儿的亲社会行为

研究发现，儿童在幼儿时期就能够表现出一些助人（帮助他人去完成他人的目标）、分享（把有价值的资源分享给他人）、安慰他人、合作等亲社会行为。首先，让我们来关注婴儿和学步儿的助人行为。有研究通过观察的方法探究儿童在日常的环境中什么时候会表现出亲社会行为。这些研究发现，儿童在1岁左右就会表现出亲社会行为，比如给妈妈递个玩具（Dahl 等, 2017；Dunfield 和 Kuhlmeier，2013）。在一项非常具有开创性的研究当中（Warneken 和 Tomasello, 2006），研究者们把1岁半左右的学步儿带到实验室中，并创造一系列实验者需要帮助的情景。比如，研究者搬着一大摞书试图把书放到书柜里，但书柜的门却是关着的，实验者也腾不出手来开书柜的门。这时，儿童会主动帮实验者打开柜门吗？再比如，在另一个场景中，实验者在用衣夹挂东西，但却不小心（当然实验者是故意这样表现的）把衣夹掉在了地上，这时，儿童会主动帮他把掉在地上的衣夹捡起来吗？研究发现，绝大部分儿童至少会表现出一次帮助的行为，至少表明他们是能够帮助他人的。并且，研究者还设置了控制条件，在控制条件中，场景是类似的，但是研究者表现出并不想要得到帮助的状态，比如并没有想要打开柜门或者拿到衣夹，结果发现，在控制条件下，儿童则并不会表现出助人行为。即便是在实验情境中，研究者也是没有直接说"快来帮我"，而是表现出需要帮助的样子，所以说，儿童是能够通过研究者的行为、表情等一些线索识别研究者的目标（他想要把书放在柜子里）以及研究者是否需要帮助（他需要人帮忙把柜门打开），并成功去表现出帮助这一行为（打开柜门），这可并不是简单的操作。

在这项研究中，儿童就是在旁边看着，你也许会觉得，儿童可能也没什么其他事情可以做，只能帮助实验者，这样的行为也没有什么成本。在接下来的研究中，研究者将儿童放在极有吸引力的玩具球海洋中，儿童玩得不亦乐乎。

这时,实验者在旁边做自己的事情,并没有跟儿童有什么特别的互动,比如他在纸上记一些笔记,这时他不小心把笔掉在了地上,而且他够不到。研究者发现,即便是儿童正在玩具球海洋中玩得很投入,他们也会从中爬出来,去帮助实验者捡起掉在地上的笔。所以说,儿童甚至会牺牲自己的一些利益来帮助他人(Warneken 等,2007)。并且,研究者也发现,物质奖励并不会提升儿童的这种助人的亲社会行为,他们帮助他人确实源于一种利他的动机,而非为了得到奖励(Warneken 和 Tomasello,2008)。

接下来,让我们了解一下婴幼儿的资源分配方面的亲社会行为,如与他人进行分享、公平分配资源(于静,朱莉琪,2010;牟毅,朱莉琪,2007;王晓艳,陈会昌,2003;方富熹,王文忠,1994;陈会昌等,2004;王斯,苏彦捷,2013)。儿童在很小的时候也已经开始能够与他人分享自己的东西(Brownell 等,2009)。从 1 岁多开始,儿童就可能会表现出一些类似分享的举动,比如说,把玩具递给爸爸妈妈或是同伴。两三岁时,可能因为有更多的自我意识,对自己的东西有更多的所有权意识,不愿意把自己珍视的玩具和他人分享。

除了在自然环境下的观察,研究者还会设置一些实验任务来测量儿童的分享行为。比如说,研究者会给儿童一定数量的贴纸,或者是其他的对于儿童来说非常有价值的物品,让他们在自己和另外一个个体之间进行资源的分配。这个个体因研究而异,可能是一个可爱的玩偶,也可能是让儿童想象一个朋友,也可能是任意一个小朋友等。在这样的情境中,年龄较小的孩子往往表现得有些自私,他们可能给自己分配的贴纸会比给他人的多一点;随着年龄的增长,他们的资源分配会越来越公平,大概到 6—7 岁,儿童会在自己和他人之间进行平等地分配(也就是,一人一半)。

而且儿童对于资源的分配也是非常灵活的,会受到各种因素的影响。首先,儿童的分享会受到对方与自己的关系亲疏的影响,相比于给陌生人,儿童会给自己的好朋友或是家人分享更多。比如,研究者在中国、德国和肯尼亚三个国家中,让 7 岁的儿童在一位朋友和另一位一般熟悉的同龄人之间进行资源分配,结果发现,三个国家的儿童都更倾向于分配给朋友(Engelmann 等,2021)。儿童的分享行为也会受到分享对象情绪的影响。比如,当对方表现得非常伤心的时候,儿童会更倾向于给对方分享更多(Chernyak 和 Kushnir,2013)。儿童的分享行为也会受到名誉动机的影响。当他们意识到有人在看着他们的时候也会比私下的情况分享得更多(Engelmann 等,2013)。正如我们在上一章中提到的,内群外群身份也会影响儿童对于资源的分配,他们会更倾向于给跟自己是"一伙"的内群成员分享资源,而非给外群成员分享资源(DeJesus 等,2014;Renno 和 Shutts,2015)。

随着年龄的增长,儿童对于资源分配的认知愈加复杂,他们考虑的因素可能不仅仅是公平,也会灵活考虑一些值得得到更多资源的因素,比如多劳多得。儿童逐渐认为应该给表现得更好的一方或者是做出了更多贡献的一方分配更多的资源,而非简单的平均分配(Baumard 等,2012)。儿童也越来越会在资源分配的时候去纠正已有的不公平,给更需要的一方、资源更少的一方分配更多的资源(Elenbaas 等,2016)。

与此相关的,人们不喜欢不平等的分配,研究者把这种现象称作不平等厌恶(inequity averse)。不平等厌恶又分为两种,不利的不公平厌恶(disadvantageous inequity aversion),也就是自己比他人得到的少的情况,另一种是有利的不公平厌恶(advantageous inequity aversion),也就是自己比他人得到的多的情况。3 岁左右开始,儿童就会出现不利的不公平厌恶,对于自己比他人得到的少的情况会表现出负面的情绪(Blake 和 McAuliffe,2011;Lobue 等,2011)。随着年龄的增长,儿童对于不平等分配的厌恶进一步发展。4 岁左右,他们甚至会为了公平的分配付出一些成本,比如宁可什么都不要,也不希望老师给另一个小朋友发的比给自己的多。大概到 7—9 岁,儿童也表现出有利的不公平厌恶,当他们自己比他人得到的多的时候,他们也会拒绝,从而体现出一种对于公平分配的追求。

儿童的亲社会动机

儿童为什么帮助他人? 其亲社会行为背后的动机是什么? 是出于纯粹的

利他动机,还是希望得到表扬和鼓励,或者是希望提升自己的名誉的动机?有的研究者认为,儿童的亲社会行为主要是来源于内在的(intrinsic)、亲社会的、利他的动机(Hepach 等,2012);有的研究者则认为儿童的亲社会行为很大程度上来源于一些利己的动机,比如名誉动机(为了维护或提升自身的形象而做好事)(Haley 和 Fessler,2005)。当前的研究认为儿童的亲社会行为可能是复杂的,不是由单一的动机决定的,所以更好的问题是亲社会行为多大程度上由内部的、利他的动机所决定的,多大程度上是由更加具有策略性的、利己的动机所决定,以及在不同的年龄段、不同的情境这些动机是否有所不同。

有研究认为,儿童最初的亲社会行为,更多是来源于内在动机,而非声誉方面的动机。首先,正如我们上文所说的,给儿童额外的物质奖励并不会增加幼儿的帮助的行为(Warneken 和 Tomasello,2008)。并且,1 岁半的幼儿在有他人在场时和私下的场景时,表现出相同频率的帮助行为(Hepach 等,2017)。此外,还有一些研究测量儿童的生理状态(比如,他们的瞳孔扩张),并且比较儿童在自己帮助他人和看到另外一个人帮助他人时的生理反应是否有差异。为什么要采用这种思路呢?想象一个需要帮助的人,如果儿童是真切地、纯粹地想要这个人得到帮助,那么无论是自己还是他人帮助了这个人,只要这个人得到帮助,儿童都应该感到开心。相反,如果儿童不是纯粹的利他,而是也关心自己的声誉,他们将在自己帮助他人的时候感到开心,但是在他人提供帮助的时候则不会那么开心(毕竟他们自己失去了提升自己的名誉的机会)(Dahl 和 Brownell,2019;Hepach 等,2012;Paulus,2014)。这些研究发现,对于 2 岁的儿童来说,无论是自己提供帮助,还是其他人提供帮助,在看到一个人被帮助的时候他们都会表现出相同程度的瞳孔扩张上的变化(Hepach 等,2012;Hepach,2017)。也就是说,这些孩子更多地是想要对方得到帮助,而非让自己看起来更好。

但是,随着年龄增长,儿童越来越在意自己的名誉,在意别人是怎么评价自己的,他们的亲社会行为也越来越受到维护名誉的动机的影响。在 5 岁左右,儿童虽然也会受到利他动机的驱使,但他们的动机开始变得不那么纯粹,比如相比于目击别人帮助他人,他们会在自己帮助他人时表现出更积极的情绪(Hepach 等,2022),也在有他人在场的时候比私下表现出更多的亲社会行为(Engelman 和 Rapp,2018)。

也有越来越多的研究关注自主选择对于儿童亲社会动机的影响。有研究探究了儿童是否有选择的自由对德国儿童的亲社会动机的影响(Rapp 等,2017)。研究者将 5 岁的儿童随机分配到自主选择条件和无选择条件,在自主选择条件下,研究者让儿童自己决定是否帮助他人;在无选择条件下,儿童被要求一定要去帮助。随后把儿童置于一个研究者需要帮助的环境中,但同时旁边又有一个非常有吸引力的游戏,从而通过儿童在这种环境下帮助他人的行为来评估其亲社会动机。此研究发现,相比起那些被要求去帮助他人(即,无选择条件)的儿童,那些自主选择去帮助他人的 5 岁儿童在后来的亲社会任务中表现出更多的帮助(Rapp 等,2017)。也有研究者采用了类似的思路探究了美国儿童的分享行为,当学龄前儿童自主选择进行分享时,要比没有选择时,有更高的亲社会动机(Chernyak 和 Kushnir,2013)。这其实与自我决定理论(Self-Determination Theory,SDT)的观点是一致的,当人们感觉到自己是自身行为的创造者,而不是感觉到行为受到外在因素的控制时,会有更高的行为动机(Ryan 和 Deci,2000;Rapp 等,2017)。

但是这些有关自主选择对亲社会动机的影响的研究主要局限于西方儿童,而自主性的具体实现以及对于行为动机的影响在不同文化中可能有差异。比如,有针对美国华裔儿童和欧裔儿童的跨文化研究发现,自主选择对华裔儿童的行为动机并没有特别重要的促进作用(Iyengar 和 Lepper,1999)。相比于自己做出选择,在父母为自己做出选择的情况下,中国儿童反而有更强的动力去完成已选择的字谜任务。这启示我们,对于在东方文化中成长的儿童来说,他人选择(尤其是,父母所作出的选择)并不一定就会损害动机。其实,后期的自我决定理论也认为,自主性的实现并不代表要完全不受外在的影响。当行为主体完全认同并内化了重要的他人的价值观,并在此基础上进行行动,而不是被迫去行事时,那么他就是有自主动机的(Deci 和 Ryan,2008)。

受这样的观点的影响,在最近的一项研究中,我们探究自主选择对中国儿童的亲社会行为(尤其是,分享行为)的影响。我们尤其关注,在他人为儿童做选择的时候,这位他人与儿童之间的关系如何是否会影响儿童的亲社会行为。具体来说,我们把儿童随机分配到三种条件下,一种是自主选择条件,也就是儿童可以自己选择要不要分享;第二种是母亲选择条件,也就是母亲要求孩子一定要分享;第三种是主试选择条件,也就是主试要求孩子一定要分享。我们测量儿童的分享行为和他们做出行为时的主观情绪感受作为亲社会动机的指标。重要的是,在自主选择条件和母亲选择条件,我们还测量了母亲与儿童的亲子关系的亲密程度。我们的结果发现,选择自由对亲社会动机的影响取决于为儿童作出选择的母亲与儿童之间情感依存的程度,当为儿童做出选择的母亲与儿童的关系比较亲密时,母亲为儿童做选择时儿童的亲社会行为动机与儿童自主做选择时一样强;而当母子关系疏远时,母亲为儿童做选择则会削弱儿童的亲社会动机。也就是说,至少在中国文化下,重要的他人(比如,母亲)为儿童选择并不一定会降低儿童的亲社会动机,但是重要的是,这位重要的他人要与儿童关系密切,这样儿童才能将此人的要求或选择内化整合成自己的,具有自主性地表现出亲社会行为。这也提示我们,作为家长,需要与孩子形成良好的、亲密的关系,儿童才能愿意将家长的想法自主地践行。

儿童的合作行为

合作几乎是我们人类的高级活动的最重要的基础。个体在社会上生存必然需要与他人进行合作,从最简单的两个人、三个人的合作,到在公司当中一个大团队的合作,再到大型组织之间的合作、国际组织、国家之间的合作,等等。可想而知,合作的能力是非常重要的。合作在小朋友的日常生活中也是非常重要的,在幼儿园里,可能小朋友们要一起做游戏,要分成几个小组,各自进行小组活动,完成一些共同的目标。显然,会合作的孩子在团队活动中会有更好的表现,往往也会更受到同伴的欢迎。那么,儿童什么时候表现出合作的行为呢?合作能力是如何发展的呢?

研究表明，儿童从很小的时候就已经开始跟其他人一起玩游戏，可能最开始还是所谓的平行游戏，也就是说两个人（或者更多人）虽然"物理上"在一起玩游戏，但是本质上还是各玩各的，比如你玩你的积木，我玩我的积木，你搭你的房子，我搭我的桥，两个人之间并没有形成共同的目标。随着他们长大，18—24个月大的孩子能够开始参与一些非常简单的合作性活动，也就是两三个人一起完成一个共同的目标，比如可能某个玩具需要两个孩子共同操作才能触发某个机关，这时小朋友们可以和同伴一起协调同时操作来实现共同的目标。在实验室的任务中，研究者通常会在一个玩具装置中设置有趣的奖励，但需要两个人一起操作机器的某个部位，这个奖励才能够被获取，也就是说任何一个个体都无法独自得到奖励，必须需要合作。有的2岁左右的孩子就已经可以进行这样的非常简单的合作；到了3岁，孩子能够进行更加复杂的合作。

但是，从这些场景中，我们还比较难辨别儿童是不是真的理解了什么是合作，或者说真的有合作的技能。所谓合作，是指多人共同参与、为一个共同的目标而共同努力并且共同获益。首先，参与者需要建立共同行动的目标，要有共同的承诺。所谓承诺就是，我们互相保证我们现在要为这个共同的目标而努力，在共同完成团队的目标之前，团队成员不能擅自抛弃队友离开团队。其次，平等的合作还需要在达到目标之后将得到的成果合理分配。那么，儿童是否理解这种合作的重要内涵呢？

我们先来看一项考察儿童是否能理解合作中的承诺（commitment）的研究（Warneken等，2006）。在这项研究中，研究者和14—24个月大的幼儿共同完成一项合作活动，但是在任务进行到一半时，研究者故意表示想要退出，不再继续了。如果儿童理解承诺的意义，这个时候他们应该认为想要退出合作的这位研究者违背了承诺，儿童应该表现出点什么。结果发现，大部分幼儿都以实际行动尝试劝说成人研究者重新加入活动继续合作，比如递给研究者一个与任务有关的玩具，或者指着机器上研究者本应进行操作的那个部位以此来提醒研究者。这种鼓励同伴继续合作的行为似乎可以说明，孩子们在一定程度上已经对共同目标有了初步认识，或者说他们至少期待自己的合作同伴能够扮演好自己的角色,为共同的目标一起努力。但是在这个场景中,是对方想要退出,那么儿童可能只是因为自己很在乎共同的目标,关心自己的利益,所以积极劝说合作者继续任务。那么,如果说他们自己有更好的事情做,有想要退出的动机,他们自己是否能够意识到自己也有着对于合作者的承诺,有责任完成合作的目标呢?

在接下来的实验中,机智的研究者们设计了一个这样的情境。还是研究者与儿童彼此承诺合作完成一项活动。但是这一次,不同的是,在活动进行过程中,有另外一位研究者走到房间的一个角落,揭开了原来被布掩盖着的玩具,展示出一个非常好玩的游戏,并且引诱正在合作任务中的儿童来玩这个更好玩的玩具。儿童当然经受不住这般诱惑,想要退出手上的合作任务去玩那个更好玩的新玩具。此时研究者关心的是儿童在离开时的表现,他们会毫无顾忌地直接离开,还是会跟自己的合作伙伴有所示意?

结果表明,3岁的孩子知道自己应该对自己的合作伙伴解释一下或者"请个假",也就是说,虽然他们无法经受新的诱惑,但是他们至少理解了自己是有一定的承诺和责任的,在退出之前会"打个招呼"征得对方的同意,以退出原来的承诺。相比较之下,2岁的孩子还没有这个意识,他们大多直接就离开去玩新的游戏了。通过这个研究我们知道,3岁的孩子有比较完善的对于合作的承诺意识。

研究者还发现,一些很微妙的变化就可能可以影响儿童在合作任务中的承诺意识。在一项研究中(Vasil 和 Tomasello,2022),研究者招募3—4岁的儿童参与实验。其中,一半儿童被分到两种实验条件下,两种条件下的儿童都需要跟一个研究人员共同合作完成一项任务。但两种条件不同的是研究者在跟儿童描述任务和完成任务过程中所采取的人称代词有所不同。对于其中一种条件中的儿童,研究者用"我们"这个人称代词来进行交流,比如,"我们来玩一个有趣的游戏吧!""我们应该装饰些什么呢?"这种条件称作"我们"条件;而另一种条件中,研究者用"你"这个人称代词进行交流,比如,"你来玩一个有趣的游戏吧!""你准备好了吗?现在你可以开始了!"与之前提到的研究方法一样,在完成合作任务的过程中,另一名研究人员进入房间并开始玩一个更加有趣的玩具并引诱儿童过去玩,研究者观察儿童是否会离开以及在离开之前是否会进行一些表示。

结果发现,"我们"条件下的4岁的儿童比"你"条件下的同龄儿童更少地选择离开合作伙伴而去玩新的游戏。对于3岁的儿童来说,虽然在两种条件下他们离开合作伙伴的比例不存在显著差异,但在"我们"条件下,3岁的小朋友表现出了更多的请示和告别的行为,他们会用眼神或者语言告诉自己的合作伙伴"我准备去玩另一个游戏了"以表现出自己对于合作的承诺意识。所以说,即便是非常微妙的一个人称代词上的变化也可以对儿童的合作意识和承诺意识有所影响。在团队活动中使用"我们"来进行交流可以使儿童产生更强的与伙伴的承诺意识,更少地抛弃自己的队友。

那么下一个问题是,对于合作获得的成果,儿童是否理解需要公平分享?在一项研究中(Warneken等,2011),研究者让互相认识的两个同性别的3岁儿童作为一组一起参与实验。研究者给他们呈现一个实验装置。这个实验装置需要两个人合作才能得到里面的奖励。比如,两个小朋友必须同时每人各拉一条绳子,他们才能得到实验装置里面的饼干或者贴画。两位研究者也给儿童进行了演示,表明这是一个必须需要两个人进行合作才能完成的任务。同一组的两位儿童进行合作任务之后,就到了拿奖励的环节。有两种实验条件,其中一种条件下,奖励分别出现在两个孩子各自的一端,也就是说他们可以分别拿走属于自己的奖励,这种条件称作分散奖励条件。在另外一种合并奖励条件中,所有的奖励都出现在两个孩子中间,任何一个小朋友都可以直接把全部的奖励都拿走。研究者关注的,一个是3岁的小朋友们是否会合作,另外更重要的是,合作得到奖励之后,他们是否会平均分享这份奖励。结果发现,不论在哪种条件下,大多数孩子们(80%)都进行了合作,并且在合作得到奖励之后,即便是在合并奖励条件下,大多数的儿童(超过70%)也都选择把奖励进行平均分配,而非据为己有。所以说,3岁的儿童已经理解要分享共同劳动的成果了。

可见,3岁可能是儿童合作发展的一个重要的年龄,在这个年龄,他们能够理解合作中的承诺,在团队成员离开的时候会想办法让其重新回到任务中,在自己离开之前会向合作方有所示意，在合作达到了目标之后还会将得到的成果平等分配。

更复杂的道德认知

我们了解到了儿童早期的道德认知和亲社会行为，比如说相比于阻碍他人的行为，儿童会对助人的行为有偏好；相比于不公平分享的行为，会对公平分享的行为有偏好，但是对于道德准则的理解可能比这些偏好要更深入更复杂。接下来我们来了解一些有关于更大一些的儿童对于道德规范的理解，以及对于道德规范与其他的一些规则和规范的区分。

对于比较大的孩子，可以通过讲故事的方式对他们进行提问。有一类研究是给儿童讲述一系列违反各种各样的规范的故事。有些是道德规范，有些是社会规范。道德规范是有关他人的福祉、利益的规范，比如不能伤害他人，不能掠夺他人的资源等。社会规范是有关某个群体为了协调各自的行为形成的一些惯例性的规范，比如有关着装的规范、使用物品的方式、与他人打招呼和称呼他人的方式，等等。道德规范和社会规范都是大家需要遵守的规范。但是违反道德规范往往比违反社会规范被看做是更加严重的事情。比如，打人比穿睡衣上班要更加严重，要受到更大的惩罚。此外，道德规范通常具有更高的普适性，全世界各个文化中都可能有着类似的道德规范，比如说都不能伤害他人。但是，不同文化、不同的群体中往往有着不同的社会规范。比如在我们的文化当中参加葬礼的时候要穿黑色的衣服，要显得非常的悲伤，而有些其他文化当中则并非如此，葬礼可能在一片快乐的气氛中进行。既然不同文化当中的社会规范可能是不一样的，那么当自己文化当中的个体违反规则的时候，我们会去制止、会去纠正；但是当其他文化当中的人做出与我们的社会规范不同的事情的时候，我们则更多地要想一想，是不是因为他们所遵守的规则与我们不同呢。儿童对于道德规范和社会规范有怎样的认知呢？他们能否区分道德规范和社会规范呢？

研究者给儿童讲了一系列有关一些故事人物在学校里违反社会规范或者道德规范的故事(Killen 和 Smetana, 2006)。比如,违反道德规范的故事包括:一个孩子打另外一个孩子,一个孩子抢别的孩子的玩具等。违反社会规范的故事包括:一个孩子不参加讲故事的游戏,一个孩子在游戏时间坐在了错误的位置上,一个孩子直呼老师的名字,一个孩子穿睡衣去学校等。在每一个故事之后,都询问儿童一系列问题。首先是有关于严重性的问题,这个孩子这样做是正确的,还是不正确的;如果是不正确的,那么是有点坏,非常坏,还是非常非常坏? 类似地,还会问有关于惩罚的程度的问题。比如,老师应该惩罚他吗? 如果应该的话,应该有怎样的惩罚呢,是一点惩罚,还是很大的惩罚? 第二类问题是关于规则的依赖性和适用性,如"如果没有这个规则的话,他这样做是正确的吗?"也就是说对违反规则的行为的评价是否是依赖于规则的存在的,以及"在家里或者在另一个学校这样做是正确的吗?",也就是说这个规则是在各个环境下普遍适用的,还是因环境而异的,以及"如果老师说这样做是正确的,那么他可以这样做吗?",也就是说对于违反这个规则的评价是否依赖于权威人士的观点。

结果发现,即使是学龄前儿童也是有这样的想法的,即儿童认为相比于违反社会规范,违反道德规范是更严重的,应该受到更多惩罚的;第二,儿童认为道德规范是普适的,无论是本文化还是外文化,无论权威人士(如老师、家长)怎么说,违反道德规范都是不可以的,而社会规范则是因环境而异的,在另一个环境或者文化中违反规则可能是没有那么糟糕的。

幼儿这么早就可以区分道德规范和社会常规,他们是怎样做到这点的? 其发展机制是怎样的呢? 研究者认为,儿童可能在成长的过程中主动地对自己的经验进行了建构(construction),而这个过程中父母和其他成人对于儿童进行社会化(socialization)的过程也是非常重要的。具体来说,如果成年人在面对儿童违反社会规范和道德规范时的反应有所不同,那么儿童在面对道德规范和社会规范被违反时的经历也就有所不同。在违反道德规范之后,受害者会表现出强烈的消极情绪,描述自己的伤害或损失,制止对方,或者进行报复。在旁边的成年人可能会要求儿童注意受害者的权利和感受,比如说"你看弟弟被你打疼了""你把妮妮的玩具抢走了,她多伤心啊"。相反,当违反社会规范时(比如,小明穿着睡衣去学校),同伴们的反应不会非常强烈,可能只是会觉得违反者行为举止有些奇怪。在这种情况下,成人通常直接要求儿童遵守规则,并不做出任何解释,或者是进一步强调遵守规则、保持秩序的重要性(Smetana 等,1991)。

随着年龄的增长,儿童还能进行越来越复杂的社会评价和道德评价。比如,他们越来越能够将意图和结果进行区分,在进行道德评价的时候不仅仅考虑结果,也能够考虑行为背后的意图。比如,在一项研究中(Cushman 等,2013),研究者让 4—8 岁儿童对一系列故事人物进行评价,其中有的人物是无心地造成了伤害的后果,比如,一个男孩朝着镜子旁边的垃圾箱扔球时,不小心打破了镜子。也就是说,他确实造成了不道德的结果,但没有不道德的意图;而有的人物是故意想伤害别人,但因为某些原因没有得逞,比如另一个男孩试图用球打破镜子,但球落在了旁边的箱子里,没有打破镜子,也就是说他有不道德的意图,但没有造成相应的结果。结果发现,4 岁的儿童对这两种情况的评价没有什么区分,5—6 岁的儿童开始对这两种情况有不同的评价,大概要到 7 岁,儿童可以比较稳定地区分这两种情况,对于对后者的评价要比前者的评价低,也就是认为无意的伤害他人的行为比故意伤害他人未遂的行为更可以被原谅。

研究也发现儿童在评价违反社会规范和道德规范的时候对于意图的考虑的程度也是不同的,比如在考虑道德规范的时候我们会考虑一个人的意图,如果他是不小心无意地做出了伤害他人的行为,那么我们可能会适当地原谅他。也就是说,意图是影响我们对于违反道德规范的行为的判断的重要因素。相反,我们在考虑社会规范的时候则不那么考虑背后的意图,比如一个人只要违反了交通规则,不管他是有意这样做还是无意这样做,都是应该受到惩罚的。

儿童在进行评价的时候也会考虑行为背后的成本。可以想象一下,你的数学作业今晚就要交了,你让你的朋友帮忙辅导你,但今晚她一直追的剧终于要大结局了,她期待这一天很久了,很想要在第一时间看剧,但她还是选择帮助你,相比于如果她今晚没有其他事情要做而帮助你,你觉得怎样更值得赞扬呢？我相信大多数成年人会认为当一个人付出了更高的成本去帮助他人时，他的行为是更加可贵、更值得赞扬的。那么儿童对这个问题怎么看呢？

在我们近期的一项研究中（Zhao 和 Kushnir，2022），我们给 4—9 岁的儿童们呈现一系列故事，每一个故事当中都有一对故事人物，两位故事人物都做出了道德的事情，比如说都帮助了他人，但其中一个人付出了更大的成本，而另一个人没有付出什么成本。比如说，在其中一个故事中，晨晨的弟弟的球丢了，他让晨晨帮他找球，但是这个时候晨晨的朋友们正在外面玩，她很想要去外面跟她的朋友们一起玩，但是她最终还是帮助她的弟弟找球而没有出去玩。所以，她付出了很大的成本，放弃了自己喜欢做的事情而帮助他人。另外一个故事人物冰冰面临类似的情况，但是她并不喜欢出去玩，所以她并没有付出什么成本就帮助了她的弟弟找球。研究者让儿童比较这两个故事人物谁更好，谁更值得被奖励。此任务的故事示例见图 3，具体的指导语见附录 2。

高成本（心理成本）：
这是晨晨，这是晨晨的弟弟。晨晨的弟弟把他最喜欢的皮球弄丢了，他很努力地寻找，但还是没找到，所以他请晨晨帮他找。
帮助别人是正确的事。晨晨的朋友正在外面玩儿。晨晨喜欢在外面玩。她想现在跟她的朋友一起玩。
所以晨晨帮她的弟弟找皮球。对于晨晨来说，帮助她的弟弟真的很难，因为她想和她的朋友们在外面玩。但晨晨还是帮助了她的弟弟。

低成本（心理成本）：
这是冰冰，这是冰冰的弟弟。冰冰的弟弟把他最喜欢的皮球弄丢了，他很努力地寻找，但还是没找到，所以他请冰冰帮他找。
帮助别人是正确的事。冰冰的朋友正在外面玩儿。但冰冰不喜欢出去玩。她现在不想和她的朋友玩。
所以冰冰帮她的弟弟找皮球。对于冰冰来说，帮助她的弟弟很容易，因为她完全不想要和朋友出去玩儿。所以冰冰帮助了她弟弟。

图 3　心理成本对儿童社会评价的影响故事示例

我们的结果如图 4 所示。结果发现,较低年龄(4—5 岁)的儿童认为付出了更少心理成本的故事人物更好,而随着年龄的增长,儿童逐渐对于付出更大心理成本而帮助他人的妮妮评价更高,在 8 岁左右,儿童对于付出了更大心理成本去帮助他人的人物评价显著更高。

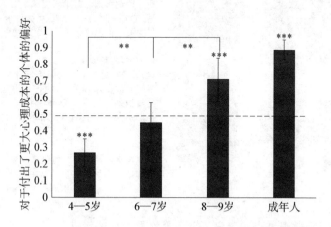

图 4　各年龄组儿童对于付出更大心理成本的个体的偏好

在刚刚的故事中,晨晨是放弃了自己喜欢的事情而去帮助弟弟,所以她付出的是心理成本。但是除了心理成本,还有很多其他类型的成本,比如说物理成本,比如有人花费了更长的时间帮助他人,或者费了更大的力气帮助他人,而另一个人没怎么费力,只是帮了一个小忙。在后续的研究中,我们给儿童呈现了一系列有关于物理成本的故事。每一个故事中的两位故事人物还是都做出了道德的事情,但其中一个人付出了更大的物理成本,而另一个人则付出了比较小的物理成本。此任务的故事示例见图 5。结果发现,儿童对于这样的物理成本的认识要早于对于心理成本的认识,大概 6 岁的儿童就对付出了更大物理成本而去帮助他人的个体有更高的评价。

类似地,儿童在自己的亲社会行为中也会考虑到成本的因素。18 个月的儿童在决定是否帮助或者如何帮助他人时会考虑到自己的行为的成本和收益,做对自身成本低、收益高的行为(Sommerville 等,2018),比如他们更有可能帮忙搬一块比较轻的木块,而非一块相对重一些的木块。除了自己的成本

高成本（物理成本）：
这是璐璐，这是璐璐的弟弟。璐璐的弟弟把他最喜欢的皮球弄丢了，他很努力地寻找，但还是没找到，所以他请璐璐帮他找。
帮助别人是正确的事。璐璐看到球卡在了楼梯的最上面。璐璐需要爬到楼梯上面去拿球。所以璐璐帮她的弟弟找皮球。对于璐璐来说，帮助她的弟弟真的很难，因为球卡在了楼梯的最上面。但璐璐还是帮助了她的弟弟。

低成本（物理成本）：
这是琳琳，这是琳琳的弟弟。琳琳的弟弟把他最喜欢的皮球弄丢了，他很努力地寻找，但还是没找到，所以他请琳琳帮他找。
帮助别人是正确的事。琳琳看到球就在她旁边的沙发后面。琳琳只需要走到沙发后面拿球。
所以琳琳帮她的弟弟找皮球。对于琳琳来说，帮助她的弟弟真的很简单，因为球就在她旁边的沙发后面。所以琳琳帮助了她的弟弟。

图 5　物理成本对儿童社会评价的影响故事示例

和收益，儿童也会考虑对方的成本和收益。研究表明，学龄前的儿童在考虑帮助他人的时候，也会优先做能最大程度上提高对方收益或减小对方的成本的行为（Bridgers 等，2019）。

　　上面我们说到过，儿童在分享行为中会考虑对方跟自己的关系的亲疏，儿童在进行道德评价的时候也会考虑行为方和接受方之间的关系的因素。比如说，八九岁的儿童会认为关系更亲密的人（比如，亲人、朋友）相比于关系疏远的人（比如，陌生人）更有义务帮助他人，当两个故事人物都没有给第三个人物提供帮助的时候，八九岁的儿童会对那个跟这个需要帮助的人关系更亲密的人物评价更低（Marshall 等，2020）。

　　可以发现，儿童的道德认知发展得很早，在婴儿时期就有一定的表现，但那时的道德认知还有很多的局限性，随着年龄的增长，他们对他人的道德评价越来越灵活、复杂，能够考虑到越来越多的因素。

更微妙的亲社会行为：社会善念

上文所说的助人、分享这些亲社会行为，往往需要行动方牺牲自身的利益来给他人带来福祉，比如说牺牲自己的时间或者耗费一些力气来帮助对方捡起衣夹，再比如把自己喜欢的贴纸分享给对方。然而，对他人的善意和关怀有时并不需要牺牲自身的利益，而是以一种相对低成本的方式实现。很多时候，一个小小的举动就可以传达对他人的善意。近些年来，越来越多的研究开始关注这些更加普遍但微妙的亲社会行为。社会善念（social mindfulness，van Doesum等，2013）描述的是这样一种低成本的、对他人表达善意的亲社会行为。由于社会善念行为非常微妙，理解这样的行为对儿童来说可能并非易事（赵欣等，2022）。

社会善念是指个体充满善意地关注、尊重并保护他人选择的需要和权利的一种亲社会行为（van Doesum等，2013；窦凯等，2018；Zhao，Zhao等，2021）。

设想一下这样的场景：

图 6　社会善念的场景

在一个自助餐酒会上，你在排队领取甜点，还有一个人排在你后面。当轮到你的时候，桌子上只剩下了 2 块巧克力蛋糕和 1 块水果蛋糕（如图 6）。这时，如果你拿了 2 块巧克力蛋糕中的一个，后面的人还可以从巧克力蛋糕和水果蛋糕中进行选择；而如果你拿了唯一的水果蛋糕，那后面的人就只能选巧克力蛋糕了。所以说，你的行为除了可以实现给你自己拿一个甜点这样的目标之外，还会间接地影响排在你后面的人是否还有选择的机会。这种情境下，拿两块巧克力蛋糕中的一个（而不是唯一的水果蛋糕）可以说是更体贴他人的一种表现。研究者们把这种体谅地留给他人选择的机会的行为称作"社会善念"。

在高度社会化环境中，我们可能会遇到很多这样的场景，即便我们与他人没有直接互动，我们自身的行为也很有可能对他人造成影响。社会善念行为对个人和整个社会都非常重要。从个人的角度来说，表现出社会善念行为可以给他人留下好印象，有利于人际交往与合作（窦凯等，2018；van Lange 和 van Doesum，2015）；从整个社会角度来说，社会善念行为有助于构建良好的社会关系以及和谐的社会环境。总的来说，社会善念很可能是帮助人们在社会中"航行"的重要工具之一（van Doesum 等，2013），它也与中国传统文化所提倡的善良、谦虚与礼让的美德高度一致。

近些年来，"社会善念"成为中外社会心理学和发展心理学的一个研究热点（窦凯，刘耀中等，2018；窦凯等，2017；田一等，2020）。关于成人"社会善念"的研究发现，当作为行动者时，大部分成人会表现出给他人留选择的社会善念行为，且此行为的表现频率与亲社会倾向以及共情能力呈正相关（van Doesum 等，2013）。此外，当作为第三方观察者时，成人对给他人留选择的行为（即，社会善念行为）比不给他人留选择的行为评价更高（van Doesum 等，2013），并且会更倾向于与表现出社会善念行为的个体合作（窦凯等，2018）。

那么，儿童可以理解这种体贴的社会善念吗？他们会认为给他人留选择的人比不给他人留选择的人更好吗？对这样的体贴行为的理解是否存在文化差异呢？我们可以看到，在社会善念行为中，行动者的主要目的是给自己拿一个蛋糕，但是这样的行为会同时给后面的人是否有选择的机会带来影响。其中，行动方和接受方之间没有直接的互动，也没有物品上的直接的转移（即，行动方并没有给接受方任何的东西），所以在这种情境下，推测行动方的意图并不是一件简单的事情。在最近的研究中，我们设计了一个实验范式来探究 4—6 岁儿童对于社会善念行为的理解（Zhao 等，2021）。实验者给儿童讲了一个类似于上文中自助餐酒会的故事，不过是有关于他们在幼儿园中所熟悉的加餐场景的。在一次加餐时间,小朋友们排队去老师那里领取水果,当轮到欢欢小朋友的时候,桌子上只剩下一个苹果和两个香蕉,欢欢拿了仅有的一个苹果,留给排在后面的贝贝两个香蕉去选;而在另一次加餐时间,排在前面的小朋友乐乐拿了两个苹果中的一个,留给贝贝一个苹果和一个香蕉两种选择。也就是说,欢欢没有给贝贝留选择,而乐乐给贝贝留了选择。社会善念理解任务的示例见图7,具体指导语见附录3。

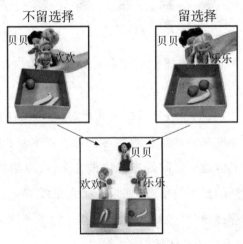

图7 儿童社会善念理解任务

接着,实验者让小朋友评价欢欢和乐乐之中,谁对于贝贝来说是一个更好的朋友,并询问他们为什么这样选。结果如图8所示。我们发现,中国和美国的大多数6岁小朋友们都认为留选择的人物(即,乐乐)比不留选择的人物(即,欢欢)是一个更好的朋友,而4岁的儿童的回答还处于随机水平,5岁儿童的回答在发展之中。也就是说,在6岁左右,儿童就可以理解社会善念,认为给他人留选择的人是更好的。有趣的是,当被问及"为什么"的时候,中国孩子比美国孩子提供了更多的明确地指向"体贴"这一概念的解释,比如"因为乐乐给贝贝留了两个不同的东西选""因为乐乐想让贝贝有东西可选"。这可能与我们的文化环境有关,像是大家从小就耳熟能详的故事——孔融让梨,就强化了"考虑别人"这一美好的观念。

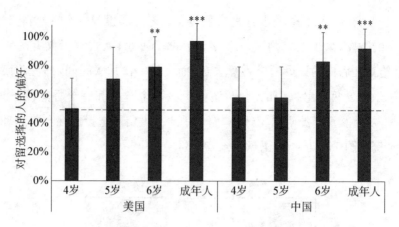

图 8　中美儿童对留选择的人物(相比于不留选择的人物)的偏好

在后续的实验中,我们又进一步探究儿童对这一现象的理解的深入程度。我们想要探究的是小朋友的评价是否会考虑到人物本身所拥有的其他选项。人物本身所拥有的其他选项(即,她本可以做什么)可以给我们提供更多有关这个人物的行为背后的意图的信息;如果一个人也没有什么其他可以做的事情,不得不这么做,那么她的行为就不太能够揭示她的意图。这可能听起来有一些抽象,让我们来看一个具体的例子。

比如,在图 9(左)中,尽管妮妮和丽丽都给贝贝留了两种不同的水果选(一个香蕉和一个苹果),但是他们本身所拥有的选择是不同的:妮妮本可以拿走唯一的香蕉,却拿了两个苹果中的一个,留下了两种水果给贝贝选;而对于丽丽来说,轮到她时,还有一个苹果、一个香蕉和一个橙子,所以无论她拿什么,贝贝都可以有两种水果可以选。这时,我们会直觉地认为妮妮的行为更有可能是出于一种想给贝贝留两个选项的,但是丽丽的行为则更有可能是一种随机的选择,而并不一定是出于一种亲社会的意图。所以对比妮妮和丽丽,我们应该对妮妮的评价更高。

类似地,如图 9(右),婷婷本可以拿两个香蕉中的一个,从而留下两种不同的水果给贝贝,但她却拿了唯一的苹果,没有给贝贝留选择;而对于璐璐来说,轮到她时,只有三个香蕉了,无论她拿什么,都只能给贝贝留两个香蕉。同样

图 9　儿童社会善念理解后续研究示例

地,这时,我们会直觉地认为婷婷的行为更有可能是出于一种想不给贝贝留选择的反社会的意图,但是璐璐的行为则更有可能是一种随机的选择(只有香蕉可以选),而并不一定是出于一种特殊的意图。所以对比婷婷和璐璐,我们应该对璐璐的评价更高。

我们给 4—6 岁的中国和美国儿童呈现了这两种场景其中之一,并让他们对妮妮和丽丽进行比较,或对婷婷和璐璐进行比较。我们发现,中国和美国的 6 岁的小朋友大部分都认为妮妮比丽丽好,璐璐比婷婷好,并能够给出合理的解释,如"因为婷婷可以留一个苹果,但是她没留,璐璐只有香蕉可以选"。而 4—5 岁的小朋友则没有表现出明显偏好。这个实验的结果证明,6 岁的小朋友在对他人的体贴行为进行评价时,会将"是否原本能够做出更好/更差的决策"纳入考虑,可见他们的理解是非常深入的。

那么,如果只有一个小朋友在排队领水果,后面没有其他人再来排队时,留不留选择还重要吗?在接下来的实验中,研究者给儿童呈现了一个与实验范式类似的故事,只是此时的欢欢或者乐乐是最后一个来选水果的人物,后面没有其他小朋友在排队了。结果发现,在后面没有其他人的情况下,中国和美国的 5—6 岁的小朋友对于两个人物没有明显的偏好。这说明,儿童对于社会善念的识别和评价是基于他人的行为可能会对排在后面的人所带来的影响的,而当后面没有人(即,这种影响完全不存在)时,儿童并不会在意是否留了选择。所以说,在6岁左右,中国和美国的儿童都能够理解社会善念,对给他人留选择的人评价更高,并且中国儿童比美国儿童给出了更为详尽的、指向"体贴"这一概念的解释。

那么儿童对于社会善念行为的理解为什么会在4—6岁间有这么明显的发展呢?其潜在的发展机制是怎样的呢?我们猜测可能与心理理论能力的发展有关。我们前面已经讨论过很多有关心理理论的研究了。我们知道,心理理论就是指个体理解他人心理活动并预测他人行为的能力(Wellman, 2014)。那么我们为什么猜测儿童社会善念理解的发展可能与心理理论的发展有关呢?那是因为一方面在理解社会善念行为的时候,儿童可能正是需要心理理论这项能力去推测排在后面的人的需求和愿望(他/她可能喜欢芝士蛋糕,也可能喜欢巧克力蛋糕)。另一方面儿童也需要这项能力去推测排在前面的人行为背后的亲社会意图(她拿走非唯一的巧克力蛋糕,是为了给后面的人留选择,确保他/她能自己选择更喜欢的甜点)。

在研究中,我们用一系列经典的心理理论任务测量了儿童心理理论能力的发展,并探究心理理论和社会善念理解是否存在相关。另外,我们还通过匿名分享任务测量了儿童的亲社会倾向,通过日/夜司楚普任务测量了儿童的执行功能作为控制变量。结果发现,正如我们所期待的,对于4—6岁的学龄前儿童来说,他们的心理理论能力与社会善念理解能力存在显著的正相关,并且这种相关在控制了年龄、亲社会倾向、执行功能等变量之后依然稳定存在。所以说,儿童心理理论的发展可能对他们社会善念理解的发展有着重要作用(赵欣等,2022)。

那么这一结论对我们有什么启发呢?从理论层面来说,这启示我们心理理论的发展可能是社会善念理解发展的重要机制,但需要注意的是,本研究采用的是相关的研究设计,基于本研究的结果无法进行因果关系的推论。未来的研究需要采用实验操控的方法探索心理理论与社会善念理解之间可能的因果关系。从实践层面来说,我们都希望自己的孩子能够成为体贴懂礼貌的好孩子,那么除了直接告诉儿童要体贴待人外,也可以多引导他们思考"你觉得其他小朋友的感受如何？",帮助儿童从理解他人意图和感受的角度去发展亲社会行为。另外,如果是给儿童讲故事,可以借用榜样的力量引导儿童,比如讲"孔融让梨"的故事,家长也可以多和儿童交流"你觉得他为什么要让给别人呢？""他的内心感受如何呢？"等问题。

上面我们所说的情况都是在我们并不知道排在后面的接受方喜欢什么的情况下。在这种情况下,因为接受方可能喜欢巧克力蛋糕,也可能喜欢水果蛋糕,这种时候给她留两个不一样的蛋糕(即,留一个选择)是对他来说是最好的结果,因为可以保证她可以拿到自己更喜欢的那个。但是很多时候接受方可能是有明确的偏好的,我们也知道她的偏好,比如说,她可能喜欢唯一的水果蛋糕,那这个时候就非常明确了,拿走她喜欢的唯一的水果蛋糕显然是不好的。如果说她喜欢的是非唯一的那个巧克力蛋糕呢？那这种情况就会有一些复杂,是留给她两个她更喜欢的巧克力蛋糕比较好,还是留给她两个不一样的蛋糕,让她自主选择比较好呢？

在最新的研究当中,我们设计了一个实验来研究这个问题(Zang 等,2023)。我们给4—9岁的儿童和成人呈现一系列给他人留选择或者不留选择的故事人物。在这些故事当中,我们给出了有关于排在后面的接受方的偏好的信息,在一种条件下,接受方喜欢唯一的物品,在另一种条件下,接受方喜欢的是非唯一的物品。我们还是让儿童对留选择或不留选择的人进行评价。结果发现,当排在后面的接受方喜欢的是唯一的东西的时候,成人以及所有年龄段的儿童都一致地认为不留选择(也就是把接受方喜欢的唯一的东西拿走)是非常不好的,留选择(或者说,留下接受方更喜欢的那个唯一的物品)是更好的。这里面涉及的可能仅仅是一个偏好的问题,不涉及选择的问题,所以说即便是4岁的孩子也能够理解。那么当接受方喜欢的是非唯一的东西的时候,成人和儿童觉得怎样更好呢？结果发现,比较小的孩子似乎对于留选择和不留选择的人没有明显的偏好,7岁及以上的儿童以及成人都认为,在这个时候给对方留两个他喜欢的物品是要比给他留两个不一样的物品更好的。所以,简而言之,这种情况下,儿童认为满足对方的偏好是比给她选择的机会是更重要的。为什么是这样的呢？我们认为,可能给对方留两个他明确更喜欢的东西可以让他优中选优，比如从两个喜欢的巧克力蛋糕中选一个，这种"选择"的过程可能就很让人开心，也有可能这样的过程可以告诉对方我知道你的偏好，是一种更礼貌的表现。

前文所说的情况都是在可选的选项都是比较好、比较具有吸引力的情况下，比如说是好吃的蛋糕或者是水果，这些都是大家非常喜欢的东西。有的时候，我们面临的选择是没有这么理想的，我们所面临的可选的选项可能是有一些缺陷的，或者说是没有吸引力的，但我们又不得不进行选择，那这个时候是自己选更好，还是让别人帮你选更好呢？在这种选项不好的情况下，是留给他人自主选择的机会比较好，还是直接就帮他选了比较好？在另一项研究当中，我们探究了选项的吸引力（或者说选项的好坏）对于人们对社会善念行为的评价的影响。研究者还是采用类似的方法，给成人和儿童呈现给他人留选择或者不留选择的情境，这一次研究者操控的是选项是否具有吸引力，在好选择条件下，选项是像我们刚才所说的苹果香蕉这样的很好的水果，在坏选择条件下，选项并没有太多的吸引力，甚至是已经损坏的，比如说是坏苹果、坏香蕉这样的情况。我们还是让儿童去对留选择或者不留选择的行为进行评价。结果发现，即便是在选项没有太大的吸引力或者已经损坏的情况下，6岁以上的儿童和成人还是认为留选择是比不留选择更好的，但是在这种坏选择的条件下，儿童和成人对于留选择和不留选择行为评价的差别要更小一些，要显著地小于选项是好选择的情况。这些结果提示我们，6岁的儿童会综合考虑选择的价值和选择的吸引力来评价社会善念行为。

如果大家还记得我们在前面讨论儿童对于助人行为的评价的时候，我们说过，儿童认为，对于表现出反社会行为的个体，惩罚他的人会比帮助他的人是更好的。那么，在对于社会善念行为的评价中，如果排在后面的接受方是一个坏人，这种情况下，儿童会认为给他留选择更好，还是不留选择更好呢？结果发现，只有当排在后面的接受方是好人的时候，儿童才觉得给他留选择更好；当排在后面的接受方是坏人的时候，儿童对于留选择或不留选择的评价则差不多。也就是说，儿童在评价和理解社会善念行为时，也会考虑排在后面的接受方的道德品质的情况。

儿童在评价社会善念行为的时候也会考虑动机。同样是两个表现出社会善念行为的人，其中一个可能是出于真心的想要给后面的人留选择的善心，另一个则可能是出于一种想要让别人看到自己的好意的一种"名誉"动机。在现实生活中，一种非常常见的能够提示我们一个人物做好事是出于真实的好意还是出于名誉动机的线索，就是这个行为是发生在私下的（没有人看见的场景），还是发生在公开的（有他人看到的场景）。在私下场景中做好事的人大多是真的想做好事，而在公开场景做好事则很难说是出于怎样的动机。

在近期的一项研究中，我们设计了一个实验，我们给儿童呈现了两位故事人物均表现出社会善念行为，但是其中一位故事人物是在公开场合（即，公开的教室里）表现出社会善念行为，所有人都看到了他从两个苹果和一个香蕉中选了一个苹果，留了选择给后面的人；而另外一位故事人物则是在私下的场合（即，老师的办公室里）表现出的社会善念行为，没有人看到他如何选择的。我们首先让6—12岁的儿童和成人自发地去评价这两位故事人物谁更好一些。之后我们明确地给出故事人物的动机，我们告诉被试在公开场合进行选择的故事人物是为了让大家都看到他留了一个苹果和一个香蕉，而在私下进行选择的故事人物是为了给排在后面的人留一个苹果和一个香蕉，然后再让儿童和成人去进行评价。

我们发现，对于儿童来说，在自发评价社会善念行为的时候，他们认为在公开场合行动的故事人物更好，而成人则是相反的，认为在私下场合行动的个体更好。当被明确给出故事人物的动机之后，无论是儿童还是成人都明显地认为私下行动的个体更好。可见，儿童还不具备通过环境线索的信息（如，是公开还是私下进行的行为）来推测故事人物的动机并作出判断，但是当明确得知动机的信息之后，他们对于出于给他人留选择（而非让他人看到自己的行为）的个体评价更高。这也体现了儿童的社会评价不是只看行为，也是会考虑到动机的因素的，但是他们结合情境线索对于动机进行判断并加以评价的能力则还需要一定的发展。

我们以上所说的研究，都是儿童站在一个旁观者的角度或者第三方的角度去评价他人的社会善念或者非社会善念行为。那么，如果说是儿童自己站在排在前面的人的这个位置上,他会主动给他人留选择吗?他会考虑到他自己的行为可能对后面的人带来了潜在的影响吗?我们设计了一个实验来探究这个问题。我们给被试儿童介绍一个要跟他一起玩游戏的小朋友,并给他们播放一段这位小朋友的视频,让他跟这位小朋友认识一下。然后跟被试说要跟这位小朋友一起去领取物品(比如,贴纸、水果或文具等)。被试每次都排在另外一位小朋友前面,所以他可以先选,每次他都要从两个非唯一物品和一个唯一物品的组合中进行选择。我们首先询问了被试,你会选择哪一个物品,这个时候我们没有给出任何的提示,也就是在探究,被试在自发情境下是否会主动给他人留选择。接下来我们问被试,如果想让排在后面的人物更开心,你会选择哪个物品?结果发现,在没有任何提示的自发情境下,各年龄的儿童和成人的选择均在随机水平,也就是说他们不会主动地、自发地给后面的人留选择。但是,当被提示想要让排在后面的人更开心时,儿童的社会善念行为与年龄呈显著正相关,6岁以上儿童和成人都倾向于选择非唯一的物品(即,表现出社会善念行为)。综上所述,儿童可能还不能自发地表现出社会善念行为,但在被引导要思考他人的时候,至少6岁的儿童开始能够给他人留选择。

总结来说,社会善念这样一种微妙的、间接的,但有着一定的普遍性和重要意义的亲社会行为在至少6岁的年龄就已经有所发展。儿童无论是作为第三方的评价者还是第一方的行动者都具备一定的理解和表现出社会善念的行为的能力。并且,儿童对于社会善念的理解不是僵化的,而是会综合考虑各个方面的信息,包括选择的效价(吸引力)、有关于偏好的信息、接受方的道德品质、行动方的动机等。这体现了儿童社会和道德理解的灵活性和复杂性。

当然还有很多未来可以去探讨的问题。第一,我们已有的研究主要关注了儿童对于社会善念行为的识别和评价(即,是否认为表现出社会善念行为的个体更好),这也是我们认为理解社会善念行为最基础以及最重要的方面。但是,对社会善念行为的理解还包括很多其他方面,需要更多的研究去探索。比如,研究人们是否认为社会善念行为具有规范性(normativity)。具体来说,儿童在多大程度上认为社会善念行为是一种人们都应该遵守的规范性行为,而又在多大程度上认为非社会善念行为应该受到惩罚等。再比如说,还可以探究儿童对社会善念的特性和适用范围的理解，比如，儿童认为社会善念是一种稳定的特质还是只是情境性的、暂时性的表现，具体来说，儿童是否会认为一个表现出社会善念行为的人在各个类似的情境下都会表现出社会善念行为，还是说会根据情境的不同（比如，资源是否稀缺）、对象的不同（是自己的好朋友排在后面还是完全不认识的陌生人排在后面）而有不同的表现。第二，虽然我们认为社会善念这种亲社会行为要比直接的亲社会行为（如，分享、帮助等）更加微妙、也更加低成本。但是，这些行为之间的核心差别是什么，它们之间的关系又是怎样的，也还需要更多的研究去回答。第三，对儿童来说，对社会善念行为的理解以及表现出社会善念行为的意义有哪些？比如，表现出社会善念行为的儿童会更受欢迎吗，会更善于与他人进行社交互动吗？这些都是未来研究需要回答的问题。

认知与行为之间的差别

我们了解了儿童的道德认知，也了解了儿童的亲社会行为。但是道德认知和道德行为之间的关系一直也是研究者关注的重要的问题，也是研究者还没有能够给出非常好的答案的一个谜题。道德认知或者道德判断的水平越高的儿童就越能表现出道德行为吗？似乎并不是，虽然儿童很小的时候就对一些道德准则有很明确的理解，他们知道帮助别人比阻碍别人更好，他们知道公平分配比不公平分配更好，他们知道应该诚实而非撒谎，但是轮到他们自己的时候，又时常出现撒谎、不诚实、自私等各种各样的"不道德"的行为。

尤其是在公平与分享的领域，研究者发现非常明显的认知与行为之间的差距。研究者通常采用独裁者游戏测量儿童的资源分配的行为和认知。对于资源分配的行为的测量，研究者会给儿童一些资源（比如，几张贴纸）并告知儿童在他们自己和另外一个不在场的同伴之间进行资源的分配。对于认知判断的测量，研究者会用类似的任务，但是不是让儿童在自己和他人之间进行资源的分配，而是，询问儿童，如果是在另外两个人之间进行资源的分配，他们认为应该如何进行分配。运用这个方法的很多研究发现，从认知上来说，儿童会认为，他们觉得人们之间应该公平分享资源，公平分配是正确的事情。如果你还记得的话，前面我们讨论过，即便是婴儿也期待资源在两个个体之间公平分配而非不公平分配。但是在行为上，当轮到他们自己的时候，他们实际上他们会给别人的比给自己的更少。这样的认知和行为之间的差距从 3 岁开始就已经显现，并且在整个小学的期间都是存在的（Smith 等，2013；Blake，2018；Blake 等，2014）。

有人可能会觉得这代表孩子很虚伪，很伪善。他们嘴上是一套，实际上表现的又是另外一套。但其实，从儿童的角度，我们并不能仅仅停留在说他们是伪善的，而应该更加深入地去探讨是什么样的原因造成这样的认知和行为上的差别，基于这些原因，我们又有什么样的方法可以提升孩子的亲社会行为。这对于我们反思我们的道德教育也是非常重要的。

产生这种认知和行为上的差别的原因是什么呢？研究者们总结了几个可能的原因。第一个是自我控制。有学者认为，儿童可能确实很想要跟他人进行资源的公平分享，但是他们可能因为自我控制能力还没有发展完善，而不能成功分享资源。儿童可能在面对有诱惑力的资源（比如，贴纸）的时候，没有办法去抵抗这个诱惑，或者没有办法控制自己实现正确的公平的分享。想想即便是我们成年人是不是有时候也会出现这种意志力的动摇呢？有研究测量儿童在独裁者游戏当中的资源分配的行为表现，并且也通过延迟满足等方法测量了儿童的自我控制能力，或者是让家长报告他们孩子的自我控制的表现，都发现了自我控制能力和分享行为之间的显著的正相关。也就是说，那些自我控制能力更好的儿童通常在独裁者游戏当中表现出更多的公平分享（Thompson 等，1997；Steinbeis 和 Over，2017）。并且有研究采用实验操控的设计发现了自我控制对公平分享的因果影响，通过实验操控提升儿童的自我控制能力可以带来公平分享行为的提升。

第二个原因是社会距离。所谓社会距离，与物理上的距离类似，但是指的是两个人在社会关系上相隔多远。比如说你跟你的朋友可能一个在中国，一个在欧洲，物理距离上相隔很远，但是在社会距离上相隔很近。而反过来，你和地铁上坐在你旁边的陌生人可能物理上相隔很近,但是社会距离上却很远。我们前面已经讨论到,儿童倾向于,给与自己更亲近的人分享更多,比如说他们会给自己的朋友比给一个陌生人分享更多,他们会给自己的内群成员比给外群成员分享更多。有趣的是,研究还发现,即便是给一个陌生人分享,如果我们能明确地告诉孩子,你是跟谁分享,或者说给儿童呈现这位小朋友的照片,相比于跟一个虚构的、不确定的人分享,儿童会表现出更公平的分享行为(Moore,2009)。也就是说,如果我们想要提升儿童的分享的行为,我们可以考虑把这个分享的对象更加具体化,让儿童跟他形成一定的联结,让儿童感受到自己是在分享给一个实实在在的人,这些方法都可能可以提升儿童的分享行为。

第三个原因是心理理论。我们上文当中也已经提到过,能够公平地与他人的分享或者去帮助他人是需要建立在我们理解对方的需求、愿望或者目标上的,这正是心理理论能力的本质。有研究发现,那些能够通过心理理论任务的儿童在分享当中的表现也会更好,更能够跟他人公平分享(Wu 和 Su,2014)。当然也有一些研究并没有发现心理理论能力与分享之间的关系,所以还需要更多的研究来确定心理理论与分享之间的关系。那从我们的现实生活来说,我们除了直接督促孩子们分享外,也可以多让他们去想一想自己的行为可能会给对方带来什么样的后果,对方的感受会是怎样的,比如,他们想不想要这个东西呢?如果我们不给他们分享,他们会不会不开心呢?

第四个原因是观察学习或者模仿。我们都知道榜样的力量是无穷的,儿童无时无刻不在通过观察周围的成年人或同龄人的行为来学习什么是"正确"的做法。研究发现,给儿童讲一个有关同龄人慷慨分享的故事,可以让儿童分享更多(McAuliffe 等,2017)。还有研究发现,让儿童看到一个成年人榜样慷慨分享也可以让儿童分享更多(Blake 等,2016)。有趣的是,当看到他人表现得自私的时候,比较小的孩子也会受这种自私的"榜样"的影响,比之前表现得更加自私。并且,有的时候,这种自私的"榜样"要比慷慨的榜样影响更大。儿童(尤其是年龄较小的儿童)的分享行为很容易受到自私的"榜样"的影响,似乎是带有一种"我有理由可以表现得自私一点"的意味。相反,对于慷慨的榜样,即便是看到有人分享了80%甚至90%的资源,儿童虽然会比平时分享的多一些,但是也很难达到50%的公平分享的水平。所以,榜样的力量是非常重要的,我们不但要注意不断地给儿童呈现更正面的榜样,也要注意,不能给儿童进行错误的示范,儿童对于错误的示范是非常敏感的,所以错误的示范可能会使前面的努力前功尽弃。无论是家长还是老师,一定要注意自己平时的行为,言行合一,为孩子们树立好榜样。

最后一个原因,也是现在越来越多的研究所关注的一个方面,就是"己所不欲,勿施于人"。简而言之,如果我们要让孩子们了解到分享的重要性,需要让他们亲身经历一些没有被公平对待的痛苦,从而让他们切身地感受到没有被公平对待的时候的感受是怎样的。有一些初步的研究表明,刚刚经历过这种没有被公平分享的情境的孩子,他们在接下来的情境下会更意识到自己的行为可能对他人造成的后果,从而表现得更加亲社会。但需要注意的是,这种方法,仅仅是为了让孩子们意识到自己的行为的后果或者不公平的痛苦,而不是给孩子一种不公平分享的错误的示范。如何灵活把握这两种不同的度,还需要更多的研究来详细探究。

所以说,这样的认知与行为上的差别不能仅仅归咎于儿童的"伪善",而更应该是儿童发展的一个正常的过程。虽然他们认知上知道怎样做是更正确的,但是受限于自我控制、心理理论等各方面的发展,他们还没能够把自己认知上的判断落实到行为上的实践。但随着他们自我控制能力和心理理论能力的不断发展,再加上周围的榜样的不断示范、对分享对象的具体化等,儿童会越来越"言行合一"。

对社会规则的认知

前面我们提到了,我们的生活当中有各种各样的规范,有一些规范是道德规范,比如说不能伤害他人,不能欺骗他人,要与他人分享,等等;而有一些规范则是我们常说的社会规范或者惯例性的规范,违反这些规则可能并不一定会给他人带来伤害,但是这些规则却能够保证我们的生活正常有序进行。比如说我们去参加葬礼需要穿黑色的或者深色的衣服;不能穿着睡衣就去上学;我们可以在公园遛狗,但是却不能在图书馆里面遛狗。再比如,篮球比赛有各种各样的规则,这些规则保证比赛能够正常地进行。又比如,我们应该用刀叉或者筷子来吃饭,而不是用手抓着食物来吃。这些规则不像道德规则那样具有更广泛的普适性,它们在各个文化各个国家可能会有所不同。比如各个地方玩麻将的规则就有所不同。再比如有的国家是用刀叉来吃饭,而有的地方是用筷子来吃饭,有的地方确实是用手抓着食物来吃饭;有的文化当中人们见面用握手来打招呼,而有的地方则是用贴面礼来打招呼。这些都是基于不同的文化人们约定俗成而来的。所以说对于任何一个儿童来说,了解自己所在文化的这些规范都是非常重要的,而当一个个体进入到一个新的文化当中,要想融入也必须要去了解当地的社会规范。那么,儿童对于社会规范的理解是怎样发展的呢?

在一项研究(Rakoczy 等,2008)当中,实验者首先给儿童示范了一下如何去玩一个叫"达克星"的游戏,接着实验者呈现一个新的玩偶,玩偶声称"我也要来玩达克星游戏了",但是他用了一种截然不同的方法玩这个达克星游戏。此时,研究者关心的是,儿童被试对于这个玩偶的做法会有什么反应,如果他们认为实验者的动作才是一种正确的或者标准的玩法,那么他们应该会对于新玩偶的"错误"做法在行为或言语上表示抗议。研究者编码了儿童可能出现的抗议表现。比如,有的儿童直接说"你不应该这样做""这样做是不对的"这类涉及义务性和规范性的表达,也有儿童自己演示了一遍正确的做法,并说:"这才是正确的做法!"儿童也可能会给出一些命令式的抗议,比如"用这个部分来推它"或"要这样做"。结果发现,大部分的 3 岁儿童都会表现出这种规范性的抗议或者教学。可见儿童认为没有遵守游戏规则的做法是错误的,是他们不能接受的,并且他们会去将正确的玩法教给违反规则的人。

在这个实验中,成人示范者营造的是一个教学情境,成人会跟孩子有明显的互动,会跟孩子打招呼,会跟孩子有眼神上的沟通,让孩子看自己示范等方式来刻意地进行教学。除了刻意地教授"标准"做法之外,在生活中孩子们更多只是观察到身边成人的行为,而在这种缺乏明确指示和教学语言的情境下,孩子们还会将这些行为视为一种"社会规范"吗?在他们眼中,社会规则是不是无所不在?

在后续的研究中(Schmidt 等,2016),研究者发现,3 岁儿童的这种抗议行为不仅限于有明确教学语言的教学情境,也适用于更加日常的非教学情境,比如说当一位成人示范者只是在自己玩一个物品或者玩一个游戏,并没有跟儿童说我在教你这个游戏,作为旁观者的儿童也会学习到游戏的正确玩法,并且在有新玩偶犯错的情况下进行抗议和纠正。但是,如果成人示范者只是随意地在做一些动作,而不是有意图地在玩某个玩具,这个时候,儿童并不会在新玩偶采取不同动作时进行抗议。所以,孩子们能够从他人带有意图的行为中学习到如何使用一些物品、如何玩一些游戏的社会规则,并且认为其他人都需要遵循同一套行为方式。

大多数这些研究局限于欧洲和北美的儿童,近期有一项研究采用类似的方法探究了来自不同的文化(如,肯尼亚、阿根廷、印度、玻利维亚等)中的 5—8 岁儿童对违背社会或惯例性规则的反应。在这些不同的文化中,都发现儿童经常对于违反社会或惯例性规则的行为进行纠正和抗议。但是不同文化下,抗议和纠正的程度和方式因社会而异(Kanngiesser 等,2022)。

所以说,儿童对于违反社会规则的行为会进行抗议和纠正。在上文的情境中,有成年示范者向儿童展示如何玩游戏或如何使用某个工具的规则。但是在现实中很多时候是没有人来教给儿童规则的,或者有的情况下就是没有规则的,那么儿童们会自己制定规则吗?他们如何制定规则?他们对于自己制定的规则又会如何处理呢?

一项研究探究 5 岁的儿童是否可以自己制定规则(Göckeritz 等,2014)。研究者将儿童分成三人一组参加游戏,实验分为三天。在第一天的时候,研究者给儿童们(每三人为一组)呈现一个他们没有见过的新奇的玩具,这个玩具可以有很多玩法,并且研究者假装自己并不知道这个玩具怎么玩,让儿童们自己去搞清楚怎么玩这个玩具。第二天的时候,研究者询问同组的儿童是否想要再玩一次昨天的玩具,然后就让孩子们自己去玩。在第三天的时候,研究者把原来的三人小组给拆散了,每一个儿童会被安排跟两个从来没接触过这个游戏的新手儿童一起玩这个玩具,并且并没有给什么新的指示。研究者对孩子们的语言和行为进行了编码,发现三人一组的儿童能够互相协调制定游戏的规则,并且在有新手加入游戏的时候,他们会将之前制定的规则传授给这些新手孩子,要求他们遵守之前制定的规则,当新手孩子违反规则的时候也会纠正和抗议。可见,即便是没有成年人制定规则的时候,在 5 岁左右,儿童也能够去自己制定规则并且会将这些规则传递给他人。

凡事皆有规则,但人类社会的规则并不是僵化不变的,在社会活动中,人们不仅要遵守规则,也要在恰当的时候改变和更新规则;比如人类社会的进步带来法律规范的变化、科技的进步需要相关规则的更新、体育运动的规则也在不断优化和改变等。所以说,人们对于规则的理解一方面包括了识别和遵守规则,另一方面也包括理解规则可以如何被改变。对于儿童来说,对规则的理解更是对他们参与社交互动和集体活动有着至关重要的意义。那么,这种灵活而复杂的对于规则的理解在儿童时期是如何发生发展的呢?

在一项研究中,我们系统探究了 4—7 岁儿童对于游戏规则是否可以改变和更新的看法(Zhao 和 Kushnir, 2018)。在这一研究中,我们给儿童被试看其他三位儿童参加游戏的视频(视频截图如图 10 所示)。重要的是,我们操控了视频中游戏规则的制定方式。在其中一个条件中,游戏的规则是由一位成人制定的;在第二个条件中,游戏的规则是由三位儿童中的一位制定的;在最后一个条件中,游戏的规则是由参与游戏的三位儿童一起协商制定的。在给儿童被试呈现这些视频之后,我们询问儿童认为视频中各个角色是否可以改变规则。规则改变任务的指导语见附录 4。我们发现,儿童的回答是取决于规则是怎样制定的。如果这个规则是由成人制定的,那么儿童就会认为规则只能由成人改变。如果这个规则是由三位儿童其中之一所制定的,那么儿童会认为也只有这个制定规则的人才能够改变规则。而如果这个规则是由大家一起制定的,那么儿童则认为所有的人都有相同的权利去改变规则,比较小的孩子们认为任何人都可以去改变这个规则,而比较大的孩子则认为任何人都不能自己改变这个规则,而需要征得其他人的同意。

图 10　规则改变任务视频截图

所以说，儿童在判断谁可以改变规则时会灵活考虑到规则制定中的个人权威性（individual authority）和集体协议（collective agreement）。我们在美国和中国的儿童中都发现了这样的现象。对于游戏中的规则，无论是美国还是中国的儿童都会根据规则制定的方式来决定谁可以改变规则。这些证据启示我们，即便是学龄前的儿童对于规则的看法也不是僵化的或者说完全依赖于成人的，他们认为在合理的情况下他们自己可以制定规则，可以传授规则，甚至也可以改变规则。

类似地，还有研究表明，随着年龄的增长，儿童也对规则有着越来越灵活的认识，他们不再拘泥于文字上的规则，而更在意规则背后的真正意图。让我们想象一下，今天是老师规定交家庭作业的日子，然而波波却发现自己忘带作业了（实际上他写完了）。所以最后波波没有在指定时间交上作业。你会怎么评价波波的行为呢？你会觉得波波应该受罚（因为他没有按时交上），还是应该从宽以待呢(因为他写完了)?我觉得大部分成年人应该会认为,波波没有违背老师制定这个规则背后的意图(想让小朋友及时写完作业),因为波波只是不小心忘带了,他认真并且及时地完成了作业,应该可以从轻处理。在2019年的一项研究中,研究者给儿童观看一个动画视频(Bregant,Wellbery 和 Shaw,2019)。视频里的老师制定了一个规则:规定一个小男孩每天最多只能从学校借4本书回家。这是因为小男孩的背包装不下那么多书,一旦装多了书就会掉出来,把书搞脏或丢失(即,规则意图)。如果违反这个规定,小男孩就要接受惩罚。

接着研究者跟两组小朋友讲述接下来发生的事:故事中小男孩都违反了老师的规则,带了超过4本书回家,但是又有些不一样的地方。对于其中一组儿童被试,研究者说:"小男孩想让生病的好朋友也能看上书,于是他想带4本书给自己,带2本书给自己的好朋友。所以,他带了超过4本书回家。"也就是说,这个故事中小男孩既违反了规则条文,又违反了规则意图。对于另一组儿童被试,研究者说:"小男孩想让生病的好朋友也能看上书,于是他想带4本书给自己,带2本书给自己的好朋友。他带了一个更大的背包以装下所有书,所以,他带了超过4本书回家。"也就是说,这个故事中小男孩只违反了规则条文,而因为他带了一个更大的书包,所以他没有违反规则背后的意图。最后研究者对两组儿童被试提了几个问题,看他们如何评价小男孩的违规行为。结果发现:相比于第一组的儿童,第二组的儿童对于故事里的小男孩评价更加宽容,也更认为他不应该受惩罚。也就是说,相比于同时违反了规则条文和规则意图的情况,小朋友们对于违反了规则条文而没有违反规则意图的情况评价更加宽容,认为他更不应该受罚。并且,随着年龄增长,小朋友会对违反了规则意图的行为态度越严厉,对没有违反规则意图(而仅仅是违反了规则条文)的行为态度越宽容。在后续的实验中,研究者对于父母在家里制定的规则也发现了类似的结果。

这些结果表明,小朋友不仅仅可以理解一个规则指的是什么,还能够在评价违反规则行为时考虑到规则制定背后的意图,所以会对违反了相同规则的人作出完全不同的评价;他们会觉得如果一个人只违反了规则条文但时刻遵守规则意图，就应该从宽以待，不应该接受惩罚。

这些研究启示我们，小朋友对规则的理解不是死板的、僵化的，而是相当灵活的，他们不仅能区分不同类型的规则，还能区分不同类型的违规行为，能在评价违规行为时考虑规则背后的意图，能够自己制定规则，并能够理解如何改变规则，并且这样的灵活性随着年龄的增长更加稳固，所以家长在与孩子讨论规则的时候，应该注意他们是对规则敏感的，并且他们并不认为规则就是大人制定的、完全不可以违反的，所以我们需要跟孩子们讲清楚规则为什么存在，规则的真正意义是什么，而不是一味地让孩子遵守规则。

未来的研究可以进一步探究儿童对规则的真正含义的理解。现实生活中我们经常会碰到有人非常死板教条地死抠规则，背离了规则的原初和精神，也会经常碰到有人钻规则的空子，过于"灵活"。实际上这就体现了规则的复杂性。规则的制定者希望人们能够遵守规则，不希望有人钻空子，但也不希望人们非常死板，在需要变通的时候非要硬抠字面的规则。儿童对于规则的灵活性、规则的更新、规则的精神和教条这些方面是如何理解的，在现实生活中又是如何地体现的，还需要更多的研究来探索。

总结与启示

在这一章中，我们了解了儿童的道德认知和道德行为的发展。我们首先回顾了经典的皮亚杰的道德发展阶段论和科尔伯格的道德发展理论，这些理论大多认为儿童的道德发展是分阶段的。我们接着了解了近十几年的有关于幼儿的道德认知和亲社会行为的研究。我们了解到即便是小婴儿也对于好人和坏人有初步的理解，对于公平分享有一定的偏好，学步儿也已经开始表现出一些助人和分享行为，甚至是合作行为。我们也了解到，随着儿童年龄的增长，他们逐渐可以做出一些更加复杂的社会和道德评价，他们逐渐可以区分结果和意图，在进行道德评价时不仅仅考虑结果也会考虑意图和成本等信息。我们也了解到，儿童逐渐对于更加复杂的、微妙的、间接的亲社会行为（比如，给他人留选择的社会善念行为)也有更成熟、深入的理解。我们也讨论了为什么儿童对于道德规范有很好的认知,往往知道"应该"做什么,但是行为上却依然表现得有些自私。我们对于这样的认知和行为之间的差距进行了讨论,并对我们的道德教育进行了反思。最后,我们也探讨了儿童对于社会规则的认知。我们可以看到,随着年龄的增长,儿童对于社会规则有着愈加灵活的认知,他们甚至可以自己制定规则、传递规则,甚至在合理的条件下可以改变规则。

这些研究对我们有什么启示呢?首先,这些研究对于我们思考儿童是性本善还是性本恶是有一定启示的。显然,婴幼儿对于道德规范是有一定的认知的,也是有着帮助他人的内在动机的,但儿童一定程度上又是自私的,他们会吝惜与他人分享。也许儿童天生是利他的,但同时又是利己的。这些动机都是存在的。那么更合适的问题也许是,在怎样的情境下,某种动机会占了上风?哪些孩子会相对更利他,哪些孩子又会相对更利己?作为教育工作者,我们又有怎样的方法可以培养更加利他(或者不那么自私)的孩子呢?第二,关于儿童的道德发展的研究也会对于我们的道德教育有所启示。也许我们不能简单地进行道德知识的传授("你要分享""你要做个好孩子"),而应该从孩子的角度,采取一些更符合他们的发展规律的方法。比如,我们可以尝试让孩子们设身处地感受到受到伤害或者没有被分享的感受,让他们感同身受,从而意识到与人为善的重要性。当然,我们也了解到榜样的重要性,让孩子们接触越来越多的榜样或者是让孩子们知道周围的人都是在做好事,那么他们自己也会更愿意做好事。第三,研究也启示我们,道德的发展与对于心理活动的认知(比如,心理理论)是息息相关的,与其直接让孩子"孔融让梨",不如启发孩子思考孔融为什么让梨,这些行为背后的心理活动是怎样的。这样的思考也可以让儿童愈发明白道德是一种选择,每个人都可以选择成为一位善良的、高尚的人。第四,有关于社会规则的研究也启示我们,儿童对于规则的理解也许并不是教条的、僵化的,而是灵活的、可改变的,需要更多未来的研究来探索儿童规则理解的灵活性和复杂性。

第五章 信任与怀疑：儿童的社会学习

无论是作为家长还是老师，还是研究者，我们都想让孩子们好好学习，有效率地学习。可是，孩子们并不是知识的被动接受者，他们是在主动地探索世界、建构这个世界的，所以，我们必须要了解儿童学习的规律和机制，才能更好地帮助他们学习。这里所说的学习绝不仅限于在教室里的学习。实际上对孩子一生最重要的学习往往是发生在课堂之外的，也就是所谓的社会学习。其实小宝宝从在妈妈肚子里就开始学习了，孕期的信息输入可能就会对小宝宝产生影响。出生之后，他们更是无时无刻不在吸收周围环境中的信息。爸爸妈妈说的每一句话，做的每一个手势，玩的每一个游戏，宝宝们看到的每一个动画片，每一本绘本，这些信息的输入都是社会学习的过程。儿童对于周围的任何世界的观察、思考都是学习的过程。

如果说什么样的能力是儿童天生就有的，大概就是强大的学习的能力。儿童是天生的学习者。很多研究者会形容儿童是小小科学家。他们从小就对周围的信息非常敏感，不断吸收这些信息，并且不断更新他们自己的脑中对于各种事情的"理论"。

小小科学家

为什么说儿童是小小科学家呢？首先，儿童在很小的时候，他们对很多事情其实都有自己的一些直觉性的、朴素的"理论"(intuitive theory)。他们的大脑绝对不是一片空白的，而是有自己的一些想法的(Gopnik 和 Wellman，2012)。第二，儿童认识这个世界的方式就像科学家一样。科学家为了证明自己的理论,会不断地去做实验,去收集证据,然后根据收集到的证据去修改和更新理论。儿童也是如此。儿童也在不断地探索世界,用自己的方式去进行"实验",去解决问题,去收集"证据",去更新自己对于这个世界的各个方面的"理论"。当然,儿童探索世界的过程不会像科学家进行科学研究那样具有明确的规划和意识,而是更加内隐的过程,但儿童学习这个世界的逻辑跟科学家探寻真理的过程是有异曲同工之妙的。

第三个方面,科学家的"理论"绝对不是一成不变的,他们会根据自己收集到的证据,或者他们看到的其他人收集到的证据,去更新自己的理论,这个过程是动态的、灵活的、可塑的。儿童也是如此,儿童对这个世界的观点也是在不断变化当中的,儿童会根据自己所看到的、听到的证据来修正自己的观点。这个过程同样是非常灵活的,而且近期的一些研究证明,也许儿童的理论更新的过程是比成人要更加灵活的。我们知道很多成年人,其实会对他们周围发生的很多事情视而不见,他们的关注点非常狭窄,很难改变自己固有的观念,但是孩子有很强的灵活性,他们是能够注意到周围发生的很多信息的,然后对不同的事物和各种的可能性都会持有更加开放的态度,会更加灵活地根据自己接收到的信息去更新自己的想法。这也许正是我们需要向孩子学习的一点。所以,儿童是理性的,是有逻辑的,是可以思考、观察和推理的。他们的这种天生的学习能力是非常像科学家的,所以我们可以说儿童是小小科学家。

在过去的二三十年中,有越来越多的证据证明了婴幼儿有非常强大的学习能力。他们会像科学家一样根据自己的观察,根据自己所看到的去进行推理。我们来看一个例子,在这个例子当中,研究者想要探究 16 个月大的婴儿是否能够推理出一个玩具不好用的原因。具体来说,有两位研究人员给儿童呈现一个玩具,这个玩具有的时候好用,可以播放音乐,有的时候就会不好用,不能播放音乐。但不好用的具体原因是会根据研究者的操控去变化的,研究者想要探究儿童能不能够通过我们研究者呈现的所谓的"证据"来推测玩具不好用的原因(Gweon 和 Schulz,2011)。在这个研究中,有两个条件。在第一个条件下,其中一位研究者来玩这个玩具的时候,这个玩具是好用的、会放音乐的；在另一位研究者玩这个玩具的时候，这个玩具就一直不好用。这个时候如果我们理性地去推测的话，就可以推测出玩具不好用的原因应该是玩这个玩具的人，比如可能是玩的人用的方法不对。研究者呈现这些"证据"之后，就会把这个玩具递给这个孩子，让他自己去玩。这个孩子自己玩的时候，这个玩具是不好用的，是不能够播放音乐的，然后研究者关注的就是孩子会如何推测这个玩具不好用的原因，是自己的问题，还是玩具的问题。儿童的妈妈就在他的旁边，所以他可以把玩具给妈妈，也就是换一个人来玩。儿童还有什么选择呢？桌子上还有另外一个玩具，儿童如果觉得是玩具的问题，那么他可以换一个玩具来玩。所以研究者所关注的就是儿童是会把这个玩具给他的妈妈，让他的妈妈试一试（也即，推测玩具不好用是因为人的问题），还是会去换一个玩具来玩（也即，推测玩具不好用是因为玩具的问题）。在刚才所说的这个条件中，大部分的儿童会把玩具给妈妈，代表他可以推测出来可能是人的问题，需要换一个人来试一试。在第二个条件下，研究者呈现的"证据"就与上一个条件不同，每个研究者玩的时候都是时好时坏，这个时候如果我们理性地推测的话，就可以推测出可能确实是玩具的问题。结果也确实如此，儿童会更多地选择换一个玩具来玩，而不是把玩具递给妈妈尝试。从这个例子中，我们可以看到婴儿非常强大的学习、思考还有推理的能力。

儿童不仅仅有强烈的学习的能力，还非常有探索世界的动力、内驱力。他们是有强烈的好奇心的。比如，几乎是从开始会说话开始，儿童就会不断地提出很多的问题，他们会问"是什么"，会问"为什么"。家长可能也会有一些苦恼，孩子们为什么总是在问为什么？或者，儿童有时候可能会一直在捣鼓一些东西，比如说看到一个新的玩具，不知道怎么玩，就会一直在尝试各种的方法。其实，这些都是儿童想要了解更多信息，想要了解他们周围的世界和周围的人，想要解决问题的内驱力的表现。

非常有趣的是，研究表明，婴幼儿恰恰是在需要探索的情况下会去探索更多。举个例子，比如说 11 个月左右大的婴儿，他们就会像科学家一样，当他们遇到与自己的预测或期待相违背的这种情况的时候，就会特别注意，然后会去更多地探索、做实验，来弄清楚到底发生了什么。在这项研究中（Stahl 和

Feigenson，2015），11个月大的小婴儿会看到一系列场景，有的场景是与他们的期待更加不同的一些"反常"的场景，比如，小汽车悬浮在了空中，而不是落在地上。当小婴儿看到这种违背他的期待的现象的时候，他就会表现得非常惊讶，会更多地去探索这个小汽车，看看到底是怎么回事，试图搞明白这个问题，也会学习到更多有关这个物体的知识。相对应的，当小婴儿看到的场景稀松平常、并没有什么反常的时候，比如，小汽车在有支撑的平台上停着，那么儿童就不会加以探索。所以说儿童对于违背期待的现象，会更多地进行探索，这个就非常像科学家探索世界的思路和逻辑。

所以说，在进行学习的过程中，儿童并不是被动地接受外界信息的输入，他们会主动去探索世界，去有选择性地进行各种尝试，搜集更多的信息。他们会尝试去打开一个新的玩具，尝试去解决一个新的问题等，这些都是他们在进行社会学习的方式。

儿童学习的方式，除了有自己的探索外，他们还会去观察他人的行为进而进行模仿。成人或者比他们年长的儿童会给他们提供各种各样的信息，他们也会进行提问从而获取某个信息。除此之外，儿童也会在与他人的互动中获得信息。他们在学习这些信息的时候，也绝非全盘接受，而是有选择性的，他们会去选择吸收哪些信息，吸收谁提供的信息，等等。

模仿与观察学习

我的女儿经常模仿我做各种各样的动作，我吐舌头她也吐舌头，我拍手她也拍手，我摇头她也摇头。她也会模仿我发出的各种声音，我发出啊啊的声音，她也发出啊啊的声音。小朋友跟着我们大人出去玩耍，比如进入一间寺庙，一开始他们可能完全不知道该做什么，怎样做才是正确的，但小朋友可以观察其他人，尤其是大人是怎么做的，看到所有人都双手合十向前鞠躬，他们也跟着学起来了。也许他们还不知道这是什么意思，为什么要这么做，但是他们会猜测，这可能是正确的做法。再比如，如何玩一个玩具、如何使用一个工具、如何完成一个仪式、如何跟人打招呼、拥抱、握手，等等，儿童都可以通过观察和模仿学习到。所以说，模仿或者说观察学习是儿童学习的非常重要的方式。

新生儿就会模仿(Davis 等，2021)，尤其是从 8 个月开始，婴儿会越来越乐于模仿也善于模仿。那么婴儿为什么会模仿呢？有观点认为，当我们观看他人做某个动作时，我们自己的大脑中的相应的区域也会在模拟他人的这个动作。因此，婴儿也会自然地做出与刚刚观察到的相同的动作。但是越来越多的证据表明，婴儿并不是简单地僵化地模仿他人的动作，并不是你做什么，他就做什么。相反，他们在试图搞清楚他们的模仿对象想做什么，为什么这么做。也就是说，婴儿会对模仿对象的行为目的和意图进行推测，从而在这样的推测的基础上进行模仿。

比如，来自匈牙利的几位发展心理学家做过一个有趣的实验，2002 年发表在《自然》杂志上(Gergeley 等，2002)。他们招募了两组 14 个月大的婴儿，然后分别给他们看一段奇怪的开灯演示。演示中一个成人坐在桌边，桌子上有一个盒子，顶部有一盏灯。对于其中一组婴儿，成人演示者将双手放在桌面上，俯身去用头触碰一个开关来打开这盏灯。而对于另一组婴儿，成人演示者也是用头去触碰开关，但他的双手被毯子裹住了，所以没法自由移动来触碰开关，同样他俯身去用头触碰开关。所以可以看出，第一组的成人双手其实是自由的，但他还是用头去开灯，我们称这一组为"自由组"；相反，第二组的成人的双手受到了束缚，没办法用手来开灯，我们称这一组为"被迫组"。然后研究者把这个盒子给儿童，让他们来开灯。这个实验的逻辑是，如果婴儿只是模仿大人的动作，那么他们应该在两种研究条件下都用自己的头来开灯。然而，如果婴儿在推理成人行为背后的意图，推测他到底想要做什么，那么当成人的手被裹在毯子下时，婴儿应该意识到大人只是想开灯，但因为他的手不能自由使用所以才用头。结果正是支持后面的这一种观点，"被迫组"的婴儿更多地用手来开灯，而"自由组"中的婴儿更多地模仿成人演示者用头来开灯。也就是说，14 个月大的小婴儿就已经会去灵活地推测演示者做某个动作背后的具体原因，而有选择地进行模仿。

但是近些年，也有一些较新的研究质疑此项研究的结果是否能真的证明婴儿是在推测成人动作背后的目标和意图。比如 2011 年的一项研究（Paulus 等，2011）提出，上述研究的结果有可能是因为，婴儿的腹部肌肉不够强壮，所以用头开灯的时候，必须将手放在桌子上以支撑自己，没有办法在没有支撑的情况下俯身支撑他们。这一动作与实验者在上述研究中"自由组"的成人把手放在桌子上并用头开灯时所做的动作非常相似。对于"被迫组"的儿童，他们的腹部肌肉还没有办法支撑他们用头开灯，所以他们用手开灯。

有大量的研究发现儿童也会去模仿一些对实现目标并没有帮助的、甚至是有一些奇怪的动作。比如让我们看到一个人他在打开水瓶之前，还去做了一个摸头的动作。也许你会想这个摸头的动作并不能帮助他实现打开水瓶的目标，似乎是一个没有用的动作。儿童则会原原本本地把所有的动作进行模仿，这样的现象就叫作过度模仿。这可以帮助我们理解为什么一些仪式性的动作可以被代代相传。研究者也发现，这样的过度模仿的现象在很多文化中都是存在的（Stengelin 等，2020）。

有趣的是，研究发现这种过度模仿的倾向似乎是人类所特有的。在对于狗和黑猩猩等动物的研究中发现，比如给动物示范打开盒子取玩具，动物只有在这个动作会实现目标（如，取出玩具）的时候才会模仿示范者的动作，当示范者添加了一些不相关的动作时，比如在打开盒子之前沿着盒子边缘刷一根羽毛时，动物们会跳过这些无关的动作，只做对目标实现有必要的动作。相反，人类儿童则会模仿成人做的每一个动作，无论对实现结果是否有意义。

儿童除了通过模仿学习到正面的知识，他们也有可能学习到负面的东西。比如，班杜拉在波波玩偶实验中发现，那些观看到暴力攻击玩偶的"榜样"的孩子，也会模仿其中的场景，表现出更多的暴力行为（Bandura 等，1961）。作为家长和老师，我们很有可能是孩子们最重要的模仿对象，所以必须以身作则。

另外一个非常重要的议题是模仿与创新之间的平衡。模仿是我们高效学习到如何做一件事情的方法，人类文化的传承也需要代际之间的模仿，但人类的进步也需要创新，来提升我们工作的效率，发现和创造更有效地达成目的的方法。那么，儿童如何平衡什么时候模仿，什么时候创新呢？哪些孩子会更多地模仿,哪些孩子会更多地创新?不同文化对于模仿和创新又有怎样不同的看法呢?这些都是研究者非常关注的问题(Carr, Kendal 和 Flynn, 2015; Legare 和 Nielsen, 2015)。

信任、质疑与教学

除了儿童自己的探索和对他人的观察之外,儿童进行学习的另外一个非常重要的途径是通过父母或者老师直接获取信息。儿童从小就会问各种各样的问题,比如说儿童他看到一个东西,他不知道这个东西叫什么,他就会提问题,或者他不知道事情为什么会这么发生,他就会问为什么。儿童的问题特别多,其实他们就是在通过提问来学习,这是他们渴望得到知识的表现,是他们学习的最佳的时机。儿童可以通过成年教学者所提供的直接的信息进行学习。

儿童对于这些直接的信息的学习也不是僵化的,而是灵活的、有选择性的。很重要的一点就是,他们会根据提供信息的人的特点有选择性地进行学习。比如,儿童会根据提供信息的人的正确率、自信程度、品格等有选择地进行学习,更倾向于跟正确率更高的、更自信的、更善良的人学习(如,Koenig 和 Harris, 2005;张耀华和朱莉琪, 2014)。具体来说,研究者会采用一种叫作选择性信任或者选择性学习的范式。研究者给儿童呈现两位信息提供者(informants)其中一位会提供正确信息,另一位则提供不正确的信息。比如,在一个试次中,研究者给儿童呈现一个儿童熟悉的物品(比如,一个球),一位信息提供者会看着这个物品说,"这是一个球",显然她提供的是正确信息;相反,另外一位信息提供者则会看着这个物品说,"这是一只鞋",显然她提供的是不正确信息,经历了几个试次之后,研究者会给儿童呈现一个他们没有见过的一个新异的物品(当然孩子们自己也不知道这个新异的物品叫什么),并且两位信息提供者会分别说这个物品叫什么,但是两个人的说法不一样。关键的是,研究者想看儿童会采纳谁的观点。结果发现,4 岁的儿童就会更倾向于采纳那个一直在提供正确信息的信息提供者的观点。除了能够区分比较正确的和不正确的信息提供者之外，儿童还会区分能够提供正确的信息提供者和一直在说不知道的"无知"的信息提供者。此外，儿童还会区分信息提供者的确信的程度，倾向于跟更确信的信息提供者学习信息。在学习有关"为什么"的问题的回答的时候，儿童也更倾向于跟能够给他们提供满意的、有逻辑的回答的信息提供者而非那些给一些比较敷衍的、没有逻辑的回答的信息提供者进行学习(Corriveau 和 Kurkul，2014)。儿童也会理解知之为知之，不知为不知，倾向于认为回答"不知道"要比回答错误更好一点(Kushnir 和 Koenig，2017)。教学者是否有所遗漏也会影响儿童对其的评价(sin of omission, Gweon 和 Asaba，2018)。如果一位教学者只是展示了某种玩具多种玩法中的一种，也就是说遗漏了其他玩法，学习者对其的评价也会大打折扣。

这些结果也启示我们，要认真对待孩子们的问题，孩子的每一次提问其实也是对于"教学者"或者信息提供者的一个考量，他们也在评判我们是不是一个可靠的、值得相信的信息来源。所以，我们尽量不要去打击儿童提问的积极性，尽量给他们让他们满意的回答，不要敷衍了事。如果不知道这件事情的答案，也可以直接承认不知道，相比于给孩子一个错误的答案这会是更好的一种方式。儿童会越来越相信那些可靠的信息来源，不相信那些不可靠的信息来源，或者说不能给他们满意答复的信息来源。

显然，儿童可以获取信息的来源非常多，他们可以通过自己的探索获取信息，可以通过与他人的直接交流获取信息，可以与不同的人交流获取信息。那么一个自然的问题就是，当他人提供的信息与自己已有的想法相违背的时候，儿童会如何抉择，他们什么时候会更新自己的信念，什么时候会坚持自己原本的信念呢？近期有一些研究探索这样的问题(Cottrell 等，2022)。这些研究发现，儿童在面对与自己原有的信念相违背的"证言"的时候，会更多地去探索相应的情境或者物体以获得更多的信息。这也体现了，儿童面对互相矛盾的信息的时候的一个理性的做法，他们不一定会完全固执己见，而忽视矛盾的信息；也不会全盘接受新的信息，而是会去进行更多的探索，来获得更准确的信息。但是对于年龄较小的儿童(如，4 岁)和年龄较大的儿童(如，7 岁)，进行这样的探索行为具体的背后的内涵还需要更多的研究来探索。

那么我们成年人作为教学者,怎样的教学是更好的呢?我们当然想给儿童提供很多的信息,让他们高效地学到知识。但是,有研究发现,直接教学(也就是直接告诉孩子答案)虽然可以让他们学得很快、很有效率,但是却会限制他们对于其他可能性的探索(Bonawitz 等,2011)。在这项研究中,研究者给儿童呈现一个复杂的玩具,这个玩具有 4 种不同的玩法,每种玩法有一个触发机关。研究者将 4—6 岁儿童随机分到一个直接教学组和其他三个非直接教学组。在直接教学组中,研究者会直接展示这个玩具四种玩法中的一种玩法。他会说,"看,这是一个玩具。我将教你怎么玩这个玩具。"在其他三个非教学组中,研究者都没有表现出直接教学的行为,研究者要么表现得像是第一次看到这个玩具(也就是说,对这个玩具并不熟悉),要么演示操作中途说有事要做就走开了(只演示了一半),另有一组没有任何的演示操作。接下来,研究者把玩具给孩子,让孩子自己探索。研究者观察并编码孩子们探索玩具的时间以及自己探索发现的玩具的玩法数量,以此来作为其探索行为的指标。结果发现在直接教学组的儿童要比在其他组的儿童探索玩具的时间更短,他们自己发现的玩具的其他玩法也更少。也就是说,直接教学限制了儿童自身的探索和发现。这是为什么呢?可以这样理解,当成人只给孩子展示一种玩法,儿童可能会因为认为成人比自己经验丰富,就会觉得玩具只有这一种玩法,所以很少去探索其他的可能性。也就是说,直接教学可能是一把双刃剑,虽然它可以让孩子们迅速学会成人所展示的一种解决问题的方式,但是,孩子们会(误)认为这就是答案的全部,而更少地去探索其他可能性,从而可能错过了发现其他答案的机会。

这就启示我们,作为孩子身边的"大人",也许我们不必时时刻刻都把正确答案告诉孩子,我们可以平衡一下直接教学和探索式学习,多给孩子一些时间去自己探索,去自己发现更多的可能性,也许这样他可以学到更多。但同时,我们也要注意,虽然实验表明了教学会限制儿童的探索发现,但显然,并不是说所有的直接教学都是不好的。比如,如果要教授的内容是经历了几代人的探索才总结出来的,可能是学生自己探索很难发现的,这时直接教学或者引导式的教学可能是比完全让学生自我探索更好的方式。

既然直接的指导会限制儿童的探索，那么有没有什么更好的方式可以既有家长参与，让孩子高效地学到应该学习的知识，同时又不限制其探索和创新呢？研究表明，启发式的提问（pedagogical questions）也许可以达到这样的目的。什么是启发式的提问呢？我刚刚提出的这个问题就是一个启发式的提问。我提出这个问题不是真的在向你发问，而是想通过这个问题来引发你思考，并且我提出这个问题就是为了给出这个问题的答案。这样的提问的方式能让孩子关注"老师"所想让他关注的问题，并且不会让孩子认为这个问题是所有应该关注的问题，他们依然会去探索其他的重要的问题（Yu, Bonawitz 和 Shafto, 2017）。

从众

在通过模仿和直接的社会交流进行学习时，人数可能是影响孩子学习的一个重要因素，尤其是当孩子本身对自己的信念并不确定的时候，如果有很多人都给出了相同的答案，那么儿童会倾向于那就是正确的。三人成虎的道理大家都懂。想象一下，如果老师提了一个问题有 ABC 三个选项，你心里大概觉得应该是 A 但是你又不太确定。老师叫了第一个同学起来回答他说是 B，你心里想应该是他错了应该是 A。老师又叫了第 2 个同学起来回答，他也说是 B，这时你心里应该更加不确定了，也许是自己错了。老师又叫了第 3 个同学来回答，他非常确定地说是 B。接下来轮到你来回答，这时，你几乎已经抛弃了自己原先认为的正确答案 A，这么多人都觉得是 B，应该是我错了吧。这就是经典的从众效应（conformity）。在生活当中我们也能看到很多这样的例子，你会很自然地跟着大部队走。很多情况下，这可能是一种理性的学习，但是有的时候"从众"可能也会带来一些问题。有时候虽然我们心知肚明大众的做法或观点是错误的，我们也仍然会在同伴的压力下改变自己的行为或观点，这一情况就叫作强从众（strong conformity）。

说到从众，就不得不提到，社会心理学里面的经典研究"阿希从众实验"。20世纪50年代，心理学家阿希做了一系列的研究，一个人自身的观点会被他人的观点所影响，会为了"随大流"而忽视自己原本的观点。近些年来也有越来越多的研究试图探究儿童是否会从众。在一项研究中（Corriveau 等，2013），研究者给儿童呈现类似阿希实验的范式，儿童会看到一个视频，视频中有三个人被呈现三条长短不一的线，并被要求指出其中最长的那根线，视频中的三个人同时指向了同一条错误的线。视频播放结束后，研究者问儿童，你觉得哪条线是最长的？有趣的是，对于一半的儿童，这个问题是在公开的情况下问出的，也就是说研究者是能够看到儿童的回答的，而对于另外一半儿童，这个问题是在私下的情况下问出的，研究者说"我要藏到屏幕后面，也就是说我看不到你的回答，我希望你指出你觉得最长的那条线"。研究者发现，当在私下情境中，儿童几乎都可以不受他人给出的错误答案的影响，给出正确的答案。而在公开情境中，儿童则更容易受到从众因素的影响，给出错误的回答。并且，研究者还发现在亚裔美国人中，这样的从众现象要比在欧裔美国人中更多出现。

上述研究中的"其他人"是成人，儿童在面对成人的时候有时候会表现出从众的现象。在儿童的社会学习中，同伴同样也发挥着重要作用，那么，儿童对自己的同伴也会表现出从众现象吗？他们是否会因为同伴压力而改变自己的行为或观点呢？研究者围绕着这一问题展开了系列实验（Haun 和 Tomasello，2011）。研究者让每4名来自同一幼儿园且互相认识的4岁儿童进入4个颜色不同的小"电话亭"里，儿童彼此看不见对方，但是能听到彼此讲话。然后分别给4位儿童一本书，并问他们有关于辨认书上的动物的大小的问题。这个问题对于参加实验的学龄前儿童应该是非常简单的。4名儿童中的其中一名儿童拿到的书和其他三个孩子不太一样——里面的动物的大小会和其他三本书不同，所以他也就是这个实验中的少数派。首先会进行单独测试。孩子们被要求用手指正确答案的方式在进行回答。这时，儿童们是看不到也听不到他的同伴们是如何回答的，也必然不会受到同伴回答的影响。之后，让孩子们在自己的电话亭灯亮时，大声说出答案。每道测题中，只有前面三位"多数派"儿童答完之后，拿到不一样的书的"少数派"儿童才能回答。最后,又会分别对孩子进行单独测试,让他们直接用手指出他们的答案。当然,在实验结束之后,为了防止对"少数派"儿童的自尊或"名声"造成负面影响,研究者会对儿童解释自己给少数派孩子拿错了书。

结果发现,在单独测试时,无论是多数派还是少数派的孩子都能够正确地指出答案。但是,在需要大声说出自己答案的环节,少数派孩子的正确率明显下降了:24个孩子中,有18个孩子都至少表现出一次从众行为(即放弃正确答案,选择和其他孩子一致的答案),这表明他们确实受了同伴压力的影响。那么,这些4岁孩子从众的动机究竟是因为相信与群体一致的信息更加正确与可靠,为了表现得更好,还是为了不违背群体规范,获得团体中其他人的支持和好感,维持良好的人际关系呢?为了区分他们的从众动机,研究者们进行了第二个实验。任务与实验一一样,仍然是对动物的大小作出判断,且其中一个孩子的书会和其他孩子有些不一样。不同的是孩子们被告知在各自的小亭子中灯亮时要口头说出他们的答案,灯灭时则安静地指出自己的答案即可。总共30个试次,有一半的试次中,少数派儿童的书上的动物和其他三个孩子不一样;并且有一半的试次中,少数派儿童需要和其他儿童一起口头说出答案,而另一半的试次中,则只需要用手指出答案。也就是说,两种情况下少数派的儿童都会听到多数派儿童的回答,但在需要口头说出的情况下,其他孩子会知道自己的答案,而在只需要手指的时候,其他孩子并不会知道自己的答案。结果发现,在这两种情况下,当自己的正确答案和其他孩子不一样时,少数派孩子的反应也不一样。当不用公开说出自己的答案时,儿童更会回答正确,而非"随大流"。也就是说,孩子们在需要公开表露自己的答案时,更容易出现从众行为,但他们并没有改变他们对情况的"真实"判断,而只是改变了他们对情况的公开表达。也就是说,4岁孩子的从众行为主要是出于服从群体标准的社会动机。这也许是因为,"少数派"的儿童意识到,自己如果和多数人对立,可能会引发潜在的冲突,而避免这种冲突的最佳方式就是和大家说相同的话。

从上述研究可以看出,学龄前儿童受到同伴压力的影响,表现出一种从众的倾向,哪怕自己知道是错误的。不少家长可能会担心这种倾向可能会影响孩子的未来发展。然而,强从众可能也是帮助儿童能够灵活地适应社会文化环境的一种特征。它在人类文化的传播中起着至关重要的作用,因为它促进了快速而稳定的群体内一致性,而随着时间的推移,这种一致性又稳定了群体间的文化多样性。

从众可以帮助一个人很快地适应一个陌生的环境,使人迅速地融入一个新的团体中。因此孩子的从众心理在一定程度上是适应集体生活的必要手段,说明孩子已经意识到集体接纳的重要性,并且愿意牺牲个人意志来达到集体的要求,有助于孩子社会交往的顺利进行。因而,从众对个体的生存具有积极的意义,是个人适应生存的必要方式。此外,从众也有它的应用价值,比如一个习惯好的集体可以改变一个习惯不好的孩子,所以我们总那么强调"风气",其实就是试图利用"积极从众"创造良好社会氛围。

但盲目从众、不分对错地事事随大流当然也是不可取的。过度的从众心理会抹杀孩子自身的创造力和独立性。为了获得他人的认同的盲目从众可能会导致孩子遇事缺乏主见,做出错误的判断。我们家长和老师们可以做的就是锻炼孩子独立思考和明辨是非的能力,遇事,既要慎重考虑多数人的意见和做法,也要有自己的思考和分析,这样才能发扬积极从众,避免负面的从众。

阅读与学习

除了与成人的直接交流来获取知识之外,故事书也是儿童进行社会学习的非常重要的一个途径。在前几章中我们就提到过,故事书是儿童进行社会化(socialization)的一个非常重要的途径。很多孩子从1岁之前就开始接触故事书(或者绘本)了。阅读故事书不仅让他们获得乐趣,也是他们获取有关各种事物的知识,甚至是学习一些道理(比如道德准则)的重要途径。那么,儿童能否从故事书中真的学到其所传达的知识和道理呢?他们又是否能够在真实生活中应用这些知识和道理呢?

很多故事书的一大特点是,它们采用的大多数是拟人化的动物形象(比如,小熊),而非真实的人类形象。这些拟人化的动物形象拥有类似人的思维、情感和性格。很多人认为（或者至少设计这些故事书的作者认为），孩子应该会觉得这些动物很可爱，会对他们有更大的兴趣，所以这样的拟人的动物形象可能可以帮助儿童理解其中蕴含的知识和道理。但近些年来的一些实证研究发现，也许并非如此。

在一项研究中（Larsen 等，2018），研究者招募了 4—6 岁的儿童参加实验，其中一组儿童阅读包含拟人化的动物角色的故事书，另一组儿童阅读包含真实的人类角色的故事书。比如说，在实验中使用的拟人化的动物角色版本的故事书《小浣熊要分享》中，主人公是小浣熊，故事书是为了传递"要分享"的道理。另一组儿童所阅读的真实人类角色的故事书是通过 Photoshop 技术将书中所有的动物形象换成了人类形象，因而除了主人公的形象有所不同外，其他的内容均是一致的。研究者想要探究，在阅读了各自组的故事书之后，孩子们分享行为是否有所增加呢？也就是说，儿童是否有学习到"分享"的道理。研究者在孩子阅读故事书的前后，均进行了分享行为的测试。研究者给儿童一些贴纸作为参加研究的奖励，并告诉他们可以自愿将自己的一些贴纸送给另一个没机会参加实验的小伙伴。研究者比较在阅读故事书前后，儿童分享的数量是否有所变化。此外，研究者还想探究孩子们究竟是如何看待故事书中的拟人动物角色的。他们认为这些"拟人化"的动物形象是更像人类，还是更像动物呢？也就是说儿童的拟人化倾向如何？他们的拟人化倾向是否会影响他们从故事中学习的效果呢？为了测量儿童的拟人化倾向，研究者给孩子呈现一些图片，有的图片上面是真实的人类形象，有的是真实的动物形象，有的则是拟人化动物形象，针对每幅图询问孩子，图中的形象是否会表现出某种人或动物的行为（如，"这只羊是否会住在房子里""这只羊是否会住在围栏里"等）。

研究结果表明，阅读了包含真实的人类角色的故事书的孩子们，明显增加了自己分享的贴纸数量；而那些阅读了拟人化动物版本的故事书的孩子，则并没有变得更加慷慨。也就是说，只有当故事角色是真实的人的时候，孩子才能将从故事中学到的分享的道理，应用在自己的实际行为上。研究者还发现，拟人化倾向确实会影响孩子们在阅读了拟人化动物版本的故事书之后分享的程度:那些拟人化倾向更高的孩子在阅读完拟人化动物版本的故事书之后分享得也更多。这个研究说明了当故事书的内容更加接近真实人类时,孩子们更加容易将书中学到的知识迁移到现实世界中。

前面我们谈到,儿童与成人的直接交流和从故事书里的学习都是他们获得知识和各种抽象的道理的重要的方式,那么这两种方法哪一种更好呢?近期有一项研究(Rottman 等,2020)比较了儿童在故事书和直接的交流中的社会学习。这项研究尤其关注对于不同分配原则(比如,平等分配、择优分配等)的学习。在有关道德认知的部分我们就有提到过,平等分配指的是每个人都得到相同的数量,择优分配指的是儿童认为更值得的人或更优秀的人应该得到更多的奖励分配。幼儿期和童年中期的儿童更倾向于平等分配,而童年后期的儿童更偏向于择优分配。这项研究探究故事书和社会交流(即,成年人与儿童的直接口头语言交流)这两种学习来源会如何影响儿童对分配方式(或者说,分配原则)的学习。

在实验一中,研究者招募了 6—7 岁儿童。首先,研究者测试了儿童们的分配偏好。研究者让儿童在两个人物之间进行奖品(贴纸)分配,这两个人物其中一个完成了 25% 的工作任务,另一个完成了 75% 的工作任务。研究者关注的是儿童是会在两个人物之间进行平均分配,还是会根据他们的贡献多少进行择优分配。然后采用故事书的方式对儿童被试进行干预。这个故事书描绘了一个海狸社会,它们需要决定如何分配它们每天砍伐的木材,研究者操控故事中的海狸最初以与参与者分配模式相匹配的方式分配木材,后来海狸意识到,更好的方法是按照另外的原则进行分配木材(要么按照公平原则,要么按照择优原则)。最后,干预后再通过和一开始相同的方式测量儿童的分配偏好,研究者关注的是儿童的分配方式前后是否有所改变。儿童还被要求对海狸分配木材的方式从 1(非常糟糕)到 4(非常好)的维度进行评分。结果发现:这样的故事书并不能改变儿童们的分配方式,他们大多还是坚持原来的分配方式,也就是说,他们并不能从抽象的故事中学习到相应的有关于分配方式的道理。他们只是认为海狸应该按照故事书里建议的方式进行分配木材,但在自己分配资源的时候却并不能践行书中所提倡的原则。

相反地，在实验二中，研究者发现6—7岁的儿童是能够通过直接的社会交流学习到新的分配原则的。与实验一一样，在干预前后研究者还是对儿童的分配方式进行测试。但这一次，干预的过程是用直接社会交流对儿童进行干预，由一个实验者提供以对话形式出现的简短视频播放给儿童，例如，"每个孩子都应该根据她为获得贴纸所做的事情而获得相应多的贴纸"等类似的直接社会交流。结果发现，直接的社会交流会导致孩子们改变他们根据平等或择优原则分配资源的偏好。也就是说，直接的社会沟通可以有力地促使儿童修改其现有的有关于分配的观点。

但是，这能说明直接的社会交流就是比故事书更有效的一种社会学习方式吗？先不要着急下结论。实验一和实验二中的信息的输入不仅方式不同，内容也有所不同。而且，我们在前面的研究中已经了解到了，有关于拟人化的动物形象的故事书并不如有关真实人类形象的故事书。在实验三中，研究者招募6—8岁的儿童来直接探究这一问题。与前两个实验相同，研究者在干预前后还是对儿童的分配方式进行测试。干预的过程要么是用故事书进行干预，要么是用直接社会交流进行干预，这两种方式主要区别在于其内容是通过插图和叙述者（故事书）的视角，还是通过艺术教师（直接社会交流）的以第一人称叙述的录像来传达。每种形式都涉及一位艺术教师根据学生在画画任务上的表现择优分配奖品或者是基于平等原则进行分配。结果发现，当故事书和直接社会交流中的内容紧密匹配而只是方式不同时，二者同样有效地改变了儿童先前存在的公平分配偏好。此外，这些变化在几个星期之后再次测试的时候仍然存在。也就是说，故事书和直接交流都可以很好地改变儿童原本的分配方式，关键的不是形式，而是内容。

另一个有关故事书的研究（Walker 和 Lombrozo，2017）发现，让5—6岁的幼儿解释故事书中的关键事件，可以帮助他们更好地理解故事想要传达的抽象道理，并促使他们将其应用于现实生活中。这种让孩子自己来解释主题相关的关键情节的方法，甚至比直接告诉孩子故事中的道理的效果更好。因此，故事书是社会学习的一种很好的形式，但家长需要帮助孩子建立故事书中的场景与真实世界的联系。在阅读分享主题的故事时，父母可以尝试询问孩子:为什么她想要/不想要与别人分享呢?其他人的感受如何呢?你有没有遇到类似的情况呢?你觉得你会有怎样的感受呢?

总结与启示

在这一章中,我们了解了儿童如何在社会环境和社交互动中进行学习。几乎从出生起儿童就会通过模仿来进行学习了,他们会模仿大人的动作,模仿大人如何去使用工具,如何做各种事情。他们也会通过直接的信息传递来进行学习,他们也会辨别学习的对象是否可靠,更偏好从能够提供正确的、可靠的、有解释性的信息的对象那里学习。儿童的社会学习不是被动接受的,而是主动的、有选择性的,是灵活的,是建立在他们对于教学者的意图、能力等的推测和认知的基础上的。儿童也是会对老师做出评价的,会选择跟谁学习。儿童也会通过故事书等媒介进行学习,但有关于故事书的有效性还有很多争议,需要更多的研究来探究。儿童也常常会"随大流",会在群体面前忌惮说出与众不同的答案。社会学习是儿童成长的一种重要方式,他们在社会群体中学会这个文化的语言、做事的方式、社会规范,等等。从更宏观的角度来说,这也是一个文化、一个民族代代相传的重要方式。

这些研究对我们有怎样的启示呢?作为家长和教育工作者,我们可以如何促进儿童更好地进行社会学习呢?首先,我们要相信也要认清儿童强大的学习能力。他们无时无刻不在观察。这意味着我们的每一句话、每一个动作,可能都会被孩子学去。要做好榜样。有句话说得很好"一流的家长做榜样,二流的家长做教练,三流的家长做保姆"。家长要尽量给孩子去树立榜样,去获得孩子的这种尊重和认同,要和孩子一起做,而不是简单地让孩子按照父母说的做,行胜于言。对孩子来说,你说的话是远远没有你做的事情重要的。

第二,我们要把握好孩子们提问的机会。孩子提问的时候往往是他们的注意力集中的时候,是他们渴望答案的时候,也正是我们进行知识的传授最好的时机。孩子的提问,我们要重视,不能总说不知道,也不能瞎糊弄,给出一些错误的回答。要知道孩子们是能够判断我们是不是可靠的，如果我们总是给出错误的答案，他们下次可能就不会来问我们了。当然，孩子们也总会问一些让我们很难回答的问题，要么是我们不知道答案，或者是一些无厘头的问题。在这种情况下，我们也应该给他们充分的回应和尊重。对于不会回答的问题，可以鼓励孩子和我们一起去探索问题的答案；对于有些无厘头的问题，我们也可以问儿童为什么有这样的问题，毕竟小孩子的想法和我们很不一样。我们要从孩子的角度去理解他们的问题。

第三，我们要相信孩子有非常强大的自我学习的机制和动机，对于家长来说，我们可以在安全的范围之内给他们一些自由的空间。孩子的探索一开始也基本上都是从试错开始的，比如说看到一个玩具，孩子可能会先尝试各种各样可能是错误的玩的方法，所以说我们成年人会觉得他们可能会有点像捣乱，但其实这是非常正常的一种学习。从神经科学的角度来说，孩子小时候的这种自由玩耍的经验会促使大脑的这种可塑性变得更强、更加灵活、更加具有开放性，更加可以根据环境的变化而变化。我们也要去权衡直接的教学和孩子们的自由探索。当孩子在探索解决一个新的问题的时候，我们要考虑一下要不要直接告诉孩子答案。也许直接告诉他可能可以帮助他比较快地学习到一些知识或者是解决问题的方法，但也可能会限制了他自己的探索与创新。毕竟，我们不能教会孩子所有的东西，他们总要面对新的未知的世界，去解决新的问题。也许我们可以在学习的效率和创新式的探索之间寻找一个平衡。与其直接告诉孩子该怎么做，不如先给孩子独立进行探索解决问题的时间，观察一下孩子如何自己解决这个问题，观察他们现在所能达到的水平，在孩子需要帮助的时候进行一定的引导。这也与维果茨基的"最近发展区"的概念是一致的。此外，我们也可以多用一些启发式的提问，来代替直接告诉孩子答案，这些启发式的、引导性的提问可以让孩子们学习到知识，并且还不会伤害孩子自主探索和创新的动机。在社会学习中如何平衡信息的高保真传递和创新也是研究者探讨的热点话题（Jagiello 等，2022）。

第六章 我是谁？儿童的自我认知

至此，我们了解了儿童对他人的认知、对社会群体的认知，等等。那么儿童对自我的认知呢？儿童对自我的认知在他们进行社会交流中也起着重要的作用，儿童在这个社会环境中生存，必然也要了解自己，并且了解自己与他人的关系。"认识自己"绝不是一件容易的事情。

儿童可能很小的时候就有一些自我意识的萌芽，但是知道我是谁，形成完整的自我概念是逐步发展起来的。研究者普遍认为点红实验是儿童自我认知的一个重要的发展。什么是点红实验呢？给儿童鼻子或者额头上点一个红点，然后让他们照镜子。此时，儿童是觉得镜子里的孩子是自己，还是另一个小朋友？如果儿童可以意识到镜子里面是自己，那么他们就会用手去摸自己的鼻子或者额头上的红点，而如果他们觉得镜子里面的孩子是另外一个小朋友，他们则会去用手摸镜子里面的红点。用这样的方式我们就可以测试出孩子们是否可以意识到镜子里的孩子就是自己。15个月大的幼儿在点红实验中开始能够擦去自己鼻子上的红点（Nielson，Suddendorf 和 Slaughter，2006）。慢慢地，孩子会有更加成熟的对自己的认识。对自我的认知包含很多的方面，比如自我概念、自尊等。

自我概念

研究者一般会询问孩子如"你可以给我描述一下你自己吗"这样的问题来测量儿童的自我概念。经典的研究表明，不同时期的儿童的自我概念的特点有很大区别，尤其是年龄较低的儿童对于自我的描述主要集中于一些非常具体、肤浅的方面，对自己没有较为整合的、概括性的概念。比如以下是一位学龄前儿童对自己的描述："我有一只猫。我可以算数。我的房间里有很多玩具。我有长头发，我跳得很高。"可以看到，学龄前儿童在描述自我的时候会描述一些非常具体、可观察的事物或特征，比如他们所拥有的东西（比如，我有一只猫）、他们的生理特征（比如，我有长头发），或者他们最为骄傲的行为（比如，我跳得很高）（Damon 和 Hart，1988）。很有意思的是，这个时期的儿童会表现出一些不切实际的对自己的高估，比如，我跑步跑得最快，这时候对自己能力的积极高估并不是试图撒谎或吹嘘自己，而仅仅是儿童认知局限的结果（Harter，2012）。此时，儿童在区分想要的能力和实际能力、区别现实自我和理想自我方面都存在一定的缺陷。同样地，也有研究表明，学龄前儿童也很少进行社会比较，或者说对于社会比较不太敏感，即便是得知其他人比自己做得更好，他们也依然保持对自己的非常积极的（甚至是高估的）评价（Ruble 等，1980）。

接下来到了童年期（也就是上小学的时期），儿童的自我概念就较之前有所变化。来看一段小学期的儿童对自己的描述："我有一个弟弟。我最喜欢蓝色。我喜欢画画。我有两个好朋友，我们经常一起玩。我不太擅长运动，我不喜欢上体育课。"可以看出来，童年期的儿童的自我概念更加完整了，他们开始考虑一些全局特征，不仅仅会说自己擅长的事物，也会说一些自己不太擅长的方面（Damon 和 Hart，1988）。儿童也开始进行社会比较，或者说对于社会比较更加敏感，容易受到社会比较的影响。这也帮助他们更好地认知自己的实际能力（Ruble 等，1980）。

接下来到了青春期，儿童的自我概念就变得更加复杂起来。来看一段青春期的儿童对自己的描述："实际上，我是一个很复杂的人。我觉得我的父母不太能理解我。我有时还会有一些自卑，我也不知道我是怎么了。我有几个好朋友，但是我在其他人面前非常内向，我担心别人不喜欢我。"可见，青春期的儿童能够用很多的抽象的特征来描述自己（比如，我很内向）。他们也表现出很多的困惑（比如，觉得父母不理解我）。他们也发展出有不同侧面的自我，比如，与父母在一起的自我不同于与朋友在一起的自我。

所以可以看到，从小到大，儿童的自我概念可能会经历一个从比较肤浅，到逐渐深入、抽象，再到比较困惑的这种变化。随着发展和探索，青春期儿童会逐渐解决这种困惑感，形成更整合的、清晰的自我概念。所以这些对于自我的认知方面的困惑是青春期发展的一个非常正常也非常重要的方面，解决这些困惑也是一个重要的议题。

形成清晰的、明确的自我认知对于青春期的儿童的各方面的发展都非常重要。研究者采用自我认知清晰程度（self-concept clarity）这样一个概念来描述儿童是否对自我有较为清晰的认知。比如，研究者会测量儿童的自我认知清晰程度。结果发现，自我认知清晰程度能够更好地预测与父母的关系，并且更好的父母关系也会反过来预测更清晰的自我认知（Becht 等，2017）。

自我认知的文化差异

文化在儿童自我认知的形成中起着非常重要的作用。过去三十年间，许多研究都表明成年人的自我认知会反映主流文化对自我的定义。在支持个人自主性、独特性的文化环境中（如，美国文化），人们常常通过他们独特的个人特点和品质来认识自我。相反地，在主要强调人际依存性和集体性的文化环境中（如，中国文化），人们则更多地通过社会角色和关系来定义自我，通过社会角色和社会关系来理解自我（Markus 和 Kitayama，1991）。而越来越多的有关儿童的自我认知的研究也发现，不同文化下的儿童的自我认知也有所不同。比如，中国和美国的儿童可能就有着不同的对于自我的认知。比如说，一个美国儿童可能会这么描述自己："我是一个聪明的人，一个有趣的人，一个善良体贴的人，一个学霸，一个乐于助人、善于协作的孩子。"一个中国儿童可能会这么描述自己"我是一个小孩。我喜欢跳舞。我是我妈妈和我爸爸的孩子，我奶奶和我爷爷的孙子，我爱他们。我是一个勤奋刻苦的好孩子。"美国儿童可能更加注重自己正面的个人特质，而中国儿童则更注重自己的社会角色和重要的社会关系（Wang，2006）。

具体来说，在一项研究中，研究者对中国家庭、美国第一代华人移民家庭以及欧美家庭3—4.5岁的儿童进行采访。研究者让孩子们写一个关于他们自己的故事。研究结果表明，在有关于自己的故事中，欧美儿童更倾向于关注自己的个人方面（如，自己的喜好、想法、感受等），而同龄的中国儿童和第一代华人移民家庭的儿童则更关注社会方面（如，自己的社会角色、与他人的关系等）。成人也表现出类似的文化差异（Wang, 2001）。

在另一项研究中，研究者对欧美和中国的学龄前儿童和二年级学生的自我概念进行调查，让他们在讲故事的过程中进行自我描述（Wang, 2004）。研究结果表明，在所有年龄段中，欧美儿童比中国儿童描述了更多抽象的、自我的特质（如"我很聪明"），而中国儿童则提到了更多有社会特性的特征（如"我和朋友一起玩"）和具体的行为（如"我每天练钢琴"）。在所有年龄段中，与中国孩子相比，欧美孩子对自己的自我评价也更加积极（如"我很漂亮"）。

需要注意的是，虽然东方人和西方人在自我概念上的侧重方面有文化差异，但无论是东方人还是西方人的自我认知，其实都同时拥有个人层面的内容和社会关系层面的内容，只是有不同的侧重。研究者们发现，无论是对于东方人还是西方人，都可以短暂地启动人们某一方面的自我认知（Wang 和 Ross, 2005）。这也说明，其实不同文化下的人们有很多的相同的方面，都有侧重个人方面的自我认知和侧重社会方面的自我认知，在不同文化环境中我们的表现也可能会受环境的影响而有所不同。

那么，儿童在自我概念上的这些文化差异是如何形成的呢？儿童是如何将所处文化中的观念融合到他们的自我认知中的呢？亲子对话是一个可能的来源。我们在第一章的时候已经了解到了亲子对话对于形成儿童在情绪理解的文化差异方面的作用。亲子对话同样对于儿童形成自我概念上的文化差异有重要作用。研究发现，欧美母亲在与孩子的对话中经常将讨论的重点放在孩子自身的想法和喜好上，并进一步承认孩子的情绪，如发脾气是个性的表达。这样的对话突出了他们个体的独特性。相比之下，中国母亲的谈话更多侧重社会规范和与他人的关系，更多地向孩子强调适当的行为举止和社会规范。这种对话将儿童置于社会关系中，鼓励他们遵守规则，从而产生认同感、归属感，却弱化了用记忆来构建个人独特性的作用(Wang，2006)。

总体而言，一方面儿童的自我认知会受到文化观念的影响，在强调人际依存性的东亚文化中，对自我的定义常常通过社会角色和关系来实现，而在强调个人自主性的西方文化中，人们则更多通过个人独特的品质和特点来认识自我。另一方面，不同文化下的人们都有个人方面和社会方面的自我认知，在不同环境中对其中一个方面的启动都可能会对自我认知产生相应影响。若要探寻这种东西方儿童自我认知差异的来源，则可以从不同文化中亲子之间对话中不同的侧重点出发寻找答案。

当然，我们必须要注意的是，这些跨文化的有关于自我认知的研究很多是在2000年左右进行的，而文化也处于不断的变迁之中，也许现在的儿童已经与这些研究中的儿童产生了一些变化，所以研究文化的变迁是非常重要的。

自尊

自尊是自我所作出的对自己的价值判断，以及由这种判断引起的情感。高自尊的人们对自己属于某类人感到满意，能意识到自己的优点，也能看到自己的缺点，并希望能够克服自己的缺点，对自己的性格和能力总体感到满意，通常表现得比较自信、好奇、独立。相反，低自尊的人们不太喜欢自己，总是纠结于自己的缺点而忽视自己表现出的优点。

需要注意的是，自尊是一个多层级的、多领域的概念，我们每个人会有对自己的一个总体的自尊，但是在下面又会有很多不同方面的自尊，比如学业自尊、社会自尊、身体自尊等(Harter，1993)。有的人可能学业自尊比较高，但社会自尊比较低，都是非常正常的。

低自尊的孩子往往是让人头疼的。家长和老师可能都想要帮助他们提升自己的自尊。家长和老师可能想通过多给他们夸奖和赞扬的方式帮他们树立自信心，但是有时候如果使用不当可能会适得其反。比如，有的时候，我们可能也会给出一些不切实际的过度夸奖，比如"你刚才画的画真是太漂亮了！"

"你真是全世界最聪明的孩子",以希望可以鼓励孩子。近些年的研究发现,这些不切实际的过度夸奖可能会产生事与愿违的不良后果,尤其可能导致低自尊的儿童更加惧怕挑战和困难(Brummelman等,2014)。

在这项研究中,研究者首先想要探究成人是否倾向于对低自尊的儿童做出过高赞扬。研究者在线招募了712名成人被试,并给他们呈现了有关6名儿童的描述,其中3名儿童被描述成为高自尊儿童(如,"丽萨通常很喜欢自己的样子"),另3名儿童则被描述成低自尊儿童(如,"萨拉总是对自己很不满意")。同时,还描述了这些儿童刚刚完成了一系列任务(如,解决了一道数学题),然后要求被试对这些儿童做出赞扬。研究人员对成人被试给出的这些赞扬进行分析,划分为"适度赞扬"和"过度赞扬"。结果发现,成人对低自尊儿童的过度赞扬要比对高自尊儿童多得多。也就说,成人确实会试图通过给低自尊儿童更夸张的赞扬的方式来激励他们。接下来,为了进一步探究实验一的结论在真实生活中是否依旧成立,研究者招募了114名7—11岁儿童及其家长参与一个观察实验。研究者首先用自评量表测定了儿童的自尊水平。数天后,让家长在家中为孩子布置了12道数学练习题,并由家长根据答案进行批改和评价,全程用视频记录以便于后期分析。最后,研究者对家长的赞扬进行分类。结果发现,和实验一一样,家长对低自尊儿童给予了更多的过度赞扬。接下来,在实验三中,研究者探究过度赞扬对高自尊和低自尊的儿童会产生怎样的影响。研究者招募了240名8—12岁儿童参加实验。研究者先对儿童进行了自尊水平的测定,然后要求儿童模仿画一幅画,并声称将由"专业的画家"(实际上是研究人员)对他们的作品进行评价。之后将评价写在纸条上交给儿童。评价随机分为三种,过度赞扬(如,"你刚刚画的画实在是太漂亮了"),适度赞扬(如,"你刚刚画了漂亮的一幅画")和无赞扬(没有提及画画的水平)。在儿童看完对自己作品的评价之后,儿童被要求继续进行作画任务,但可以从两类任务中选择:一种是难度很高,但会学到很多东西的任务,另一种是比较简单,但也学不到太多东西的任务,以此来探究评价对儿童寻求困难和挑战的意愿的影响。

结果发现,对于低自尊儿童来说,受到适度赞扬后,他们会寻求更多的挑战,但受到过度赞扬后,他们反而更少地寻求挑战;而对于高自尊儿童来说,过度赞扬则会更加刺激他们寻求更多的挑战。也就是说,过度赞扬对高自尊儿童有激励作用,但对低自尊儿童来说则可能适得其反。

总的来说,无论是在实验室内还是在实验室外,成年人都更有可能对缺乏自尊的孩子进行过高赞扬,然而,这种倾向可能会适得其反,过高的赞扬使得低自尊儿童更惧怕挑战和困难,而会使高自尊儿童更加愿意挑战困难。这背后的心理机制可能是怎样的呢?研究者们推测:过高的赞扬可能会向孩子们传达一个信息:他们应该继续达到很高的标准,而过高的赞扬会激发低自尊儿童的自我保护动机(例如,我想要避免暴露我的不足),他们会担心自己很可能无法达到先前的要求,所以会畏惧、逃避后续的挑战性任务。相反,高自尊儿童受到过高赞扬会倾向于认为他人正在关注自己,这会激发他们的自我提升动机(例如,我想要展示我的能力),从而使他们更愿意迎接挑战。对于低自尊儿童来说,适度的赞扬肯定了孩子的表现,但又不会为他们设定很高的标准。低自尊的人比高自尊的人更容易在这种安全的环境下接受困难的任务。因此,适度赞扬可能会减少低自尊儿童对失败的恐惧,从而促进他们寻求挑战,但可能无法为高自尊儿童提供寻求挑战的足够动力(Brummelman 等,2014)。

我们家长或者老师可能会习惯性地对低自尊儿童的过分鼓励,但这种行为会显著减少低自尊儿童在后续任务中挑战自我的可能,这导致他们会错失很多重要的学习经历,最终可能会损害他们各方面的表现。因此,我们家长和教育工作者需要注意,对于低自尊的儿童,与其用夸大的、过高的赞扬来激励他们,不如更多地采用适当的、贴近实际的赞扬来肯定他们,给他们安全感和成就感。而对于高自尊的儿童,则可以采用一些高于儿童实际水平的夸赞和激励方式。

认识未来的自我

对于自我认知的另外一个非常重要的方面是对于未来的自我的认知。未来的我是怎样的,我在未来要做什么。越来越多的研究表明,学龄前的小朋友们就已经开始拥有了对于未来的自我的一定的认知。有研究关注儿童的"情境性未来思考"(episodic future thinking),即对未来的理解和想象的能力。比如,计划明天要做什么,计划明天去公园的时候要带什么东西,考虑需不需要攒一些东西留到以后用。这样的面向未来的想象力、计划力、控制力对于儿童各个方面的发展都有着重要意义(Atance,2015)。

在一项研究中(Atance 和 O'Neill,2005),研究人员告诉了 3 岁儿童:"我们明天要去旅行,你觉得需要带什么东西呢?你可以选择果汁、创可贴,等等。"然后研究者让儿童解释他们的选择,当被问及为什么要带创可贴时,超过 40% 的 3 岁儿童都回答道:"因为有可能会受伤。"这表明 3 岁的儿童对于未来可能发生的事情有一些初步的认识。

在另一项研究中(Busby 和 Suddendorf,2005),研究人员询问 3 岁、4 岁和 5 岁的儿童,他们明天要做什么事情,以此来测试他们对于明天要做的事情的了解程度;并让父母们评估他们孩子的陈述的准确性。结果显示,4 岁和 5 岁孩子的回答准确率达到了接近 70% 的水平,而 3 岁小朋友的回答准确率在 30% 左右,这表明孩子在 3 岁到 5 岁之间计划和预测未来事件的能力有所提高。

在另一项研究中(Bélanger 等,2014),研究人员想知道儿童是否认为自己的喜好会在未来发生变化,比如现在喜欢《小猪佩奇》,长大之后更有可能是喜欢电影(而非动画片)。研究者询问 3—5 岁的孩子有关喜好的问题。他们设置了 5 对喜好问题,每对都包含一个孩子们更喜欢的事物和一个大人会更喜欢的事物,例如,橡皮泥和填字游戏、绘本和报纸等。研究者询问孩子们在长大之后的喜好,采用同样的 5 对事物,询问孩子在自己长到和爸爸妈妈一样大的时候会喜欢哪个;并且还询问他们自己的同伴在长大之后的喜好,测试孩子认为自己的好朋友在长到和爸爸妈妈一样大的时候会更喜欢哪一个。研究者发现,小朋友们在 3 岁的时候还不觉得自己或朋友的喜好会变化,不能理解自己或同伴长大之后喜好会发生变化。在大概 4 岁的时候,小朋友们可以思考未来的事情了,他们能够理解自己的同伴在长大之后会有像大人的喜好,但还不能理解自己的喜好也会变化。到了 5 岁,孩子们就完全能够理解自己长大之后喜好会发生变化,会喜欢大人喜欢的东西了。

那么儿童在行为上可以做出正确的有关未来的决定吗?在一项行为测试中(Suddendorf 和 Busby,2005),研究人员带3岁、4岁和5岁的小朋友们进入了一个房间,房间里面有一个拼图板,但却缺少需要的拼图块。之后,研究人员带儿童进入了第二个房间,并告诉他们一会儿会再次回到第一个房间去玩,他们现在可以选择从一系列物品中(其中包括拼图片)选择一件物品带回到第一个房间。结果显示,4岁和5岁的孩子能够正确地从第二个房间中的一系列物品中选择拼图块带回到第一个房间,而3岁的孩子这样的能力还较为欠缺。这表明4—5岁的孩子们已经能够根据已经发生的事情去思考自己未来需要的东西,并做出正确选择。

儿童能够为未来攒一些东西吗?在一项研究中(Atance,2015),研究者设计了一种方法来测试儿童是否会为未来攒一些东西。研究者给3—5岁的孩子们介绍了两种弹珠玩具,一种非常小,另一种更大更漂亮。儿童被告知要先玩较小的弹珠,并且被告知,一段时间之后,剩下的小弹珠超过××颗他们才能玩更大更华丽的弹珠玩具。关键的是,他们总共只有5颗弹珠,每颗弹珠只能用一次,不能重复使用。因此,如果他们想玩更大的弹珠,他们需要节省弹珠。所以在这里,孩子们面临着一个抉择,是立即多花一颗弹珠来玩小弹珠游戏呢,还是为将来更大更漂亮的弹珠游戏去攒更多的弹珠。结果发现,5岁的儿童要比3岁和4岁的儿童能够为未来攒更多的弹珠。此外研究者还发现,提醒孩子他们所面临的选择可以帮助他们为未来攒更多的弹珠(如,提醒他们,"你可以现在就玩掉所有的弹珠,也可以留一些弹珠玩接下来的游戏")。

总而言之,小朋友们从3岁起,就已经有了一定的对于未来涉及自己的事件的预先体验能力,但是3岁的孩子具有的能力还比较有限,随着年龄的增长与成长经验的积累,他们运用已有的经验对未来进行安排的能力以及为未来积攒东西的能力都会不断提高,他们甚至可以运用之前的经验来调整自己的预期行为。可以说,学龄前阶段,是儿童"远见"发展的重要阶段。家长们也可以在这段时间给予自己的孩子更多的关注与引导,在恰当的情境下提醒他们所面临的选择,与孩子讨论未来和计划,可以帮助孩子提升计划力、想象力和"远见"。

总结与启示

在本章中，我们了解了儿童对于自我的认知。自我是一个非常复杂的概念，研究者们从各种角度探究儿童对于自我的认知。我们了解了儿童从一开始就有自我意识，到之后自我概念的从学前期到学龄期再到青少年期的发展。儿童的自我概念从学前期的比较肤浅（比如，长相）、比较具体（比如，拥有的东西）、比较片面（比如，我擅长的方面），逐渐越来越深入、抽象、多面，再到后来青少年期愈发的矛盾、甚至令人困惑。我们也了解了儿童自我概念的文化差异，西方儿童的自我概念强调独立自主的自我，而东方儿童的自我概念与重要的他人有很重要的联系。我们也了解了儿童的自尊的形成与发展，以及对于高自尊和低自尊的儿童的赞扬的方式有何不同。最终，我们从时间的维度了解了儿童对于未来的自己的研究。儿童已经具备一些对未来进行预测和计划的能力，这样的能力也随着年龄的增长不断发展。

这些研究对于我们有怎样的启示呢？在我们的文化中，在我们培养孩子的过程中，可能很多家长和老师都比较少与孩子们谈论"我是谁"的话题，但这并不代表这个问题在我们的文化中不重要，也不代表我们的孩子们没有在思考这样的问题。实际上，大多数人在成长的某一个阶段都会有一段迷茫期，困惑于自己是谁，自己有怎样的价值，自己要成为怎样的人。这些思考和困惑也往往会影响到生活的方方面面，甚至是身心健康。作为家长和教育工作者，我们可以做些什么来帮助儿童更好地认识自我呢？我们可以积极（或者至少不回避）与孩子一起讨论和思考这些有关于自我的问题。"我是谁？"这个问题显然是会随着时间而有所变化的，人在每个不同的人生阶段对这个问题会有不同的看法，那么我们可以定期与孩子讨论这个问题，观察和讨论孩子的自我认知的变化，给他们一定的支持。比如，孩子可能会遇到身份认同上的迷茫阶段，我们要知道这是非常正常的，是成长必经的阶段，至少孩子已经在思考这个问题，我们要鼓励孩子去探索各种各样的可能性，也要把一些原则性界限讲清楚,这样可以让孩子在有限的范围内充分地探索,逐步形成清晰的自我认知。我们还要根据孩子自身的情况去选择合适的方式与他们进行互动。比如,对于高自尊的孩子我们可以进行一定的夸张的夸奖,这可能可以进一步激发他们的上进心让他们更加努力,而对于低自尊的孩子,过于夸张的夸奖则可能不太可取,反而可能会让他们自尊心更加受损,更不想努力。

  对于自我认知的研究虽然取得了很多的进展,但还处于相对比较初步的阶段,当前,学界对于自我认知的探究还有很多需要研究的问题。首先,自我是一个非常复杂的概念,我们了解了儿童自我认知的各个方面,比如自我概念、自尊、自我同一性、未来的自我,等等。这些方面之间又有怎样的关系呢?比如,儿童的自我概念与自尊有什么关系?是否那些有更清晰的自我概念的儿童其自尊也会更高一些呢?儿童对自我能力的认知与其自尊和自我同一性又是否有关系呢?未来的研究可以更多地从更整体的角度探究儿童各个方面的自我认知之间的关系。第二,我们了解了儿童对于他人的认知,也了解了儿童对于自我的认知,那么儿童对于他人的认知(或者说,对于外界世界的认知)和对自我的认知是基于类似的机制,还是说在认知外界世界和认知自我的时候有着不同的心理机制?或者说,儿童认知他人的过程和认知自我的过程有怎样的关系?是相互独立的吗?是先认识自我再认识他人吗?是先认识他人再认识自我吗?还是两个过程相互交互,互相作用?这些都是未来研究需要去探索的问题。第三,儿童对于理想中的自我有怎样的认识?一定要取得世俗意义上的成功才是一个理想的自我的状态吗?一定要考试名列前茅才是成功吗?或许,了解自己、认知自己、坦然接受自己,达到一种幸福和自洽的状态,就是成功,或者说是一个更高层面的"成功"。未来的研究可以探究儿童对于成就和幸福的理解,以及自我认知在其中的作用。

第七章 行不行？儿童对于能力的认知

儿童在社会环境中生存时，他们需要去完成各种各样的任务，无论是与他人进行一次对话，还是参加一次考试。每个家长都希望自己的孩子不断提升自己的能力，有所成就。但是通往成就的道路不会是一帆风顺的。儿童可能会经历各种各样的成功和失败，儿童也会在与他人的交往过程中与他人进行比较。在这个过程中，儿童会逐渐形成对于自我及他人的能力的认知，"我能不能胜任这件事情""怎样才能取得好成绩"，这些认知也可能会反过来影响儿童的能力的发展和面对成功和失败时的反应。儿童也会对他人的能力和表现进行评价，会通过各种线索判断谁聪明、谁努力，谁是一个更好的合作者，等等。因此，越来越多的研究者开始关注儿童自身对于自己及他人的能力和成就的认知。

思维模式

近几十年来，在儿童对于能力的认知方面的研究有了很多的进展。在这个领域非常具有代表性的研究成果就是有关思维模式的探究。卡罗尔·德韦克（Carol Dweck）等人根据智力内隐理论提出了人的两种思维模式：一种是成长型思维模式，即认为智力或能力等属性可以增长或发展，拥有这种信念的人在面对挑战时往往更有韧性（Spitzer 和 Aronson，2015），会对失败和错误做出更积极的反应，且往往有着更好的任务表现和成就。另一种为固定型思维模式，即认为能力是不可变的（Yeager 和 Dweck，2012），从长期发展的角度看来，拥有这种信念的人们在面对困难时往往有更糟糕的表现,因为他们认为表现不佳或与困难作斗争是暗示他们不够聪明、无法胜任的表现(Spitzer 和 Aronson,2015),因此当遇到困难或失败时,他们更容易感到气馁。研究者往往会问儿童一些问题,比如"你无法改变你有多聪明这件事"从而来测量他们的思维模式是偏成长型的还是偏固定型的。

有关于成长型或固定型思维模式的研究在过去几十年不断涌现,越来越具有影响力。关于成长型或固定型思维模式的研究有几项比较重要的发现(Yeager 和 Dweck,2020)。第一,思维模式能够预测学生的成绩,具有成长型思维模式的学生要比具有固定型思维模式的学生有更好的学业成绩(Mueller 和 Dweck,1998)。有很多证据支持这一说法,比如最初的 2007 年的一项针对美国中学生的研究发现持有成长型思维模式的学生数学成绩要比持有固定型思维模式的学生更好(Blackwell 等,2007)。后期,也有研究采用元分析的方法综合不同的任务和研究发现,成长型思维模式与更高的成就和表现相关(Burnette 等,2013)。大规模的研究也基本支持这一结果,比如经合组织(OECD)开展的国际学生评估计划(PISA),对 74 个国家和地区的学生进行了随机抽样调查,其中 72 个国家和地区的成长型思维与考试成绩显著正相关(2019)。但是需要指出的是,在中国和黎巴嫩并没有发现这样的结果,成长型思维与考试成绩在这两个国家并不相关。而且,也有越来越多的研究发现,思维模式对于学业成就的预测力是因人而异的,尤其是对于有学业困难或者面对挫折的学生,思维模式对于学业成就的预测力比较高;而对于那些本来学业成就已经比较高的学生,思维模式则没有太多预测力。

第二,不同的思维模式会促进学生建立不同的目标、归因、对努力的理解。拥有成长型思维模式的学生通常也表现出学习(或者掌握)目标导向,在学业任务中注重自己学习到了什么,掌握了什么新的知识或者技能;相反拥有固定型思维模式的学生则更多地表现出表现目标导向,在学业任务中更注重自己的表现如何,是不是显得聪明,有没有得到好的评价。拥有成长型思维模式的学生对努力有更积极的信念,相信努力的作用;而拥有固定型思维模式的学生则对努力有相对消极的信念,倾向于认为努力也没有用。拥有成长型思维模式的学生会在遇到困难的时候表现出更多的弹性归因(resilient attribution),将失败归因于策略的失误("我这次应该是没有复习好,下次改变一下学习策略"),而拥有固定型思维模式的学生则更可能在面对困难的时候表现出无助的归因(helpless attribution),将失败归因于自己长久持有的一个负面的特质("我怎么这次考试这么差,我怎么这么笨")。研究者在相对小范围的研究(Robins 和 Pals,2002)、元分析(Burnette 等,2013)和更大规模的标准化测试中(Yeager 等,2019)都发现了类似的结果。

第三,有关成长型思维模式的干预也使学生的学业表现有所提升。有关成长型思维模式的干预的核心内容通常是试图告诉学生一个人的智力是可以通过行动来提升的,比如可以通过个人的努力、改变策略和寻求帮助,等等(Yeager 和 Dweck,2012)。一种常用的干预方法是向学生传达有关神经可塑性的内容,比如跟学生说"大脑就像肌肉——你越锻炼它,它越强壮,你也会越聪明"。但是,需要注意,正确的有效的针对思维模式的干预不仅仅是要告诉学生什么是成长型思维或者给他们类似肌肉的这种比喻,还需要告诉学生具体如何努力,如何寻找新的学习策略,或者如何在需要时寻求帮助。比较有效的一些干预比如可以让学生写一篇短文,讲述他们如何通过努力提高了自己的能力;或者让学生写一封信,鼓励一位有固定型思维的同学利用成长型思维实现目标。并且,不仅仅是简单地对于学生的干预,还需要相应的老师也创造一个支持成长型思维的环境,才能让干预更加有效。同样地,干预尤其是对于本身成绩比较差,处于困难中的学生有比较好的效果;相比之下,对于本身就成绩很好的学生,成长型思维模式(相比于固定型思维模式)则没有太大优势。

虽然说,在大多数的已被测试的文化中,成长型思维模式能够预测更好的学业表现,但是,正如上文提到的,针对中国儿童和青少年的研究发现,成长型思维与学业成绩的相关并不高。在一项研究中(Li 和 Bates,2019),研究者招募 9 至 13 岁儿童作为研究对象,采用与经典的思维模式的研究(Mueller 和 Dweck,1998)基本相同的研究方法。首先让儿童完成一组难度中等的有关认知能力的题目,然后告诉他们他们做得很好,至少有 70% 的题目答对了,接下来儿童被分到两组,其中一组会得到成长型的赞扬,即赞扬努力("你一定很努力地完成这些题目"),另外一组会得到固定型的赞扬,即赞扬能力("你一定很聪明,擅长做这些题目")。接下来,让儿童做一组非常难的题目,并且告诉他们在这一组题目中做得很差,大概对了不到一半。接下来儿童完成了有关任务坚持、任务中的投入的程度和整体自评表现的问卷。最后,让儿童做一组中等难度的题目。研究者将最后一组和第一组的表现的差异作为因变量。结果,发现虽然与受到固定型赞扬的孩子相比,受到成长型赞扬的孩子在失败之后的测试中的表现要更好,但是两组的差异比对于美国儿童的原始研究中的差异要小很多。并且在接下来的两个实验中,都没有发现成长型赞扬组与固定型赞扬组的孩子之间有明显的差异。也就是说,对于这些中国的 9—13 岁的儿童,有关于成长型思维的赞扬方式并没有提升儿童在失败之后的表现。

同样地,正如上文所述,PISA 的大规模调查也发现,尽管对于大部分国家的孩子,成长型思维(相比于固定型思维模式)都与更高的学业成就相关,但对于中国的孩子,这样的关系却并不存在。而同时,调查也发现,中国孩子平均花在学业上的时间也比其他国家中的孩子的要多很多,所以他们已经非常努力了!那么,在这样一个环境下去强调成长型思维可能已经意义不大。对于中国的孩子,可能需要更深入全面地去看成长型思维。近期有一些研究发现通过提升中国学生的有关情绪的成长型思维对他们的学业成就有所帮助,而提升有关智力的成长型思维则没有太大帮助(Huang 等,2022)。一方面,也许中国孩子面对的难题,不是如何提升能力,而是如何理性积极地面对自己的能力和表现。情绪管理的能力和心理健康才是我们需要去关注的事情。另一方面,中国学生需要提升的也许不是努力(毕竟,他们已经足够努力了),而是需要提升如何更明智、更理性地去分配自己的努力的资源,学会在什么时候、在什么样的任务上努力。

思维模式的影响因素

由于成长型思维(相比于固定型思维)可以预测更好的学业表现,接下来很重要的一个问题就是不同思维模式的个体差异的来源。父母的观念可能是不同儿童拥有不同思维模式的原因之一。研究表明，家长的对失败的看法（而非对于能力的看法），会给孩子的思维模式带来潜移默化的影响（Haimovitz 和 Dweck，2017）。什么是失败观呢？当面对失败的时候，你是倾向于认为失败阻碍人学习和成长呢，还是认为失败可以促进人学习和成长呢？对于失败的看法和观点就组成了我们的失败观。研究者首先通过一系列问题测量了家长的失败观（即，他们认为失败是阻碍人学习和成长的，还是促进人学习和成长的）。研究者还对他们的孩子进行了测试，他们测试了孩子的思维模式是固定型（即，认为能力是固定不变的）还是成长型（即，认为能力是可以提升的）。同时，研究者还测试了孩子们感受到他们的家长是成绩导向（即，更加关注孩子的成绩、学习的结果，如"我经常将孩子的成绩与其他孩子相比较"等），还是学习导向（即，更加关注孩子学习的过程和其中的收获，如"我希望孩子能理解作业中的问题，而不是死记硬背"）的。结果发现，那些认为失败会阻碍人成长和学习的家长，他们的孩子则更多感受到家长是关注成绩和学习结果的，同时自己也更加具有固定型的思维模式；而那些认为失败会促进人学习和成长的家长，他们的孩子更多感受到家长是关注学习过程和收获的，同时自己也更具有成长型思维模式。

接下来，为了确定孩子们对家长行为的印象确实是来自家长的行为，实验二测量了家长的失败观，此外还让家长们进行了一个情境想象，想象自己孩子回到家告诉你，今天的一场课程测验没有及格，你更会做出哪类反应，研究者通过家长的回答来分析他们的反应是更加关注孩子的成绩和结果，还是更加关注学习过程和收获。结果发现，那些认为"失败阻碍人学习和成长"的家长，在面对孩子的失败的时候的确会更加关注成绩和结果；而认为"失败促进人学习和成长"的家长，也的确会表现出更多关注学习过程和收获。

以上的研究都是相关研究，并不能提供有关因果关系的证据。为确定父母的失败观与他们在孩子失败时的反应之间具有因果关系，研究者通过实验操控使得一组家长具有"失败促进人学习和成长"的失败观，而另一组的家长具有"失败阻碍人学习和成长"的失败观，并接下来测试家长在孩子失败时的反应。结果发现,被操控持有"失败阻碍人学习和成长"观点的那组家长在孩子失败时的反应更加关注成绩和结果;而被操控持有"失败促进人学习和成长"观点的那组家长在孩子失败时的反应则更加关注学习和收获。这也证明,家长的不同的失败观导致了他们在孩子遇到失败时截然不同的表现。

总的来说,持有"失败阻碍人学习和成长"观念的家长,在面对孩子的失败时,往往更多地关注孩子的成绩和结果,这就可能促使孩子形成"固定型"的思维模式,认为能力是固定不变的,从而在面对困难时,更加容易自我怀疑、放弃努力。相反,持有"失败促进人学习和成长"观念的家长,在面对孩子的失败时,则更多地关注孩子的学习和收获,这可能促使孩子形成"成长型"的思维模式,认为能力是可以改变的,从而在面对困难时,更加坚持不懈、努力探索。这也启示我们,作为家长,可以尝试采取一种"失败使人成长"的观点,在面对孩子失败时,更加关注孩子从失败中吸取的教训、获得的成长,跟孩子一起分析失败、总结失败。相信今后你的孩子在面对挑战和困难时,会更加努力而坚韧(Haimovitz 和 Dweck, 2017)。

除了失败观之外,父母或者其他成人的赞扬的方式也可能会影响儿童对自己的评价甚至儿童在困难面前的行为表现。研究者关注的两类赞扬方式是泛型赞美与具体赞美。研究者们把"你真是个好孩子!"这样的赞美称作"泛型赞美"(generic praise)或者说是对于人的赞美(person praise),而把"你刚才做得真好"这样的咱们称作具体赞美(specific praise),或者说是对于过程的赞美(process praise)。研究者认为泛型赞美是针对孩子这个人,容易让孩子把成功或失败都归因于自己这个人。而具体赞美或者说过程赞美则更强调孩子刚才做的事情和付出的努力,可以让孩子将结果归因于过程和努力,让他们理解成功和失败都是暂时的,是可以通过努力来改变的。

比如,在 2007 年的一项研究(Cimpian 等,2007)中,研究者们就发现,相比于泛型赞美(如"你真是个好孩子!"),具体赞美(如"你找到了做事情的正确方法。")更能够让孩子在面对失败的时候恢复动力,不灰心,有继续尝试的毅力。研究者邀请小朋友选定一个代表自己的玩偶,与另一个代表老师的玩偶进行游戏。接下来,每轮游戏中,老师都要求小朋友根据特定的要求画画(比如画一只猫），前四轮游戏中里，代表小朋友的玩偶都成功完成了绘画任务，老师在每一轮都对所有参与研究的小朋友们进行赞美。但是，对其中一半的小朋友，她采用了泛型赞美，说："你真是个好画家！"而对另一半小朋友采用具体赞美，说："你刚才画得真好！"在经历了成功之后，研究者会问小朋友一系列问题让他们对自己的画作展开自我评价。接下来，研究者通过实验操控让小朋友在画画任务上经历了失败。研究者再次询问了小朋友一系列问题让他们对自己的画作进行自我评价，并在最后问了他们一组问题来测试小朋友在遇到失败时的想要继续坚持探索的毅力。

研究发现，在成功之后，失败之前，两种夸奖所起的效果没有什么差别；然而，在经历了失败之后，那些被采用泛型赞美的小朋友表现出更多的无助感，他们自我评价更低，怀疑自己的能力并且更难坚持。相反，被采用具体赞美的孩子表现出更少的情绪化行为、更高的自我评价和更多想要继续探索的毅力。

虽然关于表扬的方式对儿童的影响很多，但是少有研究探究不同的表扬的对象可能对儿童的影响。比如，假如一个老师对任何人的表现都无差别地说"你真棒"，那么你可能就会怀疑她的表扬真的代表她觉得我做的好吗，还是她只是很善良，甚至有一些"滥用"夸奖。而相比之下，如果一个老师很吝惜她的赞扬，不轻易夸人，那么如果她夸你了，你应该会比较确信地认为她是真的觉得你做得很好。另外，夸奖者自身的水平也会有所影响。如果是一位自身水平就比较高的夸奖者夸奖你，那么你应该会觉得很荣幸，相比之下，如果是一个本身自己水平就一般的夸奖者夸奖你，那么你可能也不会觉得很有意义。这些都还需要未来的研究去验证。

低龄儿童的成就认知

虽然有关思维模式的研究非常具有影响力，但这些研究主要针对的是小学高年级及以上的儿童和青少年。那么在更小的年龄，儿童对于能力（ability）

和成就(achievement)等相关概念有怎样的认知呢？即便是小朋友也会不断面对成功和失败，这些经历也很有可能会进一步塑造他们对于成就、失败、能力、努力等这些概念的认知，而这些认知很可能也会反过来影响他们在面对困难、面对成功和失败的时候的态度和表现。幼儿也会获得父母和老师等成人的反馈，父母和老师可能会用"你真聪明""你真努力"这样的语言去赞扬儿童，也可能会用"你真笨啊""我觉得你还不够努力"这样的语言去批评或者鼓励儿童。家长也可能会给予一些更加隐晦的、间接的反馈，比如他们可能会通过夸奖别人家的孩子来影响自己的孩子。当孩子面对困难(如，遇到不会做的题目的时候)，有的家长可能会直接告诉他们答案，有的则会给孩子们更多自我探索的时间。儿童也会或主动或被动地与他人进行比较，看到班里其他小朋友做得比自己好，他们是会更加自惭形秽，质疑自己；抑或是会更加受到鼓励，想要跟他人一样好，甚至超越他人？所以，研究低年龄的儿童对于能力的认知也是非常重要的。有传统的一些研究认为，低龄儿童对于自身的表现、失败、他人的评价和与他人的社会比较并不敏感(见 Cimpian, 2017)。但近期越来越多的研究也开始更加细致地关注低龄儿童对于成就和能力的认知，有越来越多证据表明低龄儿童对于能力和成就也有理性的、敏感的认识。

我们知道能力 + 努力 = 表现。所以，如果两个人表现一样，但是其中一个人花了更少的时间、完成得更快，那么这个人应该是更聪明的，或者说能力更强的。那么儿童能理解吗？20 世纪 70 年代的一些经典研究认为，10 岁以下的儿童不能区分能力和努力，或者说不能理解能力和努力都会对表现有因果的影响。比如有研究发现，儿童会误认为更努力的人就更聪明、更有能力(Nicholls, 1978)。而到了 10 岁，儿童可以区分能力和努力，并认为能力和努力共同决定表现。但最新的研究开始挑战这种观点。当对方法进行优化之后，4—5 岁的儿童就能够区分能力和努力，能够通过努力的程度和表现来推测谁更聪明(即，更有能力)。

研究采用的方法是怎样的呢？研究者给儿童呈现两个故事人物在一项考试中的表现，两个故事人物都取得了很好的成绩，但其中一个故事人物花了很少的时间，很快就做完了，而另外一个故事人物则花了相对较长的时间，到最后才做完。研究者询问小朋友觉得谁更聪明。显然我们可以看到,那个花了更少的时间取得了同样好的成绩的故事人物应该是更聪明的。研究者们发现,5岁左右的儿童也是可以理解这一点的。并且随着年龄的增长,他们更加能够做出这样的推断(Muradoglu和Cimpian, 2020)。

在我们自己的研究中,我们也考察了儿童是否能够通过一个人的聪明的程度(或者能力水平)和任务中的表现来推断故事人物努力的程度。比如给儿童呈现两个故事人物,其中一个故事人物非常聪明,另外一个故事人物不聪明,但他们同样在考试中取得了好成绩。之后询问他们哪一个故事人物更加努力。5岁左右的儿童也可以正确回答,是那个不聪明但取得好成绩的故事人物更加努力,并且这样的理解随着年龄的增长越来越稳定(Zhao和Yang, 2022)。

这些研究均表明,儿童在5岁左右就已经开始能够理解"聪明 + 努力 = 表现"。

那么我们也知道,虽然人人都想要有所成就,都想要在考试中表现好,我们也都称赞他人的成就,但是不同人取得成就所经历的过程是不一样的,有的人可能比较聪明,能力比较强,出身也比较好,可以得到很好的教育资源,那么他可以不用付出太多努力就可以取得成就。而相反,有的人可能自身能力不够突出,或者出身一般,没有很好的教育资源,那可能就需要不断地努力坚持才能够取得成就。比如,在龟兔赛跑当中,跑得慢的乌龟需要非常努力、不断地付出才能够赢过天生就跑得快的兔子。再比如,出生于较为贫穷的、教育资源落后的地区的儿童可能需要付出更多的努力才能取得好的成绩,进入高等学府。也就是说,人们在通往成功的路上可能会遇到各种各样的阻碍,每个人遇到的阻碍的大小也是不同的,因而要付出的努力也就是不同的。那么儿童对于这些不同的阻碍以及成就有怎样的信念和看法呢?比如,儿童是否相信一个遇到各种阻碍的人可以选择克服困难取得成就呢?他们对于通过不同途径和方式取得成功的人有怎样不同的评价呢?比如,一个有天赋的人和一个努力的人,哪个更值得表扬呢?人们更喜欢哪个呢?

有对于成人的研究发现,当让专业人士评价专业人士的时候,他们会更喜欢天赋者胜过努力者。研究者们把这样的效应称作天赋者偏好。具体来说，研究者让专业的音乐工作者评价一对音乐工作者，研究者通过操控使得其中一位音乐工作者是天赋者，也就是说天生就有这样的音乐能力，而另一位音乐工作者是努力者，也就是说通过大量的努力而有这样的音乐成就。研究者给参与评价者呈现这两位音乐工作者的作品，当然他们通过控制保证两位音乐工作者的作品实际上是相同水平的。结果发现，参与者们认为天赋者的表现更好，也更想要聘任他们。然而研究者们还发现当让普通人评价普通人的时候，他们则没有这样的明显的天赋者偏好，他们对于天赋者和努力者的评价差别不大（Tsay 和 Banaji，2011；Tsay，2016）。

在我们近期的一系列研究中，我们试图探究儿童对于一般的学生（而非专业人士）在学业领域的成就、天赋、努力等的看法和评价（Zhao 和 Yang，2022）。在一项研究中，我们关注 4—9 岁儿童对于学业道路上的限制的信念、推理和评价。我们给儿童呈现一系列遇到限制的故事人物，包括一个遇到了内在限制的故事人物，比如，"小明他不聪明，但是小明很想要在考试中取得好成绩，小明可以选择克服这些内在阻碍取得好成绩吗？"另外一个故事人物遇到了外在资源上的限制，比如"小刚的学校和老师不好，但是小刚很想要在考试中取得好成绩，他可以选择克服这些外在阻碍取得好成绩吗？"我们发现，4 岁的儿童的回答在随机水平，随着年龄的增长，儿童越来越认为一个人可以克服内在或外在限制而取得学业成就。当被问到为什么时，随着年龄的增长儿童也会越来越在他们的回答中提到"努力"的概念，比如"他可以多练习""他可以再努力一些"。

那么儿童在看待评价他人的成就的时候是否也会考虑到他们在通往成就的道路上是否克服了这样的内在或者限制呢？比如说，有的人是克服了很多内在或者外在限制（比如，缺乏天赋或者缺乏教育资源）而取得成就的，而有的人则是没有遇到什么限制（比如，天资聪颖、资源丰富）就非常轻松地取得了成就。我们想探究儿童是否能够推测那些克服了限制而取得成功的人，要比没有遇到阻碍就取得成功的人付出了更多的努力，以及儿童会如何评价这两种人物。为了回答这些问题，我们给 4—10 岁的儿童呈现两个故事人物，其中一个很聪明,另外一个不聪明。现在他们要去进行考试,我们首先让儿童预测谁会取得好成绩,大部分的儿童都会认为比较聪明的那个会取得好成绩。接着我们告诉他们,实际上两位同学都取得了很好的成绩,"小林很聪明,他取得了好成绩;小强虽然不聪明,但是他也取得了好成绩"。接下来我们问儿童,你认为谁付出了更多的努力呢?结果发现,四五岁的儿童倾向于认为那个没有遇到限制的故事人物更努力,但是随着年龄的增长,他们越来越能够理解克服了限制而取得成就的小强付出了更多的努力。成就限制认知任务的指导语见附录4。我们接下来也询问了儿童对于这两个人物的相对评价,比如说,如果你只有一个奖励的话,你会奖励给谁,你更喜欢谁,你觉得谁长大以后会更成功。我们也发现了随着年龄而发展的变化。四五岁的儿童更倾向于对那个没有遇到限制就取得成功的人有更高的评价,而随着年龄的增长,他们越来越对于克服限制而取得成功的人有更高的评价。除了天赋和努力之外,外在的资源,比如说教育资源(老师、学校等)也在学业成就中起着重要的作用。采用类似的方法,我们也发现了儿童逐渐对于克服外在限制而取得成功的人物要比那个没有遇到限制取得成就的人有更高的评价(Zhao和Yang,2022)。

这样的随着年龄的转变启示我们,儿童在比较小的时候可能对生活中会出现的困难和阻碍有负面的看法,他们可能更喜欢比较聪明的或者有更多资源的人。但是随着年龄的增长,他们越来越对限制或者成本有更成熟的看法,认为能够克服限制而取得成功的人是更值得赞扬的。

类似地,在另一项研究中(Yang等,2022),我们更直接地探究儿童对于天赋者和努力者的看法。并且在这个研究中,我们也同时取样了中国和美国的儿童和成人被试,从而去初步探索文化的影响。我们给被试呈现一个天赋者(如,小明非常非常聪明)和一个努力者(如,小刚非常非常努力),并询问被试更喜欢谁。结果发现成年人更喜欢努力者,认为努力者更有可能将来取得成功。并且在中国和美国的成年人中都发现了这样的结果。可见成年人对于努力者的偏好。我们同样也询问了4—9岁儿童的看法,结果发现,年龄较低的儿童(4—6岁)并没有非常明显的偏好(中国儿童)或者对于天赋者有些许倾向

（美国儿童）；而随着年龄的增长，儿童越来越偏好努力者胜过天赋者，两个文化下的7—9岁的儿童都明显更偏好努力者，并且认为努力者以后会更成功。

为什么儿童随着年龄的增长逐渐形成了对于天赋者的偏好呢？一种可能性是，随着年龄的增长，儿童逐渐可以理解天赋更多的是个人无法控制的、是与生俱来的，而付出多少努力则是一个人可以去主观控制的，也就是说相比于天赋，努力更多的是来源于个人的选择的。这样的一种认知可能使得儿童越来越偏好努力者。为了探究这种可能性，研究者们给儿童呈现一个既不聪明也不努力的故事人物，但他想要在考试中取得好成绩，并询问儿童，你认为他可以选择变得更聪明，还是选择变得更努力？结果发现，中国儿童在这个问题上的回答也存在发展变化，随着年龄的增长，儿童更加理解一个人可以选择变得更加努力（而非变得更加聪明），中国的7—9岁儿童大多认为努力比天赋更可控。美国的4—9岁儿童在这个问题上回答均在随机水平附近。所以说，在这个问题上我们也发现了文化差异，中国儿童要比美国儿童更早地理解努力是可以通过个人选择去改变的。这有可能是因为，中国文化格外强调努力和奋斗可以改变人生。并且，在两个文化下，儿童在这个问题上的回答与他们对于努力者的偏好（即，更喜欢努力者）也是显著呈正相关的。虽然相关并不代表因果，但可以推测，这样的对于努力的可控性的认识可能是儿童对于努力者的偏好的机制之一。

另外一个儿童和成人可能具有的对于天赋和努力的观点是对于有关努力和聪明的惩罚和奖励的公平性的判断。举个例子，如果两个小朋友都取得了好成绩，但一个是因为很聪明所以取得了好成绩，而另一个是因为很努力所以取得了好成绩，诚然两位小朋友都值得被奖励，但如果你只能奖励一个人，你觉得奖励给谁更公平呢？如果两个小朋友都取得了差成绩，但一个是因为不聪明所以成绩差，而另一个是因为不努力所以成绩差。如果你只能惩罚其中一个，你觉得惩罚谁更公平呢？我们成年人显然会有更多的直觉应该是奖励那个更努力的小朋友，惩罚那个更不努力的小朋友。那么儿童呢？我们的研究发现，中国儿童即便是在4—6岁也有这样的观点，认为基于努力（而非天赋）进行奖惩是更加公平的，并且这样的观点在7—9岁儿童中更加明显。美国儿童这样的观点的发展则相对晚一些,美国7—9岁儿童才显著呈现出这样的观点。这似乎也反映了中国文化和中国的教育环境中更多地对努力进行奖励或者惩罚(Yang等,2022)。

除了考虑天赋和努力,我们也探究了儿童对于学业成绩变化的认知(Hu等,2023)。在我们评价他人的学业成就的时候,我们往往不会只看一次的表现,我们也会去考虑在一段时间之内表现的变化。想象一下,你的一位同学第一次考试考了60分,第二次考试考了70分,第三次考试考了80分;另外一位同学第一次考了90分,第二次考了80分,第三次考了70分,你更希望自己是哪一位同学呢?你对这两位同学的评价又是如何呢?在近期的一项研究中,我们探究儿童对于学业表现的变化的理解与评价。先来说一下我们所采用的方法,我们给4—9岁的儿童呈现两位故事人物在一学期内的三次考试的表现,其中一位故事人物在三次考试中均获得了第二名的成绩,也就是说她的表现没有变化,我们把这位人物称作"不变者";另一位故事人物则在第一次考试获得了第四名,第二次考试获得了第三名,第三次考试获得了第二名,也就是说她的表现是不断进步的,我们把这位人物称作"进步者"。在这之后,我们让被试推测两位故事人物谁更聪明,谁更努力,并且对他们进行评价(即,你觉得要奖励谁?你更喜欢谁?你觉得谁以后会更成功?)。我们也招募了一批成年人做了相同的任务。

结果发现,4—9岁的儿童以及成人均推测不变者更加聪明,但他们对于"谁更努力"的推测则随年龄增长有所变化。年龄较小的儿童认为不变者更加努力,而年龄更大的儿童及成人则认为进步者更努力。此外,儿童的评价也呈现出随年龄的发展变化的趋势,年龄越大的儿童对进步者评价越高。当然,在这个实验中,即便是在第三次的考试中,进步者也只是刚好赶上了不变者(都取得了第二名)。那么,如果进步者在最后一次的考试中超过了不变者呢?我们在后续的研究中,给4—6岁的儿童呈现一位进步者和不变者,这一次,进步者在最后一次考试中的成绩超过了不变者。结果发现,在这种情况下,即便是年龄比较小的这些儿童(如4岁儿童)也对进步者评价更高。

综上所述,我们近期的研究发现,在4—10岁之间,随着年龄的增长,儿童逐渐相信人们可以克服天赋或资源上的限制而取得学业成就，也逐渐理解克服限制而取得成就的个体更加努力，对其评价也更高。相比于天赋者，儿童也逐渐更加偏好努力者，也更加理解努力（相比于天赋）是更可控的，认为基于努力（而非天赋）的奖励和惩罚是更公平的。儿童也逐渐理解取得学业进步的人要比学业表现不变的人更加努力，对学业进步的人的评价也越高。在7岁左右，儿童就形成了相对稳定的对于克服限制、努力与进步的信念、推理与偏好。并且，7—10岁的儿童的这种对于努力的相信和看重的程度可能更胜于成人。这可能是因为，7—10岁的儿童处于小学阶段，家长和老师都大量地强调努力的重要性，而到了成人的阶段，反而更加理性（或者说是悲观了），认识到仅仅靠努力可能也是不够的，成就是多方面因素（天赋、努力、资源、运气）共同作用的结果。我们也发现了一定程度的文化差异：中国儿童对于努力的一些认知的发展早于美国儿童，比如中国儿童更早地认识到努力是比天赋更可控的、基于努力的奖励与惩罚是更公平的。

虽然我们对于低年龄段儿童对于成就的认知有一定的了解了，但是有很多方面是需要我们去进一步思考和研究的。第一个方面是有关于成本和努力的双面性的问题。一提到成本（或者，努力）我们可能很多人会觉得是负面的、是要回避的。但我们上述的研究证明，随着年龄的增长，儿童会意识到成本或努力的双面性，一方面是认为人们一般会避免成本，但另一方面，也意识到成本和努力是有价值的，是值得鼓励的。我们在学业领域发现了这样的现象，比如7岁以上的儿童认为通过努力克服限制而取得成就（相比于没有遇到限制）的人是更值得赞扬的。我们在道德领域也发现了类似的现象，8岁以上的儿童认为付出更大的物理或心理成本而做好事的人是更值得赞扬的。这也引发我们的思考，儿童对于成本或努力的认知在多大程度上是领域一般的，在多大程度上是领域特异的。这需要我们在未来的研究中结合探究儿童在不同的领域（学业、道德等）对于成本的认知。第二，儿童（以及成人）认为努力本身就是有价值的、值得鼓励的，还是说只有能带来好的结果的努力才是有价值的、值得鼓励的呢？我们的研究中所呈现的努力的故事人物，或者是克服了限制的故事人物，其结果都是好的（比如，考试中取得好成绩），但是努力的价值是基于其带来的好的结果吗？或者说我们奖励努力是基于其带来的好的结果吗？还是说努力本身就是有价值的，值得鼓励的呢？这是未来研究可以探讨的问题。第三，如果单从结果论的角度来说，一味地努力也许不一定是最优的选择，我们更需要的可能是理性的努力，也就是根据个体本身的特点、任务的特点、所拥有的资源以及所拥有的其他的可能性去理性地决定何时该努力何时该放弃（换一件事情做）。也就是说，不只是要更加努力，还应该更加明智地努力。最后，成就当然很重要，但成就并不等于幸福，成就既不是幸福的充分条件，也不是其必要条件，那么儿童如何认知成就与幸福之间的关系呢？这也是我们需要去研究的问题，也许也是对于我们提升儿童的心理健康的关键。

自我与他人

儿童除了自己会经历成就和失败之外，还会不断主动或被动地与他人进行比较。很多研究关注社会比较（social comparison）对儿童自我认知甚至是行为表现的影响（Lapan 和 Boseovski，2017）。很多经典的研究表明，虽然早在 5 岁时，儿童就会对同龄人的表现感兴趣，但 7 岁之前，与同龄人的社会比较对儿童的自我评价（比如，觉得自己的表现如何）几乎没有影响。比如，跟儿童说有另外一个小朋友比你画得好，并不会影响儿童对自己的评价，他们依然会对自己有相对比较积极的评价。但是随着年龄的增长，儿童会对社会比较越来越敏感，会越来越在意自己与他人的比较。在童年中期，当我们给儿童提供有关与同龄人社会比较的负面反馈时，比如告诉儿童另外一个跟你同年龄的小朋友比你得的分数更高，儿童的自我评价会降低。这样的负面反馈甚至可能会削弱儿童的动机，让他们不愿意再进行相应的活动（Ruble 等，1980）。

越来越多的研究也发现，儿童对于社会比较的看法也是非常灵活且有选择性的。儿童受到社会比较的影响会受到这个比自己表现更好的同伴的经验和特质的影响（Lapan 和 Boseovski，2017），比如说这位比自己表现更好的同伴聪明与否。当得知一位很聪明的同伴在一项任务中的得分比自己高的时候，儿童对自己的评价不会受到太大的影响，他们仍然会对自己有比较积极的评价。儿童内心可能在想："毕竟，她很聪明嘛！"但当得知一位不太聪明的同伴在一项任务中的得分比自己高的时候，儿童对自己的评价则会有明显的下降，儿童内心可能在想："那我岂不是更不聪明了。"类似地，这位同伴的经验也会有所影响，当得知一位在画画领域很有经验（比如，参加了很多绘画课程）的同伴在一项任务中的得分比自己高的时候，儿童对自己仍然有比较积极的评价，儿童内心可能在想："她练得多嘛，如果我也去上很多绘画课，我可能画得比她还好呢。"相反，当得知一位在画画领域没有什么经验（比如，没怎么学过画画）的同伴在一项任务中的得分比自己高的时候，儿童对自己的评价则会有明显的下降。儿童内心可能在想："为什么她第一次就能画这么好，我却不行呢。"

儿童除了会与他人进行比较之外，他们也会去试图管理他人对自己的看法。想一想，我们的孩子们是不是经常想要给我们展示他们最近刚学会的技能呢？他们很少会兴奋地想要给我们展示他们的失败吧。在一项近期的研究中（Asaba 和 Gweon，2022），研究者想要探究学龄前的儿童是否就已经对于他人对自己的能力的认知有一定的敏感性，并且有策略地去改变他人对自己的看法。在实验中，研究者给儿童呈现一个玩具，这时有另外一位研究人员作为观察者（我们称她为安安老师）在旁边观察整个过程。这个玩具有一些机关，研究者同时按下玩具上的两个键能够成功使玩具亮起来。然后，研究者把玩具递给儿童，让儿童尝试玩这个玩具，儿童当然会模仿研究者玩玩具的方式尝试让玩具亮起来，但是"狡诈"的研究者通过控制玩具的隐藏开关导致儿童没有能够成功使玩具亮起来。当然，儿童是看不到这个隐藏开关的，所以他们只会认为是自己的问题，觉得自己没有成功。儿童这样失败了两次，这时，一直在旁边观察的安安老师说"我需要离开了"，然后就离开了房间。这时研究者又让儿童尝试了一次这个玩具，这一次儿童成功了（当然，这全在研究人员的掌控之内）。之后研究人员又给儿童展示了另外一个玩具，并且让儿童成功玩了第二个玩具。这时之前离开的安安老师回来了，接下来，关键的步骤来了，研究者同时把两个玩具摆在了小朋友面前，并且问"你想给安安老师展示哪个玩具呢？"这个条件我们称为"安安不在场"条件，因为安安老师在儿童成功点亮第一个玩具的时候并不在场，她并没有看到儿童成功点亮第一个玩具的场景。

除此之外，还有另外一个"安安在场"条件，跟"安安不在场"条件的不同在于，儿童成功点亮第一个玩具的时候，观察者安安老师是在场的，她是在儿童成功点亮第一个玩具之后才走的，也就是说，她看到了儿童成功点亮第一个玩具的场景。所以，我们可以想象在"安安在场"中，儿童几乎没有理由给安安老师展示第一个玩具，因为安安老师已经看过他成功玩这个玩具了，所以在这个条件下，大部分的儿童都给安安老师展示的第二个玩具（也就是安安老师没有看到过的玩具）。相比于"安安在场"条件，在"安安不在场"条件下，更多的儿童选择了展示第一个玩具，可想而知，他们是想要让安安老师知道，自己是可以成功点亮这个玩具的。但此时因为安安老师并没看过第二个玩具，所以有相当一部分儿童选择展示第二个玩具。那么研究者做了后续实验，此时安安老师在最开始的时候就明确表明，这两个玩具我都看过，也都知道怎么玩，其他与"安安不在场"条件一致。这一次，大部分儿童都选择了展示第一个玩具给安安老师看。他们想要非常明确地让安安老师知道，我是可以成功地玩这个玩具的！这启示我们，即便是学龄前的儿童，也是有策略地在管理他人对自己的评价的，他们想要让他人看到自己的能力！

有的时候，他人对我们的评价和看法是相对比较准确的，而有的时候他人可能对我们的能力有错误的看法，要么高估了我们的能力，要么低估了我们的能力。在另一项研究中，研究者想要探究当他人对自己有错误的评价（高估或者低估）的时候，儿童会如何管理他人对自己的评价，他们会想办法去纠正他人对自己的评价吗？在这项研究中，儿童画了一幅画，结果研究者搞错了，以为儿童画的是另一幅画。在其中一个条件中，这幅研究者错以为是这位儿童画的画要比儿童本身画的画更好，而在另一个条件中，这幅研究者错以为是这位儿童画的画要比儿童本身画的画更差。也就是说，在这两个条件中，研究者对儿童都是有错误的印象,但是一个是虚假的更好的评价(高错误印象),另外一个是更差的评价(低错误印象)。最后,研究者让儿童选择要么继续画画给研究者看,要么可以玩另一个新的活动。结果相比于研究者对自己有更高的错误印象的条件下,儿童在研究者对自己有更低的错误印象的条件中更多地选择继续画画而不是玩另一个活动。也就是说,儿童会很想要去纠正他人对自己的更低的错误印象,而当他人以为自己的能力比自己的实际能力要高的时候,儿童则愿意让对方维持这样的错误印象(Asaba 和 Gweon,2020)。

通过这一系列的研究,我们可以发现,即便是低年龄段的儿童也具有关注并管理他人对自己的印象的能力。

所以说,儿童是非常在意他人对自己的评价的。在有关道德发展的部分,我们就提到过儿童在进行道德行为或者道德评价的时候会考虑到声誉动机。比如说,相比于在私下的环境中,在公开场景下,儿童会表现得更道德、更亲社会,比如分享更多。并且在评价他人的时候,9 岁以上的儿童也会认为出于真实的亲社会动机而表现出亲社会行为的个体(比如,真的想要与他人分享)要比出于名誉动机而表现出亲社会行为的个体(比如,只是想要他人看到我分享了)更善良(Heyman 等,2014)。那么在学业领域呢?儿童可能也非常在意自己的名誉,在意自己是不是看起来能力很强,在意他人对自己能力的评价(Good 和 Shaw,2021)。比如,在私下的场合,即没有他人评价的时候,儿童可能非常重视自己学到了什么,不怕失败,不怕别人觉得自己差,他们也会更多地愿意寻求帮助,只要能学到新的知识就好;但是在公开的场合,在有他人评价的场合,尤其是有重要的人在看着自己的表现的时候,儿童可能会更加重视自己在他人眼中是什么样子的,他们可能更不敢寻求帮助,担心他人会觉得自己能力不够,甚至可能会为了表现好使用一些小技巧。

所以说,声誉动机可能是一把双刃剑,可能让孩子想要表现得更好,也可能让孩子过分在意他人对自己的看法,表现出人前人后不一致的现象。作为家长,我们可以尽量让声誉动机发挥出它优势的一面,让儿童更加想要努力上进,而要避免"要面子"成为一种负担和压力。

总结与启示

在本章中,我们了解了儿童对于自我及他人的能力的认知的研究。我们了解到儿童所持有的思维模式可能会对他们的学业发展有重要的影响,同时一些干预的方法可以有效地培养儿童的成长型思维模式,家长的失败观和赞扬的方式也会对于儿童的思维模式产生影响。我们也了解到,年幼的儿童其实对于能力和相关的概念就已经有一定的认知,同时随着年龄的增长,他们对于努力、对于克服限制的过程,以及对于学业进步都有更高的评价,这体现了他们对于通往成就的过程(而不仅是结果)的看重。我们也了解到,年幼的儿童对于社会比较还不够敏感,但随着年龄的增长,他们越来越容易受到向上的社会比较(也就是,他人比自己表现好的情况)的影响。并且,他们在理解这些社会比较的时候也会受到比较的对象的特质(如,是否聪明)的影响。我们也了解到,儿童对于自己在他人眼中的形象也非常敏感,他们会试图提升他人对自己的看法,做"形象管理",这样对于自身"名誉"的看重可以成为一把双刃剑,既给儿童提供前进的动力,又可能让儿童过分在意他人的看法,而忽视了学习的重要意义。

这些研究对于我们有怎样的启示呢?作为家长,有这么几个方面是我们可以做的。第一,我们在对孩子进行赞扬或批评的时候可以把握"对事不对人,夸事不夸人"的原则,也就是说,我们在赞扬、夸奖或者批评的时候,一定要针对孩子做的事情,而不是说孩子这个人本身。比如,我们可以说"你刚才做了某件事情,我觉得你做得特别好",而不是说"你真是个聪明的孩子,你真的是一个很棒的孩子"。而且,赞扬要尽量具体,而非空洞。第二,我们还需要重点对策略和努力的过程进行夸奖,而不是夸奖结果,这样能够帮助孩子塑造继续努力的思维模式。比如,在孩子要去做一件事情之前,为了鼓励他,你可以说:"孩子你只要去努力就好,不管结果怎么样,爸爸妈妈都会支持你,会鼓励你,会相信你。"如果这样之后,孩子表现很好,为了表扬他,你可以说:"你刚刚一定非常努力,你刚刚尝试的方法很不错,你还可以找到什么更好的方法吗?"

通过这种方式去鼓励他们思考,也去表扬努力的尝试的过程。第三,不要给我们的孩子贴标签。比如,有的家长会经常说"我觉得他特别没有信心,特别没有耐心",或者"我这个孩子好像就不是学习的这块料"。用这种非常绝对化的贴标签的方法来描述自己的孩子可能会让孩子也形成这样的自我认知,这样的认知也很有可能会进一步影响他们在这个领域的努力和行为,"既然我不是这块料,我也就别再努力了"。第四,多帮助孩子积累通过努力克服困难从而取得成功的经验。这样的经验可能可以帮助孩子形成"我可以努力成功的"这样的信念,让他在之后面对困难的时候更加愿意付出努力,而不是放弃。当然,孩子可能也会遇到付出了努力但是依然没有取得成功的经历,这时我们也应该去更多地赞扬孩子的努力本身,即便这次我们可能没有成功,但只要我们坚持努力下去,总有一天会成功的。

第八章 坚持下去：儿童的自控力与毅力

儿童在社会环境中"航行"还需要自我控制和坚持的能力。我们每个人每天都会遇到各种各样的诱惑，比如吃一口垃圾食品的诱惑，或者再刷一会儿手机的诱惑。在与他人的社会交往中也会遇到各种各样的诱惑，比如跟自己的上司撒谎隐瞒自己的错误的诱惑，为了自身利益出卖他人的诱惑等。儿童的生活更是如此。一位4岁的儿童可能面临着抢走其他小朋友的玩具的诱惑，或者是趁妈妈不注意吃一块儿糖果的诱惑。我们每个人也有着各种各样的困难需要克服，比如要读完一本很厚的书，或者要解决一个代码上的漏洞，要与团队成员一起合作完成项目。儿童也是如此。一位学生可能要做完很难的家庭作业，要跑完800米，要帮助小伙伴一起完成作业。屈服于诱惑往往很简单，但与诱惑做斗争、克服诱惑、做正确的事情、持之以恒、实现长远的目标往往并不容易。儿童怎样才能在正确的"轨道"上前行呢？自控力和毅力显然是非常重要的。

自控力的研究一直是社会心理学和发展心理学都非常关注的一个话题，近期的很多研究也关注自控力的社会认知基础，也就是说自控行为的实现是建立在儿童对于社会环境、对于他人的一些认知的基础上的。研究者也试图探究一些从社会认知的角度提升儿童的自控力和毅力的方法。在本章中，我们将会介绍和讨论这些研究的进展。

自控力的定义与测量

什么是自控力呢？作为人类，我们有一些非常基础的欲望

（比如说，我们要吃，要睡，渴望快乐，等等），我们还有很多更高层次的目标（比如，我们想要健康，我们想要为未来存钱，我们想要实现一些远大的目标，我们想要做一些道德的、高尚的事情）。但在我们的生活中，也有太多的诱惑使我们难以实现更高层次的目标。因此，可以说我们人就是不断地在诱惑的世界中航行，并努力实现我们更高层次的目标。自我控制可以广义地定义为在诱惑的面前调节控制自己的行为、思想或情绪从而实现更高层次的目标的能力。经典的自我控制冲突通常涉及两种动机之间的冲突：一方面的动机是来自即时的简单的欲望满足，另一方面的动机是来自更高层次更高阶的目标（也就是，从长远来看更重要的那件事）。自我控制就是去解决这两者之间的冲突。

　　自控力涉及生活中的方方面面：学业、道德、健康、人际关系，等等，比如是吃好吃但不健康的垃圾食品，还是为了健康多吃一些蔬菜；要不要在考试中作弊（即为了短期的好成绩而牺牲了自己的道德标准）；是否欺骗自己的男朋友、女朋友等。自我控制能力是我们在社会生活中取得成功，获得幸福的重要能力，也是我们作为人区别于动物的一个重要特征。自我控制能力可以让我们不屈服于诱惑，做对自己有长远利益的事情，而非屈服于短期的享受。

　　自控力对我们一生的发展都很重要。即使其他重要因素（例如智力和社会经济地位）受到控制，儿童早期的自我控制能力也已被证明可以预测许多更好的未来表现。比如说，幼儿时期的更好的延迟满足表现可以预测小学时更高的成绩，青少年时期更好的情绪处理能力，更高的高考（SAT）分数，更高的学业成就，更好的抵抗酒精、毒品等的能力，更好的婚姻，更低的离婚率和更健康的身体等（Mischel 等，1989；Meier 和 Albrecht，2003；Duckworth 等，2007）。

　　如何测量自我控制能力呢？一个很经典的测量方式是棉花糖实验。我们把儿童带到一个房间里，给他呈现一块棉花糖，跟他说，我待会儿要出去一下，如果在我回来之前你没有吃这块棉花糖的话，我回来的时候会再给你一块棉花糖，这样你就有两块了；如果你在我回来之前吃了这块棉花糖，那你就不能得到第二块棉花糖了。想想这时候，小朋友肯定很想吃眼前的这一块棉花糖，但等待可以让他得到更大的利益，这也就是延迟满足的魅力。大量的研究用儿童在棉花糖实验中等待的时间来衡量儿童的延迟满足能力。当然，现在的很多研究中不一定会用棉花糖来作为实验中的刺激，比如可以用其他的糖果，或者儿童喜欢的玩具。

除了棉花糖之外，还有很多其他的任务可以测量自我控制能力。比如，让儿童帮助整理一堆看起来非常诱人的玩具，但是规则是不能玩这些玩具，需要先把它们按标签的颜色整理好。很显然，这些任务中都存在儿童即时的简单的欲望满足和更高层次更高阶的目标之间的冲突，能够为了更高层次的目标克服即时的欲望满足的儿童在这些任务中会表现得更好。

类似地，研究者也会采用一些坚持性（persistence）或者毅力的任务，主要是测量儿童在面对困难的时候持续坚持（不放弃）的能力。研究者会给儿童一个非常困难甚至是不可能完成的任务，比如让孩子试图打开一个很难打开的盒子，然后在孩子的旁边放一个五彩斑斓的很有趣的玩具，孩子如果不想继续打开盒子了就可以去玩那个有趣的玩具。这样我们通过测量孩子在打开这个"困难盒"上花费的时间就可以测量他们在面对困难的时候的坚持的能力。

可见，研究者用各种各样的任务来测量儿童自控力和毅力等，但是每个任务可能又有自己的特点，儿童在每个任务中的表现可能会受到一些与自控力或毅力无关的任务特异性的因素的影响。在研究中我们为了尽量减少这些无关因素的影响，会采用使用多个任务共同进行测量的方法。

如何提升自控力

一些早期的研究集中在教孩子们一些特定的技术或策略，这样他们就可以在延迟任务中等待更长的时间。例如，在棉花糖任务中将棉花糖想象成一朵云，在认知上将诱惑物看做不那么诱人的东西，关注诱惑物其他方面的特点（例如形状、大小）而不是气味、味道等，将注意力转移到诱惑以外的事情上（如，移开视线或哼歌、起来走走）（Mischel 和 Baker，1975）。

近期的研究开始从社会认知方面探究提升儿童自我控制能力的方法。首先，有研究发现人们自身的有关意志力的信念可以影响其自我控制的表现。人们对于意志力有不同的信念，主要差别在于他们认为意志力是有限的还是非有限的。有的人认为自己的意志力是有限的，就是觉得自己做了一些高难度的自控任务之后，意志力就会消耗殆尽，会感到疲倦，需要休息。而有的人则认为他们的意志力是无限的。他们认为在完成一些艰巨的任务后他们会感到精力充沛，又可以接受新的挑战了。有关于成人的研究表明，这些有关意志力的信念与人们的自我控制表现有因果关系。那些认为意志力有限且容易耗尽的人在一系列困难任务时表现出明显的自控力下降。相比之下，那些认为意志力不那么有限的人会找到方法在自我控制任务中做出更好的表现，并且，采用实验设计的研究也发现通过训练来改变成人的有关意志力的信念（比如让他们更加相信意志力是无限的）可以提升他们在自我控制任务中的表现（Job 等，2010）。

同样在儿童中，研究也有类似的发现（Haimovitz 等，2020）。研究者把学龄前儿童随机分配到控制组和实验组中。在实验组中，研究者给儿童阅读了一个榜样的故事，故事传达了"意志力是有活力的，有激励作用的"这样的信念，比如说，研究者会给小朋友们讲一个故事，是关于故事主人公妮妮的一天。妮妮收到了一个礼物，但妈妈说这个礼物不能马上打开，需要等一会儿才能打开，妮妮就在等待，她不断地跟自己说，如果我可以再等一会儿，我就可以等得再久一点。通过这样的故事，研究者向儿童传达一种，"意志力是无限的，自我控制是可以被激励的"的信念。而相反，对照组中，儿童也会听到一个故事结构情节类似的故事，但其中缺少有关于"意志力是无限的，自我控制是可以被激励的"这样的信念的表达。之后两组儿童都进行了类似棉花糖实验的自我控制任务。结果发现，正如研究者所期待的，在自我控制任务中，相比于对照组的儿童，实验组的儿童会自发产生更多的自我控制策略（比如，他们会采用各种各样的分心策略，比如说转过头去或者自己哼唱歌曲等），使用更多的有效策略，并且坚持更长的时间。

除了有关于意志力的信念之外，也有研究者从提升心理距离的角度来试图提升儿童的自控力表现。什么是心理距离呢？就像物理距离一样，你可以离一个东西很近，也可以很远。心理距离从认知上、心理上、精神上描述你对某事的感觉有多远；你可能会觉得在心理上与你的朋友离得很亲近，虽然你们俩之间物理上离得很远（一个在中国，一个在美国）；同样地，你在地铁上，可能和一个陌生人挨着坐，但在心理上却与他离得很远。

就提升心理距离如何提高自控力而言，背后的逻辑是这样的，当你面临一个诱惑的时候，如果你试图拉远自己和这个诱惑物之间的距离，从一个旁观者的角度来看待这个事情，你可能会感觉不那么受诱惑，并且你可能有空间以更客观的角度看待你所处的境地，从而可以想想除了屈服于这个诱惑之外，还有哪些选择。

有一项很有意思的针对学龄前儿童的实验发现，提升心理距离可以提升儿童在自我控制任务中的表现（White 等，2017）。研究者邀请 4—6 岁的儿童来到实验室。他们会先给孩子提供一个 iPad，其上有一个好玩的电子游戏，研究者会向孩子介绍并带他们一起玩这款游戏。随后，研究者让孩子在电脑上进行一项枯燥的重复任务（一共持续 10 分钟），并告诉孩子要成为一名"好帮手"："这是一项非常重要的任务，如果你能一直努力做下去，就会对我们很有帮助。"确保孩子明白要求后，研究者告诉孩子，如果他们愿意，他们可以在想要的时候休息一下，玩一下放在他们旁边的 iPad。这样，孩子就有了一个需要专心完成的任务，也有了其他可选择的娱乐方式。研究者用他们在电脑任务上工作的时间衡量儿童的自控力（或者说是毅力）的表现。但是，不同的儿童所接收到的指导语是有所不同的。儿童会被随机分配到三个组中，这三个组通过指导语的不同来操控儿童的心理距离。第一个组叫作"自我组"。研究者让孩子在任务中考虑自己的想法和感受，不断问自己一个问题："我努力了吗？"然后开始任务。第二个组叫作"第三人称组"，研究者让儿童（假设叫小明）从第三方的角度看待自己，并用自己的名字问自己问题："小明努力工作吗？"然后开始任务。最后一组为"角色扮演组"。研究者让孩子假想自己是一个真正擅长努力工作的人物（比如，蝙蝠侠）。研究者还会给孩子一个道具（如蝙蝠侠的披风）让他披上，然后问自己"蝙蝠侠工作努力吗？"然后开始任务。可见，三个组中"自我组"心理距离最短，"第三人称组"居中，"角色扮演组"的心理距离最远。指导语结束后，研究者便离开房间，孩子开始完成任务。研究者关注的是儿童在枯燥的电脑任务上坚持的时间。

结果发现，心理距离最远的"角色扮演组"的孩子在任务上的坚持的时间最长，而心理距离最近的"自我组"的孩子在任务上坚持时间最短，"第三人称组"位于中间。这说明随着"自我距离"的增加，孩子的毅力得到了增强，而角色扮演似乎是一种非常有效的方式。

很有意思的是，这一结果与现在很多儿童所熟悉的公主学习法有一定的一致性。"公主学习法"源于国外一篇关于学习方法的文章。作者为了让枯燥的学习过程变得有趣，想象自己是即将成为女王的公主，而听课就像听大臣在汇报工作，写作业就像自己在处理国事。在此过程中，要勤于反思，不可急躁。似乎，想象或者说角色扮演，真的可以有所帮助。需要注意的是，我们要去思考其中的根本的机制是什么，是因为想象自己是超人或者蝙蝠侠或者公主可以增加我们与诱惑物之间的心理距离，还是因为是一种榜样的力量及观察学习，或者是因为是一种幻想呢？当我们慢慢意识到自己不可能成为公主，不可能成为蝙蝠侠的时候，这种效应还会存在吗？这些都是需要未来研究去解答的问题。

除了以上这些提升自控力和毅力的方法之外，榜样的力量也非常重要。无论是有关婴儿还是学龄前儿童的研究都发现，成人榜样对于儿童的毅力有至关重要的影响。先来了解一下有关于婴儿的研究（Leonard 等，2017），研究者们招募了 102 名 12—18 个月的婴儿，把他们随机分配到三组中，分别为努力组、无努力组和基线组。三组婴儿首先参加一个成人示范环节，接着会参加一个儿童测试环节。在成人示范环节，三组婴儿都会看到一个成人试图依次解决两个任务（任务 1：试图打开一个盒子，任务 2：试图解开一个锁扣），但不同组中成人们表现出的努力程度不同。在努力组中，这个成人在每个任务中都表现出努力和尝试的过程，并伴随着这样的语言："嗯……让我想想我怎么把我的玩具拿出来呢？这样可以吗？哦，不行，那这样呢？"她在尝试了 30 秒之后成功打开盒子（或解开锁扣）。在无努力组中，成人总是很快就成功完成了任务，并没有展现出努力和尝试；她每隔 10 秒就成功完成一次。在基线组，成人不做任何的示范行为,婴儿直接进入之后的测试环节。接下来,在儿童测试环节中,研究者让婴儿对一个有趣但有些复杂的音乐盒进行探索来测试其在遇到困难时的坚持和毅力。这个音乐盒上有一个迷惑性的"假按键",按它是放不出音乐来的,又让音乐盒放音乐的真按键在儿童看不到的地方,这样研究者可以通过儿童在放弃之前按键的次数来衡量其努力的程度。结果显示,在努力组的婴儿明显地比无努力组和基线组的婴儿更加坚持地去尝试让音乐盒播放音乐。这启示我们,成人的表现对于十几个月的婴儿的坚持行为就有明显的影响了。而且,即使成人示范的是不同的行为、不同的目标,婴儿仍然能够从中抽象地学到"坚持"的品质,并且付诸行动。

除了父母的榜样示范之外,近期的研究表明父母的语言也会对儿童的坚持产生影响(Lucca等,2019)。研究者想要知道在父母和孩子一起玩时,父母使用的语言能否预测儿童的毅力。研究者招募了一些18个月大的孩子和他们的父母来到实验室。儿童要跟他们的父母一起完成两项任务:一项亲子阅读的任务和一项自由玩耍任务。在亲子阅读任务中,家长和孩子们得到了一本没有文字的图画书。这本书描绘了一个婴儿在学会走路之前尝试又失败的过程。研究人员要求家长和孩子共同阅读,但没有明确告诉父母这是本关于坚持的书,所以实验中家长就可以自己决定要不要对孩子强调坚持的重要性以及该强调到什么程度。在自由玩耍任务中,研究者给家长和孩子呈现了一个对于18个月的孩子颇具挑战性的齿轮玩具。这是为了让父母更有可能说出鼓励的话语。研究者要求父母们就像在家一样和孩子互动,并告知了他们对玩具的修改,使它更具挑战性。研究者们关注的是在这些任务中,父母会用什么样的语言跟孩子进行交流,尤其是父母会不会赞扬孩子的努力和过程(而非结果),会不会提到与坚持有关的概念。研究者也会测量儿童的毅力。结果发现,父母表扬孩子努力或者鼓励孩子坚持的语言越多,孩子坚持得越久,越有毅力。并且,在实验前,实验人员已经对父母的毅力进行了评估,发现父母自身的毅力和他们在任务中对孩子说的语言没有显著的关系。所以这就排除了父母自身的性格对孩子毅力的影响。

接下来,研究者想要知道,如果父母不在孩子身边,父母以前说的那些话还能对孩子的毅力产生影响吗？为了探究这个问题，研究者做了一项后续实验。研究者在与儿童进行了简单的热身任务之后，通过一个管道任务测量了儿童在没有家长在场的情况下的毅力。之后，研究者让父母和儿童一起玩一个齿轮玩具，并分析在这个亲子任务中父母的语言是否与儿童在之前任务中的毅力有关。研究人员发现父母的部分语言可以对孩子的毅力产生持久的影响，而有些语言则不会。能产生持久影响的是过程性表扬，也就是表扬孩子的努力、策略或行动的短语，例如"这种尝试很棒！""你真努力！"等。而只强调坚持的语言例如"继续试试""再坚持坚持"等则不能产生持久影响。这可能是因为孩子听到这些强调坚持的话语之后会在当前的任务中多做一点尝试，因此鼓励只在当下时刻起作用；而过程性的表扬可能会让孩子明白成功背后的原因是什么，例如努力尝试或者好的方法等，从而能让他们在遇到其他困难时坚持下去（Lucca 等，2019）。

那么，我们知道了成人的努力坚持的行为可以为儿童树立正面的榜样，父母的有关坚持和努力的表扬和语言也会促进儿童毅力的发展。那么，语言和行为哪个更重要呢？在另一个研究中，研究者探究了成年人的语言和行为哪个对儿童的自我控制行为影响更大，也就是说，言传和身教哪个对于儿童自控能力的发展影响更大。

研究者招募了 4—5 岁的儿童来到实验室（Corriveau 等，2016）。研究者把儿童随机分配到四组当中。四组中的儿童都分别看一段视频，视频都是有关一个大人参加一个延迟满足实验。实验中，主试向这个大人展示一张可爱的贴纸，并告知他如果能在主试回来之前坚持不碰这张贴纸，就可以拿到两张更大的贴纸作为奖励；如果他没有坚持到主试回来就碰了这块贴纸，就不能得到更大的贴纸了。视频中，等到主试离开后，不同组的大人会对眼前的贴纸分别作出不同组合的言语和行为表现。第一组的大人表现出正面的言语和正面的行为，也就是嘴上说着："我想坚持到底！"行为上也的确坚持到了主试回来一直没有碰贴纸。第二组的大人表现出正面的言语和反面的行为，也就是嘴上说着："我想坚持到底！"但行为上并没有坚持到主试回来。第三组的大人表现出反面的言语和正面的行为，也就是嘴上说着："我不想坚持了！"但行为上坚持到了主试回来。第四组的大人表现出反面的言语和反面的行为，也就是嘴上说着"我不想坚持了！"行为上也没有坚持到主试回来。

在看完视频之后，儿童自己也亲身经历一遍延迟满足实验，研究者记录儿童坚持的时间和采用的策略。我们最关心的当然就是第二组和第三组中儿童的表现，也就是当成人的言语和行为出现矛盾时，儿童的自控行为会更受言传影响还是身教影响。结果表明，不论视频中的大人的言语表现如何，观察到正面行为的儿童们比观察到反面行为的儿童们都在延迟满足实验中等待得更久。这说明相比于言语，儿童更倾向于关注并模仿大人的行为表现。

既然在已发生过的事件中，榜样的行为对儿童的影响大于言语，那么对于未发生过的事情呢？儿童能将已学习的"言传"或"身教"经验迁移到新环境中去吗？哪一种经验类型会对儿童的反应造成更大影响呢？由此，研究人员带领上述四组小朋友继续进行第二个任务。研究人员设置了一个新情境，将任务一中的奖励由"两张贴纸"换成了"一盒玩具"，并告诉小朋友等到自己回来后才能玩这些玩具。在等待过程中，如果小朋友忍不住触摸了这盒玩具中的任意一个，即视为实验结束。结果表明，那些观察到视频中大人"成功等待"行为表现的儿童们更能将学习到的经验运用到新情境中，成功完成任务二的"玩具等待游戏"。这说明已有的"身教"经验能更好地指导儿童在新环境下作出正确反应。由此可见，"身教"不仅在当下具体的教育事件中发挥着更大的作用，也能被孩子们学习内化，灵活运用到新情境中。

所以，虽然说言语和行为的影响都很重要，但似乎行为的影响更重要一些，家长与其对孩子进行口头教育，不如起带头作用演示正确的做法，这不仅能让孩子们形成对这件事的正确道德判断，或许还能对他们道德价值体系的形成产生更深远的影响。

除了父母的言语和行为表现之外，父母与孩子的互动方式也会影响孩子的毅力。想象一下，如果你看见你的孩子正在独自完成一个对他来说有点困难的任务，你会怎么做呢？是会过去直接手把手帮他完成任务，还是明明白白地告诉他每一步该怎么做？又或是给他一点小小的提示？不同的行为表现可能会对孩子的毅力产生微妙的影响。研究者邀请4—8岁的儿童及其父母一起进行一项亲子互动任务(Leonard 等,2021)。孩子要完成一项对他们来说具有足够挑战性的拼图任务,而父母被告知要"看看自己的孩子可以完成几个拼图",父母同时被告知,他们和孩子只有 5 分钟的时间来做这项任务。当看到自己的孩子在有限时间里对着拼图苦苦挣扎,父母们都会有怎样的表现呢?研究者关注的是这几类行为:接管(如,直接帮孩子拼了一块拼图)、鼓励(如,对孩子说"加油""你做得很对")、直接指导(如,指导孩子哪块拼图应该放在哪里)、间接指导(如,帮孩子遮掉多余的拼图块,让孩子只专注于一块拼图块)、教学式的提问(如,问孩子"你的拼图看起来和图片像吗?")、放弃(如,家长鼓励孩子直接在完成前放弃手头的拼图"让我们停下这个,试试下一个拼图吧")。

并且,研究者也让父母们填写修改版的科罗拉多州儿童气质量表(CCTI)分量表,从而测量了儿童的毅力,并通过韦氏智力测验测量了儿童的流体智力。研究结果发现,父母的接管行为越突出,他们在量表中报告的孩子的毅力就越低,并且这样的结果在孩子的年龄、性别、种族、民族、流体智力和父母的受教育程度、收入等受到控制之后依然存在。这样的研究设计只能得到相关的结论,并不能提供因果关系的证明。所以研究者接着通过实验设计探究了接管行为是否会降低孩子的坚持性。在这个实验中,孩子们被分成了三组:接管组、教学组与基线组。三组孩子分别经历三种实验流程。在接管组中,实验人员先演示如何拼拼图,而后让孩子自己按顺序拼余下的两个拼图。孩子每个拼图拼了 10 秒,实验人员就会表示:"这个太难啦,让我来直接帮你拼吧!"而后直接帮孩子把拼图拼完(也就是表现出接管行为)。在教学组中,唯一的区别就在于,孩子自己拼拼图的时候,实验人员不会直接接管或者肢体接触拼图,而是用直接或间接的指导、教学式的问题,来辅助孩子拼图。基线组则不进行拼图任务。在拼图任务后,儿童都要做一个"困难盒"任务来测量他们的毅力。孩子们要尝试打开一个木盒去玩里面的玩具,但是木盒的开口已经被实验人员封住,所以孩子们基本不可能打开这个盒子。当孩子已经坚持开盒子 4 分钟,或者半途放弃去玩别的玩具时,任务结束。"困难盒"任务坚持的时间可以体现孩子的坚持性。

结果显示，接管组的儿童要比教学组与基线组的儿童在困难盒任务中坚持的时间更短，也就是说，接管行为会显著降低孩子的毅力。为什么会这样呢？有可能是家长的接管行为向孩子传递了"这个任务对你来说太难了，你自己不可能做好"的信息，让孩子们更有可能在困难面前放弃；也有可能接管行为让孩子觉得一旦这个任务对自己来说有难度，就会有家长来帮我，我就不用自己努力了。这提示我们，为了培养孩子的毅力，父母在日常生活中可以多以鼓励、提问等方式启发引导孩子自己独立做事，尽量减少直接帮孩子完成任务的情况。

总结而言，儿童的自我控制表现会受到儿童自身的信念（如，对于意志力的信念）、心理距离（如，想象自己的蝙蝠侠）、榜样（如，看到一个不断努力的榜样）、父母的语言（如，提到与努力有关的内容）、行为（如，以身作则）以及互动模式（如，接管行为）等社会认知因素的影响。通过调整和干预这些因素，也可以提供提升儿童自我控制能力的方法。

理性的坚持

虽然有很多研究者认为，自控力或者毅力是一种能力，一个孩子要么自控力好，要么比较差，是一种稳定的特质。但是，还有一种与之不同但并不完全矛盾的观点是，自控力是一种选择、一种理性的决策。任何一个儿童，包括成人，可以在特定的环境下，依据环境的因素，选择和决定要不要坚持、要不要努力。有的情境下，更理性的做法也许是放弃。

近期的一项研究发现儿童会根据所面对的实验者是否是可靠的来"理性"地决定要不要延迟满足（Kidd等，2012）。在这项研究中，研究者招募了3—6岁的儿童参与研究，并把他们随机分配到"可靠组"和"不可靠组"，两组中的儿童分别会遇到可靠的实验者和不可靠的实验者。具体来说，实验者会先给两组儿童一些蜡笔，并且告诉他们可以现在玩蜡笔，但是如果能够忍住先不玩蜡笔的话，之后他们能得到更多的蜡笔来玩。实际上，研究者密封了蜡笔罐的盖子,因此,研究者走后,所有小朋友们都不得不选择等待 2 分 30 秒,直到实验者回来。几分钟后,"可靠组"的实验者果然带来了很多的蜡笔;然而,"不可靠组"的实验者什么都没有带来。接下来与蜡笔相似,两组的实验者又都将一个贴纸放在桌子上,并告诉儿童,如果他们可以等一等再玩贴纸,研究人员会带回更多的贴纸,两组儿童在同样的等待之后,"可靠组"的研究者带回了更多的贴纸;而"不可靠组"的研究者空手而归。

然后,两组儿童都进行了"棉花糖实验"。结果显示,"不可靠组"的儿童更倾向于马上吃掉棉花糖,他们平均等待了 3 分钟,而"可靠组"的儿童平均忍耐时间是"不可靠组"的 4 倍,他们等待了约 12 分钟。可见,遇到"可靠的"实验者的儿童们比遇到"不可靠的"实验者的儿童们等得更久。这个差异可能源于儿童们对他们所处的环境、所互动的对象的认知。当他们与一个"不可靠"的对象进行互动时(如身处"不可靠组"),也许会作出"马上接受眼前奖励,抓住手中有的东西"这种更理性的决策。

总的来说,在延迟满足的任务中,小朋友们会根据实验者的可靠性,选择是接受眼前的奖励,还是等待以得到更大的奖励。所以说,如果小朋友不能很好等待、控制自我,也许并不是因为他缺乏自我控制能力,而可能是因为他所处的环境或他周围的人不够可靠。因此,身为小朋友们的陪伴者,家长和老师们应给予小朋友们稳定和可靠的环境,答应在未来会给予小朋友更多的奖励,就要给予;做出的承诺,就要实现。也就是说,"要想小朋友延迟满足,请先让小朋友满足"。

还有另外一种放弃可能比坚持更为理性的情境是即便我们非常努力,也不可能成功的情况。如果我们有预感我们的努力能够带来成功,我们当然应该努力去坚持;而如果我们认为眼前的阻碍是我们付出再多努力也无法跨越的,也许更明智的做法是放弃这条路,选择另一条路。那么,婴儿也知道什么时候该努力,什么时候该放弃吗?

我们面对的情境往往都是有很多不确定性的。我们需要去判断眼下的任务的价值、难度以及自己的能力,结合多方面的信息考量来决定需不需要坚持。并且,有些事情更适合求助他人(比如,专家),有些事情更适合自己去探索。适应性坚持(adaptive persistence)就是在描述这样的一种动态整合有关于自己的环境的认知以决定是否以及如何努力。近期的一项研究探究18个月大的婴儿在面对完成某个任务的社会情景时,是否也会具有与成人类似的去综合考虑情境、自己的能力以及任务难度的能力(Lucca等,2020)。在这一研究中,婴儿们会首先在观察阶段看到一名成人用绳子拖动玩具;接着在测试阶段,婴儿们有机会自己尝试拖动这个玩具。婴儿们被随机分配到以下三个组别。在容易组中,在观察阶段,婴儿会看到成人第一次尝试就成功拖动了玩具。在困难组中,在观察阶段,婴儿会看到成人在前五次尝试中都没能成功拖动玩具,而在第六次尝试中终于成功拖动了玩具。在不可能组中,在观察阶段,婴儿会看到成人在五次尝试中都没能成功拖动玩具,并且成人在五次失败尝试后停止,也就是说这里的成人并没有成功拖动玩具。在测试阶段中,婴儿有机会尝试自己拖动这个玩具(而实际上,为了考察婴儿的坚持,玩具一直是被固定在桌子上的,婴儿无法成功拖动)。研究者们分析婴儿在这个阶段中的尝试拖动的时间和每次拖动的力气,以及婴儿随着每次尝试而发生的情绪改变。

结果表明,婴儿在不同组中的表现有所不同。在容易组中,随着尝试次数的增加,婴儿尝试拖动的时间逐渐下降,这说明,婴儿之前看到成人尝试一次就成功拖动玩具,可能形成了"这个任务很容易"的预期,但在发现自己多次尝试都无法拖动玩具的时候,会逐渐做出更少的尝试,进而放弃。在不可能组中,婴儿普遍拖动力气较低,并且表现与容易组类似,随着尝试次数的增加婴儿尝试拖动的时间逐渐下降,这说明婴儿之前看到成人多次尝试都没有成功,可能形成了"这个任务是自己不可能完成"的预期,所以从一开始就没有很努力地去尝试,并且逐渐放弃。而在困难组中,婴儿的尝试时间没有随尝试次数发生明显变化,并且其拖动力气随着尝试次数逐渐提升,这说明,婴儿之前看到成人在前五次尝试中均没能成功但在第六次尝试时终于成功,可能形成了"这个任务是可以通过不断努力而取得成功"的预期。也就是说,当情境不同时,婴儿会根据成人的演示来推测任务难度,并调整自己坚持行为的模式。当看到成人可以轻松完成任务时,婴儿会付出较大的力气,而当察觉到任务是不太可能完成的时,婴儿付出的努力较少。并且,婴儿会在看到过努力有可能带来成功时(困难组)付出更持久的努力。

婴儿在测试阶段中的情绪变化也符合这样的规律。容易组的婴儿随着尝试次数的增加,变得更加沮丧,积极情绪明显减少,这表现了他们期待任务很简单,但当自己尝试却无法成功时的失望和沮丧。不可能组的婴儿也呈现出类似的趋势,但是程度较低。而对于困难组的婴儿,沮丧等消极情绪随着尝试次数也有一定程度的增多,但是积极情绪并未随着尝试次数发生明显的变化,这表现了他们也许因为失败有一定的沮丧,但一直相信通过不断努力也许可以取得成功。这说明,婴儿的情绪变化并不是完全由任务是否完成的结果导致的(婴儿在整个过程中都无法拖动玩具),而很大程度上受他们对于成功/失败预期的影响,当他们预期任务较为容易,应该可以顺利完成时(容易组),多次努力尝试都没有成功完成任务会明显地影响婴儿的情绪。而当他们预期任务本身就具有一定困难性,可能需要多次尝试来加以完成,他们情绪受到的负面影响会更小(Lucca 等,2020)。这些结果启示我们,婴儿们也会敏锐地综合考察情境中的各种因素(任务难度、自己的能力)从而在完成任务时做出不同程度的努力,也就是说,他们知道,什么时候该坚持,什么时候该放弃。这是一种非常理性的决策。

这也启示我们,要想向孩子们示范"持之以恒",让孩子明白努力的重要性,一定要注意,要把努力的过程和正面的结果联系起来,比如示范经过不断努力取得了成功的结果,这样可以让孩子感受到努力之后会"水到渠成"。当然,在孩子进行努力的时候也要不断地鼓励他们(即便是他们没有成功的时候),让他们感受到努力可以带来正面的回应。

除此之外,近期的研究还发现(Leonard 等,2022),儿童还会去根据自己的表现曲线进行决策,要不要继续坚持。举个例子,如果你接触一项新的任务,第一次尝试的时候表现很差,第二次尝试的时候有一些进步,第三次尝试的时候又有一些进步。也就是说,你在这个任务当中的表现曲线是一个不断增长的曲线。这种情况下,你的感受会是如何的?你想要继续尝试这个任务吗?相反地,如果你在另外一个任务当中第一次尝试的时候表现一般,第二次的时候还是一般,第三次的时候也没有什么变化,即你在这个任务当中的表现曲线是一成不变的。这种情况下,你的感受又会是如何的?你想要继续尝试这个任务吗?当然,你的表现曲线还有可能是下降的,或者是不断波动的。这样的不同的表现曲线会不会对儿童在任务当中的态度和坚持有影响呢?我相信你应该跟我一样,觉得可以在第一个任务当中继续付出努力,不断进步,而在其他的任务当中可能则不太想再继续努力了。毕竟,再继续可能也不会有太大的进步和收获。最近的一些研究初步发现,儿童也有这样的想法。他们也会根据自己的不同的表现曲线来调整自己努力的程度,把精力放在更有可能取得成功的任务上。

总结与启示

在本章中,我们了解了儿童自控力和毅力的发展。我们了解了自控力和毅力的重要性,这些能力对于我们取得成就和拥有幸福的生活都非常重要。我们了解了研究者如何采用包括"棉花糖实验"等在内的方法测量儿童的自控力和毅力。我们也了解了自控力和毅力的影响因素,以及我们如何提升儿童的自控力和毅力,尤其是一些社会认知方面的影响因素和提升自控力的技巧,包括改变自己对于意志力的信念、提升自己与诱惑物的心理距离、学习具有更高的自控力和毅力的榜样,以及营造一个可靠的、稳定的、值得信任的环境等。家长与孩子的互动方式也会对儿童的毅力有所影响,更多地让儿童自己玩耍或者给予一定的引导,而不是直接接管,对于儿童的毅力有一定的保护作用。我们也探讨了毅力也可以是一种理性的决策的问题。儿童就已经能够灵活地判断自己完成各个任务的可能性,以及自己是否可以获得帮助或支持从而理性地决定是继续坚持还是更明智地放弃。这些都让我们对于儿童的自控力的发展规律和机制有更深入的了解。

这些研究对我们有什么启示呢?首先,每位家长都希望自己的孩子能"管住"自己,能遇到困难不退缩,能够有持久的恒心。作为家长,与其说去培养孩子的自控力和毅力,倒不如说我们要去保护儿童的自控力和毅力。有什么是我们可以做的呢?我们可以给孩子们提供一个值得信赖的环境,我们要信守承诺,让孩子相信付出努力是会有所收获的。试想,作业很难很枯燥,你的孩子并不想做,你告诉孩子坚持做完作业就可以去玩一会儿游戏,当他满怀期待地努力做完了作业你却反悔了,那么他下次还会坚持做作业吗?恐怕不会。这不是"不听话",反而恰恰是一种理性的表现,如果我的努力不能换来回报,我为什么还要努力呢?我们还可以帮助孩子多积累成功的经验,多将"坚持""努力""自控"这样的经历与"成功"建立联系,这样可以使孩子积累"我可以坚持下去""我可以克服困难"的信念。当然,榜样的力量也是非常重要的,而且行胜于言,与其跟孩子说要坚持、要努力,不如先做一个坚持和努力的人,当孩子看到你永远在努力工作、不畏困难的时候,他们也会学习到毅力的重要性,并且付诸实践。

虽然我们对于儿童的自控力和毅力的发展已经有一定的了解,但还有很多问题需要未来的研究来解决。首先,虽然我们往往认为,天赋是先天的,努力是后天的,付出多少努力是我们每个人可以选择控制的,但是真的如此吗?自控力和毅力有多大程度上是我们可以主观控制的?会不会有的人天生就比较努力、自控力比较高,而有的人天生就比较难以努力、难以控制自己呢?如果自控力和毅力有一部分是先天决定的,那么我们对那些自控力和毅力比较差的孩子是否应该多一些耐心和理解呢?这些问题还需要我们进一步去探讨。第二,不同文化下儿童自控力的发展有怎样的相似性与不同呢?有研究表明,不同文化下的儿童在自我控制任务(比如,延迟满足任务)中表现出的模式是非常不同的(Lamm 等,2017)。比如,西方国家中的儿童往往表现出非常明显的负面的表情,会表现出很多的转移注意力的行为(如,转身、说话或是唱歌),而非西方文化下的儿童则较少表现出非常负面的表情,甚至可以说表现得相对比较"淡定"。也许,不同文化下的儿童进行自我控制的模式是有所不同的。还记得我们在第一章中讨论选择观的发展的时候曾讨论过美国的儿童与亚洲(如中国、新加坡)的儿童对于自我控制的理解可能有所不同。美国儿童可能认为自我控制的核心在于克服和抑制自己内心的"欲望",而对于中国和新加坡的儿童来说,自我控制的核心可能在于遵守社会规范或者遵守他人的要求。这样的对于自我控制的不同的理解和看法可能导致了儿童在自我控制任务中不同的表现,即是在强忍着自己内心的欲望,还是在努力达到外界的要求。未来的研究还需系统探究不同文化的儿童(甚至是成年人)在自控力发展方面的不同及其具体机制。

结语

我们每一个人都不是一座孤岛，而是在复杂的社会中生活、与他人有着或近或远的关系的"社会人"。成长为一个合格的"社会人"是每一个个体的发展任务。孩子们需要去与他人交往，去认识和理解他人，去处理各种各样的社会信息，去融入所在的社会环境，并最终通过与他人的合作互动实现更高的自我与社会目标。现代社会的快速发展、人与人之间愈加复杂而微妙的关系也给儿童的发展提出了越来越高的要求。我们的儿童不仅仅需要学习他们在当代这个社会环境中生存所需要的必备的知识和技能，还需要掌握适应这个飞速变化的世界的能力。未来的他们需要去独立面对很多新的、复杂的问题，他们需要创新性地去解决这些问题。

孩子们还需要在社会环境中、在与他人的社交互动中进行学习。每个家长都想让孩子"好好学习"，而对于孩子一生非常重要的学习，其实早在他们进入学校之前就已经有重要的发展，并且这些学习对他们一生都将产生非常重要的影响。从孩子一出生，他们生活中的点点滴滴就都是学习的机会，父母和孩子周围的人也是孩子的老师，所以只有了解儿童发展和学习的规律，我们才能更好地帮助儿童，引导他们更好地学习。

通过本书，我相信你已经对于儿童的社会认知发展与社会学习的发展有所了解。虽然儿童的社会认知发展与社会学习涉及多个方面，但有一些共通的规律是我们可以总结的。首先，我们可以看到，在很小的年龄（婴幼儿时期），儿童就有相当复杂的认知和观点，也有着相当强大的学习能力。这与早期学界普遍的看法是非常不同的。以皮亚杰为代表的很多研究者曾认为，幼儿是非理性的、是没有逻辑的、是以自我为中心的、是无法进行因果推理的、是对于道德不敏感的、是还不能进行道德判断的。但是,近几十年的研究已经提供了越来越多的证据证明这个观点是落后的,是远远低估了低龄儿童的发展水平的。学龄前(甚至更小)的儿童已经对很多领域有他们朴素的但是复杂的认知和观点,或者说对于很多领域有他们自己的直觉性的"理论"。并且,儿童观会根据他们所看到的、经历的"证据"对他们的观点进行修正。除此之外,儿童在一定情境下是能够站在他人的角度看问题的,比如,理解他人喜欢的东西可能与自己不同,他人的信念可能与自己不同等。他们也能够进行一些因果推理,理性地推测事物发生的原因,并根据这些推测做出理性的选择。他们甚至可以对他人的行为进行社会评价,表现出一些道德判断的雏形。这些越来越多的证据说明儿童比我们以为的要懂得更多。

第二,需要强调的是,儿童的社会认知和学习也是灵活的、理性的、选择性的。比如,他们能够认识到规则的灵活性和可改变性,并且有选择地判断在怎样的情境下谁可以改变规则。儿童在进行道德判断的时候也不是非黑即白的、不是仅仅看行为结果的,也会关注结果背后的意图和深层次的原因。儿童在进行模仿时候,也会灵活地、理性地推测对方的意图从而选择性地进行模仿和观察学习;儿童在与他人进行直接的学习的时候,也绝非全盘接受,而是会灵活地判断对方的可信度等方面从而进行选择性学习。这些都体现了儿童对于这个世界、对于他人的复杂的、灵活的认知,可以帮助他们更好地驾驭这个复杂的社会环境。

第三,尽管在婴儿时期,儿童的社会认知能力就已经非常强大,但是这些能力还存在着很多的限制,与成人的水平还有较大的差距,同时这些能力也会随着年龄的增长、经验的积累不断发展变化。随着年龄的增长,儿童对他人心理状态的认知(比如,心理理论能力)会逐渐成熟,撒谎的能力也日渐精湛,对于选择的看法也逐渐成熟,对于人际关系的认知也越来越多元,对于社会类别的认知也逐渐敏感(甚至会形成一定的刻板印象),道德认知也逐渐更加灵活,对于更微妙的一些道德行为也有更加成熟的认知,对于自我的认知也越来越成熟。儿童社会认知的发展变化机制是研究者关注的一个重要且复杂的问题。皮亚杰所提出的同化和顺应的过程在当代研究者看来已经太过笼统。现当代的儿童发展的理论试图更细致地描绘儿童认知的发展变化机制。不同的理论在儿童的发展起点（什么是天生固有的）、生理成熟如何和外界的影响共同作用从而带来发展、认知发展多大程度上是连续的还是阶段的、认知发展在多大程度上是基于共同的进程、认知发展是领域特异性还是领域一般性等方面仍然存在很多的纷争，也是需要进一步研究和探讨的。

值得关注的是，在社会认知的发展过程中，生理上的成熟固然重要，但社会文化环境的影响也是非常重要的。儿童所处的环境会影响儿童所看到和接受到的"证据"或者输入的信息，从而影响他们如何进一步更新自己的认知和"理论"。从宏观的环境来说，儿童所处的文化、时代会有很重要的影响，比如我们所提到的越来越多的跨文化的研究表明不同文化下成长的儿童对于情绪的理解有所不同，自我概念有所不同等。从微观的环境来看，儿童的家庭环境、学校环境、同伴的影响都对于儿童的各方面发展有着非常重要的作用。当然，需要明确的是，儿童从来都不是被动地接受这些环境的影响的。与皮亚杰和维果茨基的观点一致，儿童是主动去探索他们所处的环境、主动与他人进行社交互动，从而去建构他们对于这个世界、对于自己和他人的认知的。面对同样的社会文化环境，不同的个体的建构也会有所不同。

虽然我们对于儿童社会认知与社会学习有了越来越多的了解，但当前的研究还有很多不足之处，也为未来的研究奠定了方向。首先，大多数有关儿童社会认知的研究仅关注一个方面的发展（比如，可能只关注对于社会群体的认知或者只关注对于自我的认知），但现实中儿童各个方面的认知是需要整合的。我们需要运用更加动态的、整合的视角来研究儿童的发展。这样的视角更加可以揭示儿童在面对真实的、复杂的社会环境的时候是如何调动其多方面的认知进行社交互动的。另一方面，这样的整合的研究从理论上也可以帮助我们去分析儿童对社会认知是更加领域一般的（domain-general）还是领域特定的（domain-specific）？以选择观为例，儿童在现实生活中要同时面对各种方面的限制和成本，有的是内在的（比如，欲望、动机），有的是外在的（比如，社会规范、他人的期望）。那么，他们在考虑这些限制和选择的时候，有多大程度是基于一个领域一般性的信念和理解，又有多大程度上是基于对这些特定的因素的考量？再比如，儿童认知客观世界的机制、认知他人的机制与认知自我的机制有多大程度的相似性和一般性，又各自有哪些特异性？这些都是未来研究需要去探讨的问题。

第二，无论是作为研究者还是家长，我们不仅要关注儿童的行为，也要关注儿童的认知，并且要关注儿童的认知和行为之间的关系。我们往往只是看到儿童的外显的行为或者最后的结果，比如他没有把自己的玩具分享给其他的小朋友，或者她没有取得好成绩。有的人可能非常武断地就根据这样的行为认为孩子是不友好的、不亲社会的，或者说她不擅长某件事情。但是，儿童的一个行为背后可能有着非常复杂的认知和行为的过程。我们需要去关心行为背后的深层的原因。很多的行为表现可能都基于一定的认知和理解，以及动机。儿童要先理解和认识到当下发生了什么，是怎样的情况（比如认识到对方想要玩具）；然后要基于相应的动机（比如我想要对对方好），从而基于这样的理解和动机去控制自己达成相应的行为（比如给对方分享）。儿童的信念与认知往往会引导和影响他们的行为，那么很多时候，我们可以从改变认知入手从而进一步改变行为，可能可以带来更长远有效的行为改变。当然，儿童的认知和行为很多时候可能是不相匹配的，比如儿童可能认识到应该分享，但是却在行为上依然表现得自私。这可能是因为动机的问题，比如有其他的冲突性的动机；也可能有自我控制的问题，比如不能控制自己去实现想要实现的行为。作为研究者，我们需要将儿童认知层面上的理解、观点等与行为上的表现结合着来看，并且去探究两者之间的关系。对于认知和行为不匹配的情况，比如在第四章所提到的在亲社会行为中的认知和行为之间的差距，进行更深入的研究。

第三，我们还需要更系统地去研究文化环境在儿童的社会认知和社会学习中的作用。跨文化的研究对于我们理解儿童发展的共通性和差异性非常重要。虽然我们在本书中了解到了一些非常具有启发性的跨文化研究，但是还是有大量的研究仅仅取样过西方儿童，对其他文化的儿童我们还知之甚少，未来还需要越来越多地取样自不同文化的研究。取样不同文化的儿童进行研究有赖于不同文化下的学者的合作和交流，也是一件相当耗时耗力的事情，且在进行跨文化的研究的过程中,我们也要注意几个方面。

一方面,文化不仅仅是不同的国家,文化应该是个多维度的概念,文化可以是不同的国家,也可以是同一个国家中的不同的地区,美国的南部和北部、中国的不同地区,城市和乡村,甚至小到每一个学校、每一个班级都可以是不同的文化。很多经典的跨文化研究关注的是东方和西方的差异,虽然这些研究发现了东西方文化的很多经典而稳定的差异,但是这样的二分的分法并不一定能够很好地反映现实,比如西方不同国家之间的差异,美国的不同区域、不同社会经济阶层也有很大的差异;不同的东亚国家之间也有重要的文化差异,中国的不同地区、不同社会经济阶层之间的差异也非常重要。

另一方面,跨文化的研究不仅仅要揭示和描述出文化差异,还应该分析和揭示文化差异的深层原因:即为什么会有这样的文化差异,可以从文化倾向或者文化价值观的角度进行剖析。很多经典的研究也是从个体主义文化和集体主义文化这样的二分的方法出发,但是后续的研究也越来越多地认为个体主义—集体主义更多可能是一个连续体,有的文化更偏向集体主义,有的更偏向个体主义。另外,个体主义—集体主义绝不是描述文化倾向的唯一维度,应该从更多的维度(比如,文化的松紧)来看待文化。我们在研究不同的话题的时候也应该从最适合的文化维度来寻找深层的文化原因。同时,我们也需要去思考不同文化的儿童是如何从社会文化环境中习得这些差异的,比如可能是通过儿童所接触的重要的成人(比如,家长)。我们所提到的有关于儿童的自我认知的文化差异的研究就是关注的亲子对话作为形成文化差异的来源。再比如说,儿童也可能通过所阅读和接触的信息(比如故事书和媒体)学习到这些差异,比如我们所提到的有关于儿童的理想情绪的研究就发现了不同文化下故事书的差异。我们也许可以借鉴布朗芬布伦纳的生态系统理论,从多个层次、多个系统来探究文化差异的来源,包括儿童所直接接触的微观系统(比如,家长等),以及整个的宏观系统(比如,文化、价值观等)。

这样的思路也可以帮助我们去探讨文化对于儿童社会认知的影响究竟是怎样的机制。一方面,文化可能会影响儿童所接触到的、接收到的环境中的信息(比如,家长和老师传递的价值观、故事书等媒体上呈现的内容),但不同文化下儿童的发展机制可能是相对一致的,只是不同文化下的儿童所接触到的环境中的信息有所不同。另一方面,文化也可能不仅仅是影响儿童所接触的信息环境,也会进一步影响不同文化下儿童发展的机制。比如,在某些文化下,儿童主要依靠某种机制(如,对于自身经历的认识)进行社会认知的发展,而在另一些文化下,儿童可能主要依靠另一种路径(如,重要他人的直接教导)进行发展。

除此之外,我们也需要去研究文化的变迁。很多的跨文化的研究是基于二三十年前所收集的数据,但在过去的几十年中,中国社会出现了重要的变化。很直观地,我们就可以感受到现在的儿童跟三四十年前的儿童太不一样了。这几代的儿童经历了很多独特的历史文化事件,过去的几十年家长的教养观念也有很多的变化。那么,去探究文化的变迁及其对儿童的认知的影响是非常有必要的。这其实与布朗芬布伦纳的生态系统理论中的时序系统也是高度一致的。

希望本书所讨论的儿童的社会认知和社会学习的发展也对家长和教育工作者有所帮助;希望可以启示家长用科学的、发展的眼光来看待孩子、观察孩子、理解孩子。第一,作为家长,我们要对孩子的行为敏感,但是也要知道儿童行为的复杂性。正如我们上文所说,儿童的一个简简单单的行为背后是可能是很多方面的共同作用,比如儿童对于自我和他人的认知、儿童的多方面的动机,以及儿童的自我控制的能力等。所以,作为家长,我们不能急于基于某一个行为就给孩子贴上了标签("他不擅长这个""他不是这块料"),而需要尽量通过现象看本质,更深入地了解我们的孩子,搞清楚孩子行为表现背后的深层原因,再进行相应的沟通。第二,基于儿童社会学习的灵活性和选择性,我们家长也要时时刻刻做好榜样,做孩子尊敬和认同的父母,与其"鸡娃",把自己的期待放在孩子身上,督促孩子努力成功,不如先"鸡"自己,让自己不断进步,成为孩子的榜样,孩子也更愿意与我们沟通。

最后,我们要时刻提醒自己,儿童不是提线木偶,而是一个个具有主动性的个体,每个儿童都是不同的,具有自己的天性。儿童绝对不是被动地、"听话地"接受外界的信息,而是主动地探索环境从而进行建构。即便是面对完全相同的社会信息,不同的孩子所进行的处理加工、所进行的建构也会有所不同。认清这个事实会让我们对于家长或者说教育工作者的使命有更深入的理解。我们不是在雕刻我们的孩子,让他们成为某个模样。这不现实,也不符合儿童发展的客观规律,他们往往不会按照我们所期待的那个模子去长。我们所能做的,或者说我们所应该做的,就是无条件地爱他们,让他们永远有一个可以避风的港湾;给他们创造更好的、更丰富的、有更多选择的环境,让他们永远敢于拥抱这个世界、自由地探索这个世界;照料他们、守护他们,在需要的时候把他们拉回正轨,避免他们误入歧途;陪伴他们、欣赏他们、鼓励他们,让他们探索并认识到自己的意义与价值,做自己人生的主人。

参考文献

Adrian, J. E., Clemente, R. A., Villanueva, L., & Rieffe, C. (2005). Parent-child picture-book reading, mothers' mental state language and children's theory of mind. *Journal of Child Language*, 32(3), 673–686.

Asaba, M., & Gweon, H. (2020). Learning about others to learn about the self: Early reasoning about the informativeness of others' praise. In E. Brummelman (Ed.), *Current Issues in Social Psychology: Psychology of Praise*. Routledge.

Asaba, M., & Gweon, H. (2022). Young children infer and manage what others think about them. *Proceedings of the National Academy of Sciences*, 119(32), e2105642119.

Atance, C. M. (2015). Young children's thinking about the future. *Child Development Perspectives*, 9(3), 178–182.

Atance, C. M., & O'Neill, D. K. (2005). The emergence of episodic future thinking in humans. *Learning and Motivation*, 36(2), 126–144.

Baillargeon, R., Buttelmann, D., & Southgate, V. (2018). Invited commentary: Interpreting failed replications of early false-belief findings: Methodological and theoretical considerations. *Cognitive Development*, 46, 112–124.

Bamford, C., & Lagattuta, K. H. (2012). Looking on the bright side: Children's knowledge about the benefits of positive versus negative thinking. *Child Development*, 83(2), 667–682.

Bandura, A., Ross, D., & Ross, S. A. (1961). Transmission of aggression through imitation of aggressive models. *The Journal of Abnormal and Social Psychology*, 63(3), 575.

Baumard, N., Mascaro, O., & Chevallier, C. (2012). Preschoolers are able to take merit into account when distributing goods. *Developmental Psychology*, 48(2), 492.

Baumeister, R. F., Tice, D. M., & Hutton, D. G. (1989). Selfpresentational motivations and personality differences in self-esteem. *Journal of Personality*, 57, 547–579.

Becht, A. I., Nelemans, S. A., Van Dijk, M. P., Branje, S. J., Van Lier, P. A., Denissen, J. J., & Meeus, W. H. (2017). Clear self, better relationships: Adolescents' self-concept clarity and relationship quality with parents and peers across 5 years. *Child Development*, 88(6), 1823–1833.

Bélanger, M. J., Atance, C. M., Varghese, A. L., Nguyen, V., & Vendetti, C. (2014). What will I like best when I'm all grown up? Preschoolers' understanding of future preferences. *Child Development*, 85(6), 2419–2431.

Berk, L. (2015). Pearson Higher Education All. *Child development*.

Blackwell, L. S., Trzesniewski, K. H., & Dweck, C. S. (2007). Implicit theories of intelligence predict achievement across an adolescent transition: A longitudinal study and an intervention. *Child Development*, 78(1), 246–263.

Blake, P. R. (2018). Giving what one should: Explanations for the knowledge-behavior gap for altruistic giving. *Current Opinion in Psychology*, 20, 1–5.

Blake, P. R., & McAuliffe, K. (2011). "I had so much it didn't seem fair": Eight-year-olds reject two forms of inequity. *Cognition*, 120(2), 215–224.

Blake, P. R., Corbit, J., Callaghan, T. C., & Warneken, F. (2016). Give as I give: Adult influence on children's giving in two cultures. *Journal of Experimental Child Psychology*, 152, 149–160.

Blake, P. R., McAuliffe, K., & Warneken, F. (2014). The developmental origins of fairness: The knowledge–behavior gap. *Trends in Cognitive. Sciences*, 18(11), 559–561.

Smith, C. E., Blake, P. R., & Harris, P. L. (2013). I should but I won't: Why young children endorse norms of fair sharing but do not follow them. *PloS one*, 8(3), e59510.

Bonawitz, E., Shafto, P., Gweon, H., Goodman, N. D., Spelke, E., & Schulz, L. (2011). The double-edged sword of pedagogy: Instruction limits spontaneous exploration and discovery. *Cognition*, 120(3), 322–330.

Bos, A. L., Greenlee, J. S., Holman, M. R., Oxley, Z. M., & Lay, J. C. (2022). This one's for the boys: How gendered political socialization limits girls' political ambition and interest. *American Political Science Review*, 116(2), 484–501.

Bregant, J., Wellbery, I., & Shaw, A. (2019). Crime but not punishment? Children are more lenient toward rule-breaking when the "spirit of the law" is unbroken. *Journal of Experimental Child Psychology*, 178, 266–282.

Brewer, M. B., & Silver, M. (1978). Ingroup bias as a function of task characteristics. *European Journal of Social Psychology*.

Bridgers, S., Jara-Ettinger, J., & Gweon, H. (2020). Young children consider the expected utility of others' learning to decide what to teach. *Nature Human Behaviour*, 4(2), 144–152.

Brownell, C. A., Svetlova, M., & Nichols, S. (2009). To share or not to share: When do toddlers respond to another's needs?. *Infancy*, 14(1), 117–130.

Brummelman, E., Thomaes, S., Orobio, d. C. B., Overbeek, G., & Bushman, B. J. (2014). "That's Not Just Beautiful — That's Incredibly Beautiful!": the adverse impact of inflated praise on children with low self-esteem. *Psychological Science*, 25(3), 728–735.

Brummelman, E., Thomaes, S., Overbeek, G., Orobio de Castro, B., Van Den Hout, M. A., & Bushman, B. J. (2014). On feeding those hungry for praise: Person praise backfires in children with low self-esteem. *Journal of Experimental Psychology: General*, 143(1), 9.

Burkholder, A. R., Elenbaas, L., & Killen, M. (2020). Children's and adolescents' evaluations of intergroup exclusion in interracial and interwealth peer contexts. *Child Development*, 91(2), 512–517.

Burnette, J. L., O'boyle, E. H., VanEpps, E. M., Pollack, J. M., & Finkel, E. J. (2013). Mind-sets matter: a meta-analytic review of implicit theories and self-regulation. *Psychological Bulletin*, 139(3), 655.

Burns, M. P., & Sommerville, J. A. (2014). "I pick you": The impact of fairness and race on infants' selection of social partners. *Frontiers in Psychology*, 5, 93.

Busby, J., & Suddendorf, T. (2005). Recalling yesterday and predicting tomorrow. *Cognitive Development*, 20(3), 362–372.

Carr, K., Kendal, R. L., & Flynn, E. G. (2015). Imitate or innovate? Children's innovation is influenced by the efficacy of observed behaviour. *Cognition*, 142, 322–332.

Charafeddine, R., Zambrana, I. M., Triniol, B., et al. (2020). How preschoolers associate power with gender in male-female interactions: A cross-cultural investigation. *Sex Roles*, 83(7), 453–473.

Chen, S. H., Gleason, T. R., Wang, M. M., Liu, C. H., & Wang, L. K. (2019). Perceptions of social status in Chinese American children: Associations with social cognitions and socioemotional well-being. *Asian American Journal of Psychology*, 10

(4),362.

Chernyak, N., & Kushnir, T. (2013). Giving preschoolers choice increases sharing behavior. *Psychological Science*, *24*(10),1971–1979.

Chernyak, N., Kang, C., & Kushnir, T. (2019). The cultural roots of free will beliefs: How Singaporean and US Children judge and explain possibilities for action in interpersonal contexts. *Developmental Psychology*, *55*(4),866.

Chernyak, N., Kushnir, T., Sullivan, K. M., & Wang, Q. (2013). A comparison of American and Nepalese children's concepts of freedom of choice and social constraint. *Cognitive Science*, *37*(7),1343–1355.

Choe, K. S., Keil, F. C., & Bloom, P. (2005). Children's understanding of the Ulysses conflict. *Developmental Science*, *8*(5),387–392.

Cimpian, A. (2017). Early reasoning about competence is not irrationally optimistic, nor does it stem from inadequate cognitive representations.

Cimpian, A., Arce, H. M. C., Markman, E. M., & Dweck, C. S. (2007). Subtle linguistic cues affect children's motivation. *Psychological Science*, *18*(4),314–316.

Cooley, S., Burkholder, A. R., & Killen, M. (2019). Social inclusion and exclusion in same-race and interracial peer encounters. *Developmental Psychology*, *55*(11),2440.

Corriveau, K. H., & Kurkul, K. E. (2014). "Why does rain fall?": Children prefer to learn from an informant who uses noncircular explanations. *Child Development*, *85*(5),1827–1835.

Corriveau, K. H., Kinzler, K. D., & Harris, P. L. (2013). Accuracy trumps accent in children's endorsement of object labels. *Developmental Psychology*, *49*(3),470.

Corriveau, K. H., Min, G., Chin, J., & Doan, S. (2016). Do as I do, not as I say: Actions speak louder than words in preschoolers learning from others. *Journal of Experimental Child Psychology*, *143*,179–187.

Cottrell, S., Torres, E., Harris, P. L., & Ronfard, S. (2022). Older children verify adult claims because they are skeptical of those claims. *Child Development*.

Crivello, C., & Poulin-Dubois, D. (2018). Infants' false belief understanding: A non-replication of the helping task. *Cognitive Development*, *46*,51–57.

Crocker, J., & Park, L. E. (2004). The costly pursuit of self-esteem. *Psychological Bulletin*, *130*,392–414.

Croft, A., Schmader, T., Block, K., & Baron, A. S. (2014). The second shift reflected in the second generation: Do parents' gender roles at home predict children's aspirations?. *Psychological Science*, *25*(7),1418–1428.

Cushman, F., Sheketoff, R., Wharton, S., & Carey, S. (2013). The development of intent-based moral judgment. *Cognition*, *127*(1), 6–21.

Dahl, A., & Brownell, C. A. (2019). The Social Origins of Human Prosociality. *Current Directions in Psychological Science*, *28*(3), 274–279.

Dahl, A., Satlof-Bedrick, E. S., Hammond, S. I., Drummond, J. K., Waugh, W. E., & Brownell, C. A. (2017). Explicit scaffolding increases simple helping in younger infants. *Developmental Psychology*, *53*(3), 407.

Davis, J., Redshaw, J., Suddendorf, T., Nielsen, M., Kennedy-Costantini, S., Oostenbroek, J., & Slaughter, V. (2021). Does neonatal imitation exist? Insights from a meta-analysis of 336 effect sizes. *Perspectives on Psychological Science*, *16*(6), 1373–1397.

Davoodi, T., Soley, G., Harris, P. L., & Blake, P. R. (2020). Essentialization of social categories across development in two cultures. *Child Development*, *91*(1), 289–306.

Deci, E. L., & Ryan, R. M. (2008). Self-determination theory: A macrotheory of human motivation, development, and health. *Canadian Psychology/Psychologie Canadienne*, *49*(3), 182.

DeJesus, J. M., Rhodes, M., & Kinzler, K. D. (2014). Evaluations versus expectations: Children's divergent beliefs about resource distribution. *Cognitive Science*, *38*(1), 178–193.

Delton, A. W., & Robertson, T. E. (2016). How the mind makes welfare tradeoffs: Evolution, computation, and emotion. *Current Opinion in Psychology*, *7*, 12–16.

Diesendruck, G. (2021). A motivational perspective on the development of social essentialism. *Current Directions in Psychological Science*, *30*(1), 76–81.

Diesendruck, G., & HaLevi, H. (2006). The role of language, appearance, and culture in children's social category-based induction. *Child Development*, *77*(3), 539–553.

Diesendruck, G., & Menahem, R. (2015). Essentialism promotes children's interethnic bias. *Frontiers in Psychology*, *6*, 1180.

Ding, X. P., Wellman, H. M., Wang, Y., Fu, G., & Lee, K. (2015). Theory of mind training causes honest young children to Lie. *Psychological Science*, *26*(11), 1812–1821.

Doan, S. N., & Wang, Q. (2010). Maternal discussions of mental states and behaviors: Relations to emotion situation knowledge in European American and immigrant

Chinese children. *Child Development*, 81(5), 1490–1503.

Duckworth, A. L., Peterson, C., Matthews, M. D., & Kelly, D. R. (2007). Grit: perseverance and passion for long-term goals. *Journal of Personality and Social Psychology*, 92(6), 1087.

Dunfield, K. A., & Kuhlmeier, V. A. (2013). Classifying prosocial behavior: Children's responses to instrumental need, emotional distress, and material desire. *Child Development*, 84(5), 1766–1776.

Dunham, Y., Baron, A. S., & Carey, S. (2011). Consequences of "minimal" group affiliations in children. *Child Development*, 82(3), 793–811.

Durante, F., Tablante, C. B., & Fiske, S. T. (2017). Poor but warm, rich but cold (and competent): Social classes in the stereotype content model. *Journal of Social Issues*, 73(1), 138–157.

Dweck, C. S. (2006). *Mindset: The new psychology of success*. NewYork: Random House.

Eason, A. E., Doctor, D., Chang, E., Kushnir, T., & Sommerville, J. A. (2018). The choice is yours: Infants' expectations about an agent's future behavior based on taking and receiving actions. *Developmental Psychology*, 54(5), 829.

Elenbaas, L., Rizzo, M. T., Cooley, S., & Killen, M. (2016). Rectifying social inequalities in a resource allocation task. *Cognition*, 155, 176–187.

Engelmann, J. M., & Rapp, D. J. (2018). The influence of reputational concerns on children's prosociality. *Early Development of Prosocial Behavior*, 20, 92–95.

Engelmann, J. M., Over, H., Herrmann, E., & Tomasello, M. (2013). Young children care more about their reputation with ingroup members and potential reciprocators. *Developmental Science*, 16(6), 952–958.

Engelmann, J. M., Zhang, Z., Zeidler, H., Dunham, Y., & Herrmann, E. (2021). The influence of friendship and merit on children's resource allocation in three societies. *Journal of Experimental Child Psychology*, 208, 105–149.

Enright, E. A., Alonso, D. J., Lee, B. M., & Olson, K. R. (2020). Children's understanding and use of four dimensions of social status. *Journal of Cognition and Development*, 21(4), 573–602.

Evans, A. D., & Lee, K. (2013). Emergence of lying in very young children. *Developmental Psychology*, 49(10), 1958–1963.

Evans, A. D., Xu, F., & Lee, K. (2011). When all signs point to you: lies told in the face of evidence. *Developmental Psychology*, 47(1), 39.

Fan, S. P., Liberman, Z., Keysar, B., & Kinzler, K. D. (2015). The Exposure Advantage: Early Exposure to a Multilingual Environment Promotes Effective Communication. *Psychological Science*, 26(7), 1090–1097.

Feldman, G., Chandrashekar, S. P., & Wong, K. F. E. (2016). The freedom to excel: Belief in free will predicts better academic performance. *Personality and Individual Differences*, 90, 377–383.

Frith, U., & Happé, F. (1994). Autism: Beyond "theory of mind". *Cognition*, 50(1–3), 115–132.

Gelman, S. A. (2003). *The essential child: Origins of essentialism in everyday thought*. Oxford Cognitive Development.

Gelman, S. A., & Roberts, S. O. (2017). How language shapes the cultural inheritance of categories. *Proceedings of the National Academy of Sciences*, 114(30), 7900–7907.

Geraci, A., & Surian, L. (2011). The developmental roots of fairness: Infants' reactions to equal and unequal distributions of resources. *Developmental Science*, 14(5), 1012–1020.

Gergely, G., Bekkering, H., & Király, I. (2002). Rational imitation in preverbal infants. *Nature*, 415(6873), 755–755.

Gnepp, J., McKee, E., & Domanic, J. A. (1987). Children's use of situational information to infer emotion: Understanding emotionally equivocal situations. *Developmental Psychology*, 23(1), 114.

Göckeritz, S., Schmidt, M. F., & Tomasello, M. (2014). Young children's creation and transmission of social norms. *Cognitive Development*, 30, 81–95.

Good, K., & Shaw, A. (2021). Achieving a good impression: Reputation management and performance goals. *Wiley Interdisciplinary Reviews: Cognitive Science*, 12(4), e1552.

Gopnik, A., & Wellman, H. M. (2012). Reconstructing constructivism: causal models, Bayesian learning mechanisms, and the theory theory. *Psychological Bulletin*, 138(6), 1085.

Gülgöz, S., & Gelman, S. A. (2017). Who's the boss? Concepts of social power across development. *Child Development*, 88(3), 946–963.

Gweon, H., & Asaba, M. (2018). Order matters: Children's evaluation of underinformative teachers depends on context. *Child Development*, 89(3), 278–292.

Gweon, H., & Schulz, L. (2011). 16 - month-olds rationally infer causes of failed actions. *Science*, *332*(6037),1524 - 1524.

Haimovitz, K., & Dweck, C. S. (2016). What predicts children's fixed and growth intelligence mind-sets? not their parents' views of intelligence but their parents' views of failure. *Psychological Science*, *27*(6), 859 - 869. https://doi.org/10.1177/0956797616639727.

Haimovitz, K., & Dweck, C. S. (2017). The origins of children's growth and fixed mindsets: New research and a new proposal. *Child Development*, *88*(6),1849 - 1859.

Haimovitz, K., Dweck, C. S., & Walton, G. M. (2019). Preschoolers Find Ways to Resist Temptation After Learning That Willpower Can Be Energizing. *Developmental Science*.

Haimovitz, K., Dweck, C. S., & Walton, G. M. (2020). Preschoolers find ways to resist temptation after learning that willpower can be energizing. *Developmental Science*, *23*(3), e12905.

Haley, K. J., & Fessler, D. M. (2005). Nobody's watching?: Subtle cues affect generosity in an anonymous economic game. *Evolution and Human behavior*, *26*(3), 245 - 256.

Hamlin, J. K., & Wynn, K. (2011). Young infants prefer prosocial to antisocial others. *Cognitive Development*, *26*(1),30 - 39.

Hamlin, J. K., Wynn, K., & Bloom, P. (2007). Social evaluation by preverbal infants. *Nature*, *450*(7169),557 - 559.

Harris, L. T., & Fiske, S. T. (2006). Dehumanizing the lowest of the low: Neuroimaging responses to extreme out-groups. *Psychological Science*, *17*(10), 847 - 853.

Harris, P. L. (1989). *Children and emotion: The development of psychological understanding*. Basil Blackwell.

Hart, D., & Damon, W. (1988). Self-understanding and social cognitive development. *Early Child Development and Care*, *40*(1),5 - 23.

Harter, S. (1983). Children's understanding of multiple emotions: A cognitive-developmental approach. *The Relationship between Social and Cognitive Development*,147 - 194.

Harter, S. (1993). Causes and consequences of low self-esteem in children and adolescents. In *Self-esteem* (pp.87 - 116). Springer., Boston, M.A.

Harter, S. (2012). Emerging self-processes during childhood and adolescence. In

Leary, M. R., & Tangney, J. P. (Eds.), *Handbook of self and identity* (pp. 680–715). The Guilford Press.

Harter, S., & Buddin, B. J. (1987). Children's understanding of the simultaneity of two emotions: A five-stage developmental acquisition sequence. *Developmental Psychology*, 23(3), 388.

Haun, D. B. M., & Tomasello, M. (2011). Conformity to Peer Pressure in Preschool Children. *Child Development*, 82(6), 1759–1767.

Heck, I. A., Bas, J., & Kinzler, K. D. (2022). Small groups lead, big groups control: Perceptions of numerical group size, power, and status across development. *Child Development*, 93(1), 194–208.

Heck, I. A., Shutts, K., & Kinzler, K. D. (2022). Children's thinking about group-based social hierarchies. *Trends in Cognitive Sciences*.

Henderlong, J., & Lepper, M. (2002). The effects of praise on children's intrinsic motivation: A review and synthesis. *Psychological Bulletin*, 128, 774–795.

Henrich, J. (2015). Culture and social behavior. *Current Opinion in Behavioral Sciences*, 3, 84–89.

Hepach, R. (2017). Prosocial arousal in children. *Child Development Perspectives*, 11(1), 50–55.

Hepach, R., & Tomasello, M. (2020). Young children show positive emotions when seeing someone get the help they deserve. *Cognitive Development*, 56, 100935.

Hepach, R., Benziad, L., & Tomasello, M. (2019). Chimpanzees help others with what they want; children help them with what they need. *Developmental Science*, e12922.

Hepach, R., Engelmann, J. M., Herrmann, E., Gerdemann, S. C., & Tomasello, M. (2022). Evidence for a developmental shift in the motivation underlying helping in early childhood. *Developmental Science*, e13253.

Hepach, R., Haberl, K., Lambert, S., & Tomasello, M. (2017). Toddlers help anonymously. *Infancy*, 22(1), 130–145.

Hepach, R., Vaish, A., & Tomasello, M. (2017a). Children's intrinsic motivation to provide help themselves after accidentally harming others. *Child Development*, 88(4), 1251–1264.

Hepach, R., Vaish, A., Müller, K., & Tomasello, M. (2019). Toddlers' intrinsic motivation to return help to their benefactor. *Journal of Experimental Child Psychology*, 188, 104658.

Hepach, R., Vaish, A., & Tomasello, M. (2012). Young children are intrinsically motivated to see others helped. *Psychological Science*, 23(9), 967 – 972.

Heyman, G. D., Compton, A. M., Amemiya, J., Ahn, S., & Shao, S. (2021). Children's reputation management: Learning to identify what is socially valued and acting upon it. *Current Directions in Psychological Science*, 30(4), 315 – 320.

Horwitz, S. R., Shutts, K., & Olson, K. R. (2014). Social class differences produce social group preferences. *Developmental Science*, 17(6), 991 – 1002. https://doi.org/10.1111/desc.12181.

Hu, Y., Shu, Y., & Zhao, X. (2023). *Children consider changes in performance over time when reasoning about academic achievements*. Poster Presentation, Society for Research in Child Development 2023 Biennial Meeting.

Huang, Z., Wei, X., Lu, R., & Shi, J. (2022). Whether and how can a growth mindset intervention help students in a non-western culture? Evidence from a field experiment in China. *Educational Psychology*, 42(7), 913 – 929.

Hussak, L. J., & Cimpian, A. (2015). An early-emerging explanatory heuristic promotes support for the status Quo. *Journal of Personality and Social Psychology*, 109(5), 739 – 752.

Hussak, L. J., & Cimpian, A. (2017). Investigating the origins of political views: Biases in explanation predict conservative attitudes in children and adults. *Developmental Science*, 21(3), e12567. https://doi.org/10.1111/desc.12567.

Iyengar, S. S., & DeVoe, S. E. (2003). Rethinking the value of choice: considering cultural mediators of intrinsic motivation. *Cross-Cultural Differences in Perspectives on the Self*, 49, 129 – 174.

Iyengar, S. S., & Lepper, M. R. (1999). Rethinking the value of choice: a cultural perspective on intrinsic motivation. *Journal of personality and social psychology*, 76(3), 349.

Jagiello, R., Heyes, C., & Whitehouse, H. (2022). Bifocal stance theory: An effort to broaden, extend, and clarify. *Behavioral and Brain Sciences*, 45, e275.

Jara-Ettinger, J., Gweon, H., Tenenbaum, J. B., & Schulz, L. E. (2015). Children's understanding of the costs and rewards underlying rational action. *Cognition*, 140, 14 – 23.

Jenkins, J. M., & Astington, J. W. (1996). Cognitive factors and family structure associated with theory of mind development in young children. *Developmental Psychology*, 32(1), 70.

Jin, K. S., & Baillargeon, R. (2017). Infants possess an abstract expectation of ingroup support. *Proceedings of the National Academy of Sciences*, *114*(31), 8199 - 8204.

Job, V., Dweck, C. S., & Walton, G. M. (2010). Ego depletion—Is it all in your head? Implicit theories about willpower affect self-regulation. *Psychological Science*, *21*(11), 1686 - 1693.

Kajanus, A. et al. (2020). Children's understanding of dominance and prestige in China and the UK. *Evolution and Human Behavior*, *41*(1), 23 - 34.

Kamins, M. L., & Dweck, C. S. (1999). Person versus process praise and criticism: Implications for contingent self-worth and coping. *Developmental Psychology*, *35*, 835 - 847.

Kanngiesser, P., Schäfer, M., Herrmann, E., Zeidler, H., Haun, D., & Tomasello, M. (2022). Children across societies enforce conventional norms but in culturally variable ways. *Proceedings of the National Academy of Sciences*, *119*(1), e2112521118.

Kidd, C., Palmeri, H., & Aslin, R. N. (2013). Rational snacking: Young children's decision-making on the marshmallow task is moderated by beliefs about environmental reliability. *Cognition*, *126*(1), 109 - 114.

Killen, M., Smetana, J. G., & Smetana, J. (2006). Social - cognitive domain theory: Consistencies and variations in children's moral and social judgments. In *Handbook of moral development* (pp. 137 - 172). Psychology Press.

Kinzler, K. D., Corriveau, K. H., & Harris, P. L. (2011). Children's selective trust in native-accented speakers. *Developmental Science*, *14*(1), 106 - 111.

Kinzler, K. D., Dupoux, E., & Spelke, E. S. (2007). The native language of social cognition. *Proceedings of the National Academy of Sciences*, *104*(30), 12577 - 12580.

Koenig, M. A., & Harris, P. L. (2005). Preschoolers mistrust ignorant and inaccurate speakers. *Child Development*, *76*(6), 1261 - 1277.

Kohlberg, L., & Kramer, R. (1969). Continuities and discontinuities in childhood and adult moral development. *Human Development*, *12*(2), 93 - 120.

Kteily, N., Ho, A. K., & Sidanius, J. (2012). Hierarchy in the mind: The predictive power of social dominance orientation across social contexts and domains. *Journal of Experimental Social Psychology*, *48*(2), 543 - 549.

Kushnir, T. (2018). The developmental and cultural psychology of free will. *Philosophy Compass*, *13*(11), e12529.

Kushnir, T. , & Koenig, M. A. (2017). What I don't know won't hurt you: The relation between professed ignorance and later knowledge claims. *Developmental Psychology*, 53(5),826.

Kushnir, T. , Xu, F. , & Wellman, H. M. (2010). Young children use statistical sampling to infer the preferences of other people. *Psychological Science*, 21(8), 1134–1140.

Lagattuta, K. H. , Kramer, H. J. , Kennedy, K. , Hjortsvang, K. , Goldfarb, D. , & Tashjian, S. (2015). Beyond Sally's missing marble: Further development in children's understanding of mind and emotion in middle childhood. *Advances in Child Development and Behavior*, 48,185–217.

Lamm, B. , Keller, H. , & Teiser, J. et al. (2018). Waiting for the second treat: Developing culture-specific modes of self-regulation. *Child Development*, 89(3), 261–277.

Lapan, C. , & Boseovski, J. J. (2017). When peer performance matters: Effects of expertise and traits on children's self-evaluations after social comparison. *Child Development*, 88(6),1860–1872.

Larsen, N. E. , Lee, K. , & Ganea, P. A. (2018). Do storybooks with anthropomorphized animal characters promote prosocial behaviors in young children?. *Developmental Science*, 21(3), e12590.

Leach, A. M. , Talwar, V. , Lee, K. , Bala, N. , & Lindsay, R. C. L. (2004). "Intuitive" lie detection of children's deception by law enforcement officials and university students. *Law and Human Behavior*, 28(6),661–685.

Lebrecht, S. , Pierce, L. J. , Tarr, M. J. , & Tanaka, J. W. (2009). Perceptual other-race training reduces implicit racial bias. *PloS one*, 4(1), e4215.

Lee, K. , Talwar, V. , McCarthy, A. , Ross, I. , Evans, A. , & Arruda, C. (2014). Can classic moral stories promote honesty in children? *Psychological Science*, 25(8), 1630–1636.

Legare, C. H. , & Nielsen, M. (2015). Imitation and innovation: The dual engines of cultural learning. *Trends in Cognitive sciences*, 19(11),688–699.

Leonard, J. A. , Cordrey, S. R. , Liu, H. Z. , & Mackey, A. P. (2022). Young children calibrate effort based on the trajectory of their performance. *Developmental Psychology*.

Leonard, J. A. , Lee, Y. , & Schulz, L. E. (2017). Infants make more attempts to achieve a goal when they see adults persist. *Science*, 357(6357),1290–1294.

Leonard, J. A., Martinez, D. N., Dashineau, S. C., Park, A. T., & Mackey, A. P. (2021). Children persist less when adults take over. *Child Development*, *92*(4), 1325–1336. https://doi.org/10.1111/cdev.13492.

Lewis, M., Cooper Borkenhagen, M., Converse, E., Lupyan, G., & Seidenberg, M. S. (2022). What might books be teaching young children about gender?. *Psychological Science*, *33*(1), 33–47.

Li, V., Spitzer, B., & Olson, K. R. (2014). Preschoolers reduce inequality while favoring individuals with more. *Child Development*, *85*(3), 1123–1133.

Li, Y., & Bates, T. C. (2019). You can't change your basic ability, but you work at things, and that's how we get hard things done: Testing the role of growth mindset on response to setbacks, educational attainment, and cognitive ability. *Journal of Experimental Psychology: General*, *148*(9), 1640.

Liberman, Z., & Shaw, A. (2018). Secret to friendship: Children make inferences about friendship based on secret sharing. *Developmental psychology*, *54*(11), 2139.

Liberman, Z., & Shaw, A. (2019). Children use similarity, propinquity, and loyalty to predict which people are friends. *Journal of Experimental Child Psychology*, *184*, 1–17.

LoBue, V., Nishida, T., Chiong, C., DeLoache, J. S., & Haidt, J. (2011). When getting something good is bad: Even three-year-olds react to inequality. *Social Development*, *20*(1), 154–170.

Lu, H., Su, Y., & Wang, Q. (2008). Talking about others facilitates theory of mind in Chinese preschoolers. *Developmental Psychology*, *44*(6), 1726.

Lucca, K., Horton, R., & Sommerville, J. A. (2019). Keep trying!: Parental language predicts infants' persistence. *Cognition*, *193*, 104025.

Lucca, K., Horton, R., & Sommerville, J. A. (2020). Infants rationally decide when and how to deploy effort. *Nature Human Behaviour*, *4*(4), 372–379.

Ma, L., & Xu, F. (2011). Young children's use of statistical sampling evidence to infer the subjectivity of preferences. *Cognition*, *120*(3), 403–411.

MacKenzie, M. J., Vohs, K. D., & Baumeister, R. F. (2014). You didn't have to do that: Belief in free will promotes gratitude. *Personality and Social Psychology Bulletin*, *40*(11), 1423–1434.

Mandalaywala, T. M., Tai, C., & Rhodes, M. (2020). Children's use of race and gender as cues to social status. *PloS one*, *15*(6), e0234398.

Margoni, F., & Surian, L. (2020). Conceptual continuity in the development of intent-based moral judgment. *Journal of Experimental Child Psychology*, *194*, 104812.

Markus, H. R., & Kitayama, S. (1991). Culture and the self: Implications for cognition, emotion, and motivation. *Psychological Review*, 98(2), 224.

Marshall, J., Mermin-Bunnell, K., & Bloom, P. (2020). Developing judgments about peers' obligation to intervene. *Cognition*, 201, 104215.

Marshall, J., Wynn, K., & Bloom, P. (2020). Do children and adults take social relationship into account when evaluating people's actions?. *Child development*, 91(5), 1082–1100.

Martin, A., & Olson, K. R. (2015). Beyond good and evil: What motivations underlie children's prosocial behavior? *Perspectives on Psychological Science*, 10(2), 159–175.

McAuliffe, K., Raihani, N. J., & Dunham, Y. (2017). Children are sensitive to norms of giving. *Cognition*, 167, 151–159.

McGuire, L., Elenbaas, L., Killen, M., & Rutland, A. (2019). The role of in-group norms and group status in children's and adolescents' decisions to rectify resource inequalities. *British Journal of Developmental Psychology*, 37(3), 309–322.

McKay, M., & Fanning, P. (2000). *Self-esteem: A proven program of cognitive techniques for assessing, improving, and maintaining your self-esteem* (3rd ed.). Oakland, CA: New Harbinger.

McLoughlin, N., & Over, H. (2017). Young children are more likely to spontaneously attribute mental states to members of their own group. *Psychological Science*, 28(10), 1503–1509.

Meier, G., & Albrecht, M. H. (2003). The persistence process: Development of a stage model for goal-directed behavior. *Journal of Leadership & Organizational Studies*, 10(2), 43–54.

Mendes, N., Steinbeis, N., Bueno-Guerra, N., Call, J., & Singer, T. (2018). Preschool children and chimpanzees incur costs to watch punishment of antisocial others. *Nature Human Behaviour*, 2(1), 45–51.

Miller, J. G., Das, R., & Chakravarthy, S. (2011). Culture and the role of choice in agency. *Journal of Personality and Social Psychology*, 101(1), 46.

Mischel, W., & Baker, N. (1975). Cognitive appraisals and transformations in delay behavior. *Journal of Personality and Social Psychology*, 31(2), 254.

Mischel, W., Shoda, Y., & Rodriguez, M. L. (1989). Delay of gratification in children. *Science*, 244(4907), 933–938.

Moore, C. (2009). Fairness in children's resource allocation depends on the recipient. *Psychological Science*, 20(8), 944–948.

Mueller, C. M., & Dweck, C. S. (1998). Praise for intelligence can undermine children's motivation and performance. *Journal of Personality and Social Psychology*, *75*(1),33.

Muradoglu, M., & Cimpian, A. (2020). Children's intuitive theories of academic performance. *Child Development*, *91*(4), 902–918.

Nicholls, J. G. (1978). The development of the concepts of effort and ability, perception of academic attainment, and the understanding that difficult tasks require more ability. *Child Development*,800–814.

Nielsen, M., Suddendorf, T., & Slaughter, V. (2006). Mirror self-recognition beyond the face. *Child Development*, *77*(1),176–185.

Onishi, K. H., & Baillargeon, R. (2005). Do 15 – month-old infants understand false beliefs?. *Science*, *308*(5719),255–258.

Over, H. and Carpenter, M. (2015). Children infer affiliative and status relations from watching others imitate. *Developmental Science*, *18*(6),917–925. https://doi.org/10.1111/desc.12275.

Paulus, M. (2014). The early origins of human charity: Developmental changes in preschoolers' sharing with poor and wealthy individuals. *Frontiers in Psychology*, *5*,344.

Paulus, M., Hunnius, S., Vissers, M., & Bekkering, H. (2011). Imitation in infancy: Rational or motor resonance?. *Child Development*, *82*(4),1047–1057.

Paulus,M. (2014). The emergence of prosocial behavior:Why do infants and toddlers help, comfort, and share? *Child Development Perspectives*, *8*(2),77–81.

Perner, J., Ruffman, T., & Leekam, S. R. (1994). Theory of mind is contagious: You catch it from your sibs. *Child Development*, *65*(4),1228–1238.

Perreault, S., & Bourhis, R. Y. (1999). Ethnocentrism, social identification, and discrimination. *Personality and Social Psychology Bulletin*, *25*(1),92–103.

Piaget, J. (1965). The stages of the intellectual development of the child. *Educational psychology in context: Readings for Future Teachers*, *63*(4),98–106.

Piaget, J. (1970). Piaget's theory. In Mussen, P. (Ed.), *Handbook of child psychology* (Vol.1,3rd ed.). New York, NY: Wiley.

Pons, F., Harris, P. L., & de Rosnay, M. (2004). Emotion comprehension between 3 and 11 years: Developmental periods and hierarchical organization. *European journal of developmental psychology*, *1*(2),127–152.

Poulin-Dubois, D., Rakoczy, H., Burnside, K., Crivello, C., Dörrenberg, S.,

Edwards, K., ... & Ruffman, T. (2018). Do infants understand false beliefs? We don't know yet - A commentary on Baillargeon, Buttelmann and Southgate's commentary. *Cognitive Development*, 48, 302–315.

Powell, L. J., Hobbs, K., Bardis, A., Carey, S., & Saxe, R. (2018). Replications of implicit theory of mind tasks with varying representational demands. *Cognitive Development*, 46, 40–50.

Pun, A., Birch, S. A., & Baron, A. S. (2016). Infants use relative numerical group size to infer social dominance. *Proceedings of the National Academy of Sciences*, 113(9), 2376–2381.

Qian, M. K., Quinn, P. C., Heyman, G. D., Pascalis, O., Fu, G., & Lee, K. (2017). Perceptual individuation training (but not mere exposure) reduces implicit racial bias in preschool children. *Developmental Psychology*, 53(5), 845.

Qian, M. K., Quinn, P. C., Heyman, G. D., Pascalis, O., Fu, G., & Lee, K. (2019). A long-term effect of perceptual individuation training on reducing implicit racial bias in preschool children. *Child Development*, 90(3), 290–305.

Rakoczy, H., Warneken, F., & Tomasello, M. (2008). The sources of normativity: young children's awareness of the normative structure of games. *Developmental Psychology*, 44(3), 875.

Rapp, D. J., Engelmann, J. M., Herrmann, E., & Tomasello, M. (2017). The impact of choice on young children's prosocial motivation. *Journal of Experimental Child Psychology*, 158, 112–121.

Renno, M. P., & Shutts, K. (2015). Children's social category-based giving and its correlates: Expectations and preferences. *Developmental Psychology*, 51(4), 533.

Repacholi, B. M., & Gopnik, A. (1997). Early reasoning about desires: evidence from 14- and 18-month-olds. *Developmental Psychology*, 33(1), 12.

Rhodes, M., & Chalik, L. (2013). Social categories as markers of intrinsic interpersonal obligations. *Psychological Science*, 24(6), 999–1006.

Rhodes, M., & Gelman, S. A. (2009). A developmental examination of the conceptual structure of animal, artifact, and human social categories across two cultural contexts. *Cognitive Psychology*, 59(3), 244–274.

Rhodes, M., Leslie, S. J., Saunders, K., Dunham, Y., & Cimpian, A. (2018). How does social essentialism affect the development of inter-group relations?. *Developmental Science*, 21(1), e12509.

Richter, N., Over, H., & Dunham, Y. (2016). The effects of minimal group membership on young preschoolers' social preferences, estimates of similarity, and behavioral attribution. *Collabra*, *2*(1).

Rizzo, M. T., & Killen, M. (2018). How social status influences our understanding of others' mental states. *Journal of Experimental Child Psychology*, *169*, 30–41.

Rizzo, M. T., & Killen, M. (2020). Children's evaluations of individually and structurally based inequalities: The role of status. *Developmental Psychology*, *56*(12), 2223.

Rizzo, M. T., Green, E. R., Dunham, Y., Bruneau, E., & Rhodes, M. (2022). Beliefs about social norms and racial inequalities predict variation in the early development of racial bias. *Developmental Science*, *25*(2), e13170.

Robins, R. W., & Pals, J. L. (2002). Implicit self-theories in the academic domain: Implications for goal orientation, attributions, affect, and self-esteem change. *Self and Identity*, *1*(4), 313–336.

Rottman, J., Zizik, V., Minard, K., Young, L., Blake, P. R., & Kelemen, D. (2020). The moral, or the story? Changing children's distributive justice preferences through social communication. *Cognition*, *205*, 104441.

Ruba, A. L., & Pollak, S. D. (2020). The development of emotion reasoning in infancy and early childhood. *Annual Review of Developmental Psychology*, *2*, 503–531.

Ruble, D. N., Boggiano, A. K., Feldman, N. S., & Loebl, J. H. (1980). Developmental analysis of the role of social comparison in self-evaluation. *Developmental Psychology*, *16*(2), 105.

Ryan, R. M., & Deci, E. L. (2000). Intrinsic and extrinsic motivations: Classic definitions and new directions. *Contemporary Educational Psychology*, *25*(1), 54–67.

Sabbagh, M. A., Xu, F., Carlson, S. M., Moses, L. J., & Lee, K. (2006). The development of executive functioning and theory of mind: A comparison of Chinese and US preschoolers. *Psychological Science*, *17*(1), 74–81.

Salvadori, E., Blazsekova, T., Volein, A., Karap, Z., Tatone, D., Mascaro, O., & Csibra, G. (2015). Probing the strength of infants' preference for helpers over hinderers: Two replication attempts of Hamlin and Wynn (2011). *PloS one*, *10*(11), e0140570.

Savani, K., Stephens, N. M., & Markus, H. R. (2011). The unanticipated interpersonal and societal consequences of choice: Victim blaming and reduced support for the public good. *Psychological Science*, *22*(6),795-802.

Schick, B., De Villiers, P., De Villiers, J., & Hoffmeister, R. (2007). Language and theory of mind: A study of deaf children. *Child Development*, *78*(2),376-396.

Schmidt. et al. (2016). Young children see a single action and infer a social norm: Promiscuous normativity in 3-year-olds. *Psychological Science*, *27*(10),1360-1370.

Schmidt, M. F., & Sommerville, J. A. (2011). Fairness expectations and altruistic sharing in 15-month-old human infants. *PloS one*, *6*(10), e23223.

Shu, Y., Hu, Q., Xu, F., & Bian, L. (2022). Gender stereotypes are racialized: A cross-cultural investigation of gender stereotypes about intellectual talents. *Developmental Psychology*.

Shutts, K., Brey, E. L., Dornbusch, L. A., Slywotzky, N., & Olson, K. R. (2016). Children use wealth cues to evaluate others. *PloS one*, *11*(3), e0149360.

Slaughter, V., Imuta, K., Peterson, C. C., & Henry, J. D. (2015). Meta-analysis of theory of mind and peer popularity in the preschool and early school years. *Child Development*, *86*(4),1159-1174.

Sloane, S., Baillargeon, R., & Premack, D. (2012). Do infants have a sense of fairness?. *Psychological Science*, *23*(2),196-204.

Smetana, J. G., Killen, M., & Turiel, E. (1991). Children's reasoning about interpersonal and moral conflicts. *Child Development*, *62*(3),629-644.

Sommerville, J. A., Enright, E. A., Horton, R. O., Lucca, K., Sitch, M. J., & Kirchner-Adelhart, S. (2018). Infants' prosocial behavior is governed by cost-benefit analyses. *Cognition*, *177*,12-20.

Sorce, J. F., Emde, R. N., Campos, J. J., & Klinnert, M. D. (1985). Maternal emotional signaling: its effect on the visual cliff behavior of 1-year-olds. *Developmental Psychology*, *21*(1),195.

Spitzer, B., & Aronson, J. (2015). Minding and mending the gap: Social psychological interventions to reduce educational disparities. *British Journal of Educational Psychology*, *85*(1),1-18.

Stahl, A. E., & Feigenson, L. (2015). Observing the unexpected enhances infants' learning and exploration. *Science*, *348*(6230),91-94.

Stavans, M., & Diesendruck, G. (2021). Children Hold Leaders Primarily Responsible, Not Entitled. *Child Development*,*92*(1),308-323.

Steinbeis, N., & Over, H. (2017). Enhancing behavioral control increases sharing in children. *Journal of Experimental Child Psychology*, *159*,310-318.

Stengelin, R., Hepach, R., & Haun, D. B. (2020). Cross-cultural variation in how much, but not whether, children overimitate. *Journal of Experimental Child Psychology*, *193*, 104796.

Suddendorf, T., & Busby, J. (2005). Making decisions with the future in mind: Developmental and comparative identification of mental time travel. *Learning and Motivation*, *36*(2), 110–125.

Tagar, M. R., Hetherington, C., Shulman, D., & Koenig, M. (2017). On the path to social dominance? Individual differences in sensitivity to intergroup fairness violations in early childhood. *Personality and Individual Differences*, *113*, 246–250.

Tajfel, H. (1970). Experiments in intergroup discrimination. *Scientific American*, *223*(5), 96–103.

Tajfel, H., Billig, M. G., Bundy, R. P., & Flament, C. (1971). Social categorization and intergroup behaviour. *European Journal of Social Psychology*, *1*(2), 149–178.

Talwar, V., & Lee, K. (2008). Social and cognitive correlates of children's lying behavior. *Child Development*, *79*, 866–881.

Tardif, T., & Wellman, H. M. (2000). Acquisition of mental state language in Mandarin-and Cantonese-speaking children. *Developmental Psychology*, *36*(1), 25.

Thomas, A. J., Lotte, T., Lukowski, A. F., Meline, A., & Sarnecka, B. W. (2018). Toddlers prefer those who win but not when they win by force. *Nature Human Behaviour*, *2*(9), 662–669.

Thomas, Woo, B., Nettle, D., Spelke, E., & Saxe, R. (2022). Early concepts of intimacy: Young humans use saliva sharing to infer close relationships. *Science (American Association for the Advancement of Science)*, *375*(6578), 311–315.

Thompson, C., Barresi, J., & Moore, C. (1997). The development of future-oriented prudence and altruism in preschoolers. *Cognitive Development*, *12*(2), 199–212.

Thomsen, L., Frankenhuis, W. E., Ingold-Smith, M., & Carey, S. (2011). Big and mighty: Preverbal infants mentally represent social dominance. *Science (American Association for the Advancement of Science)*, *331*(6016), 477–480.

Tsai, J. L., Louie, J. Y., Chen, E. E., & Uchida, Y. (2007). Learning what feelings to desire: Socialization of ideal affect through children's storybooks. *Personality and Social Psychology Bulletin*, *33*(1), 17–30.

University of Oklahoma. Institute of Group Relations, & Sherif, M. (1961). *Intergroup conflict and cooperation: The Robbers Cave experiment* (Vol. 10, pp. 150–

198). Norman, OK: University Book Exchange.

Van Doesum, N. J., Van Lange, D. A., & Van Lange, P. A. (2013). Social mindfulness: skill and will to navigate the social world. *Journal of Personality and Social Psychology*, 105(1), 86.

Van Lange, P. A., & Van Doesum, N. J. (2015). Social mindfulness and social hostility. *Current Opinion in Behavioral Sciences*, 3, 18-24.

Vasil, J., & Tomasello, M. (2022). Effects of "we"-framing on young children's commitment, sharing, and helping. *Journal of Experimental Child Psychology*, 214, 105278.

Wang, Q. (2001). Culture effects on adults' earliest childhood recollection and self-description: implications for the relation between memory and the self. *Journal of Personality and Social Psychology*, 81(2), 220.

Wang, Q. (2003). Emotion situation knowledge in American and Chinese preschool children and adults. *Cognition & Emotion*, 17(5), 725-746.

Wang, Q. (2004). The emergence of cultural self-constructs: autobiographical memory and self-description in European American and Chinese children. *Developmental Psychology*, 40(1), 3.

Wang, Q. (2006). Culture and the development of self-knowledge. *Current Directions in Psychological Science*, 15(4), 182-187.

Wang, Q., & Ross, M. (2005). What we remember and what we tell: The effects of culture and self-priming on memory representations and narratives. *Memory*, 13(6), 594-606.

Warneken, F. (2018). How children solve the two challenges of cooperation. *Annual Review of Psychology*, 69, 205-229.

Warneken, F., & Tomasello, M. (2006). Altruistic helping in human infants and young chimpanzees. *Science (American Association for the Advancement of Science)*, 311(5765), 1301-1303.

Warneken, F., & Tomasello, M. (2008). Extrinsic rewards undermine altruistic tendencies in 20-month-olds. *Developmental Psychology*, 44(6), 1785.

Warneken, F., Chen, F., & Tomasello, M. (2006). Cooperative activities in young children and chimpanzees. *Child Development*, 77(3), 640-663.

Warneken, F., Hare, B., Melis, A. P., Hanus, D., & Tomasello, M. (2007). Spontaneous altruism by chimpanzees and young children. *PLoS biology*, 5(7), e184.

Warneken, F., Lohse, K., Melis, A. P., & Tomasello, M. (2011). Young children share the spoils after collaboration. *Psychological Science*, 22(2), 267–273.

Watson, A. C., Nixon, C. L., Wilson, A., & Capage, L. (1999). Social interaction skills and theory of mind in young children. *Developmental Psychology*, 35(2), 386.

Weinraub, M., Clemens, L. P., Sockloff, A., Ethridge, T., Gracely, E., & Myers, B. (1984). The development of sex role stereotypes in the third year: Relationships to gender labeling, gender identity, sex-types toy preference, and family characteristics. *Child Development*, 1493–1503.

Weisgram, E. S., Fulcher, M., & Dinella, L. M. (2014). Pink gives girls permission: Exploring the roles of explicit gender labels and gender-typed colors on preschool children's toy preferences. *Journal of Applied Developmental Psychology*, 35(5), 401–409.

Wellman, H. M. (2014). *Making minds: How theory of mind develops*. Oxford University Press.

Wellman, H. M., & Liu, D. (2004). Scaling of theory-of-mind tasks. *Child Development*, 75(2), 523–541.

Wellman, H. M., Fang, F., Liu, D., Zhu, L., & Liu, G. (2006). Scaling of theory-of-mind understandings in Chinese children. *Psychological Science*, 17(12), 1075–1081.

Wente, A. O., Bridgers, S., Zhao, X., Seiver, E., Zhu, L., & Gopnik, A. (2016). How universal are free will beliefs? Cultural differences in Chinese and US 4-and 6-year-olds. *Child Development*, 87(3), 666–676.

White, R. E., Prager, E. O., Schaefer, C., Kross, E., Duckworth, A. L., & Carlson, S. M. (2017). The "Batman effect": Improving perseverance in young children. *Child Development*, 88(5), 1563–1571.

White, R. E., Prager, E. O., Schaefer, C., Kross, E., Duckworth, A. L., & Carlson, S. M. (2017). The "Batman Effect": Improving perseverance in young children. *Child Development*, 88(5), 1563–1571.

Wu, Y., Muentener, P., & Schulz, L. E. (2017). One-to four-year-olds connect diverse positive emotional vocalizations to their probable causes. *Proceedings of the National Academy of Sciences*, 114(45), 11896–11901.

Wu, Y., Schulz, L. E., Frank, M. C., & Gweon, H. (2021). Emotion as information in early social learning. *Current Directions in Psychological Science*, 30(6), 468–475.

Wu, Z., & Su, Y. (2014). How do preschoolers' sharing behaviors relate to their theory of mind understanding?. *Journal of Experimental Child Psychology*, *120*, 73–86.

Yang, F., & Frye, D. (2018). When preferences are in the way: Children's predictions of goal-directed behaviors. *Developmental Psychology*, *54*(6), 1051.

Yang, X., & Dunham, Y. (2022). Emerging complexity in children's conceptualization of the wealthy and the poor. *Developmental Science*, e13225.

Yang, X., Yang, F., Guo, C., & Dunham, Y. (2022). Which group matters more: The relative strength of minimal vs. gender and race group memberships in children's intergroup thinking. *Acta Psychologica*, *229*, 103685.

Yang, Y., Wang, L., & Wang, Q. (2021). Take your word or tone for it? European American and Chinese children's attention to emotional cues in speech. *Child Development*, *92*(3), 844–852.

Yang, X., Zhao, X., Bian, L., & Dunham, Y. (2022). The development and predictors of a bias for strivers over naturals in the United States and China Manuscript Submitted for publication.

Yazdi, H., Barner, D., & Heyman, G. D. (2020). Children's intergroup attitudes: insights from Iran. *Child Development*, *91*(5), 1733–1744.

Yeager, D. S., & Dweck, C. S. (2012). Mindsets that promote resilience: When students believe that personal characteristics can be developed. *Educational Psychologist*, *47*(4), 302–314.

Yeager, D. S., & Dweck, C. S. (2020). What can be learned from growth mindset controversies?. *American Psychologist*, *75*(9), 1269.

Yeager, D. S., Hanselman, P., & Walton, G. M. et al. (2019). A national experiment reveals where a growth mindset improves achievement. *Nature*, *573*(7774), 364–369.

Yu, Y., Bonawitz, E., & Shafto, P. (2019). Pedagogical questions in parent–child conversations. *Child Development*, *90*(1), 147–161.

Zakaria, F. (1999). *From wealth to power: The unusual origins of America's world role* (Vol. 82). Princeton University Press.

Zang, L., Li, D., & Zhao, X. (2023). Preference matters: Knowledge of beneficiary's preference influences children's evaluations of the act of leaving a choice for others. *Journal of Experimental Child Psychology*, *228*, 105605.

Zhao, X., & Kushnir, T. (2018). Young children consider individual authority and collective agreement when deciding who can change rules. *Journal of Experimental Child Psychology*, *165*, 101–116.

Zhao, X., & Kushnir, T. (2019). How US and Chinese children talk about personal, moral and conventional choices. *Cognitive Development*, 52, 100804.

Zhao, X., & Kushnir, T. (2022). When it's not easy to do the right thing: Developmental changes in understanding cost drive evaluations of moral praiseworthiness. *Developmental Science*, e13257.

Zhao, X., & Yang, X. (2022). She succeeded despite lack of ability or resources: Children's consideration of constraint in beliefs and reasoning about academic achievement. *Developmental Psychology*.

Zhao, X., Wente, A., Flecha, M. F., Galvan, D. S., Gopnik, A., & Kushnir, T. (2021). Culture moderates the relationship between self-control ability and free will beliefs in childhood. *Cognition*, 210, 104609.

Zhao, X., Zhao, X., Gweon, H., & Kushnir, T. (2021). Leaving a choice for others: Children's evaluations of considerate, socially-mindful actions. *Child Development*, 92(4), 1238-1253.

陈会昌, 耿希峰, 秦丽丽, 林思南. (2004). 7~11岁儿童分享行为的发展. 心理科学, 27(3), 571-574.

陈童, 伍珍. (2017). 儿童的分配公平性: 心理理论的作用. 心理科学进展, 25(8), 1299.

陈英和, 姚端维, 郭向和. (2001). 儿童心理理论的发展及其影响因素的研究进展. 心理发展与教育, 17(3), 56-59.

窦凯, 刘耀中, 王玉洁, 聂衍刚. (2018). "乐"于合作: 感知社会善念诱导合作行为的情绪机制. 心理学报, 50(1), 101.

窦凯, 聂衍刚, 王玉洁, 张庆鹏. (2017). 人际互动中的社会善念: 概念、测评及影响机制. 心理科学进展, 7, 1101.

方富熹, Wellman, H. M., 刘玉娟, 刘国雄, 亢蓉. (2009). 纵向再探学前儿童心理理论发展模式. 心理学报, 41(8), 706-714.

方富熹, 王文忠. (1994). 小学儿童奖赏公平性的认知发展. 心理学报, 26(4), 354-361.

高承海, 万明钢. (2013). 民族本质论对民族认同和刻板印象的影响. 心理学报, 45(2), 231.

牟毅, 朱莉琪. (2007). 公平与合作行为的神经机制. 中国行为医学科学, 16(12), 1140-1141.

苏彦捷, 刘艳春. (2012). 亲子交流与儿童心理理论的获得和发展: 文化的视角. 心理科学进展, 20(3), 317-327.

田一, 王莉, 许燕. (2020). 社会善念的研究现状及展望. 心理科学进展, 10, 1069.

王茜, 苏彦捷, 刘立惠. (2000). 心理理论——一个广阔而充满挑战的研究领域. 北京大学学报(自然科学版),36(5),732-738.

王斯,苏彦捷.(2013).从理解到使用:心理理论与儿童不同情境中的分配公平性.心理学报,45(11),1242.

王晓艳,陈会昌.(2003).5—6岁儿童公平分配玩具行为的心理机制.心理发展与教育,19(1),9-13.

于静,朱莉琪.(2010).儿童公平行为的发展——来自博弈实验的证据.心理科学进展,18(7),1182-1188.

张耀华,朱莉琪.(2014).认识性信任:学龄前儿童的选择性学习.心理科学进展,22(1),86.

赵欣,李丹丹,杨向东.(2022).学龄前儿童社会善念理解的发展与心理理论的关系.心理学报,54(8),892.

附 录

附录1 选择观任务指导语

热身环节:

我要给你讲几个有关小朋友想要做的事情。首先是妮妮。

1. 如果妮妮想要的话,她可以选择跑得比火车还快吗(备选问题:飞得比飞机还快吗)?

2. 如果妮妮想要的话,她可以选择微笑吗(备选问题:招手)?

3. 如果妮妮想要的话,她可以选择变成绿色的吗(备选问题:消失不见)?

4. 如果妮妮想要的话,她可以选择跳上跳下吗(备选问题:摇头)?

简单自由选择(控制):

乐乐每天都画一张画。他每次都会用彩色铅笔来画画。但是今天,他想做一些不同的事情,乐乐想要用蜡笔来画画。即使他通常用彩色铅笔,乐乐依然可以选择用蜡笔来画画吗?为什么?

物理限制选择(控制):

小明每天都会去商店。他每次都会绕过一面大砖墙。但是今天他想做一些不同的事情。小明想直接穿过那面大砖墙。虽然墙是砖头做的,小明可以选择直接穿过那面墙吗?为什么?

欲望选择:

我们想象这桌子上有一个盒子。妮妮看到了这个盒子,她不知道盒子里有什么。妮妮对这个盒子感到很好奇。她觉得里面一定有什么好玩的东西。即使她很好奇,妮妮可以选择不看这个盒子吗,还是她一定要看看盒子里有什么呢？(或:妮妮因为好奇就一定要看一下盒子吗,还是她可以选择不看呢?)为什么？

我们想象这里有一个柜子。贝贝看到了这个柜子,她不知道里面有什么。贝贝对柜子感到很害怕。她觉得柜子里面可能有什么可怕的东西。即使贝贝感到很害怕,她可以选择看一下柜子里有什么吗,还是她就一定不看呢？(或:贝贝因为害怕就一定不看盒子里有什么吗,还是她也可以选择看一下呢?)为什么？

我们想象桌子上有一块蛋糕。欢欢看到了这块蛋糕她很喜欢。欢欢觉得这个蛋糕很好吃。即使她很喜欢,欢欢可以选择不吃这块蛋糕吗,还是她就一定不吃呢？(或:欢欢因为喜欢就一定要吃这块蛋糕吗,还是她也可以选择不吃呢?)为什么？

我们想象桌子上有一块饼干。飞飞看到了这块饼干,他不喜欢饼干。飞飞觉得这饼干一定很难吃。即使他不喜欢,他也可以选择尝一下吗,还是他就一定不吃呢？(或:飞飞因为不喜欢就一定不吃这饼干吗,还是他也可以选择尝一下呢?)为什么？

规范选择：

小刚每天都见他的朋友。他总是和他的朋友玩得很好。但是今天他想做一些不同的事情。小刚想要打他的朋友。小刚打他的朋友是合适的吗？为什么？

即使这是不友好的,今天小刚可以选择打他的朋友吗？

小华的妈妈给了他一些糖果让他跟他弟弟分。小华总是把一半的糖果给他弟弟,自己留下一半。但是今天小华想做一些不同的事情。小华想要把所有的糖果都留给自己。小华把所有的糖果都留给自己是合适的吗？为什么？

即使这是不公平的,小华可以选择把所有的糖果都留给自己吗？

丽丽的父母告诉她不能把妹妹抱起来,因为妹妹太重了,丽丽可能会受伤。丽丽每次都听爸爸妈妈的话,没有把妹妹抱起来。但是今天丽丽想做一些不同的事情。丽丽想要把妹妹抱起来。丽丽把她的妹妹抱起来这件事是合适的吗? 为什么?

即使这不安全,丽丽可以选择把妹妹抱起来吗?

附录2 成本与社会评价任务指导语

帮助低心理成本:

这是冰冰,这是冰冰的弟弟。冰冰的弟弟把他最喜欢的皮球弄丢了,他很努力地寻找,但还是没找到,所以他请冰冰帮他找。

帮助别人是正确的事。冰冰的朋友正在外面玩,但冰冰不喜欢出去玩。她现在不想和她的朋友玩。

所以冰冰帮她的弟弟找皮球。对于冰冰来说,帮助她的弟弟很容易,因为她完全不想要和朋友出去玩,所以冰冰帮助了她弟弟。

帮助高心理成本:

这是晨晨,这是晨晨的弟弟。晨晨的弟弟把他最喜欢的皮球弄丢了,他很努力地寻找,但还是没找到,所以他请晨晨帮他找。

帮助别人是正确的事。晨晨的朋友正在外面玩。晨晨喜欢在外面玩,她想现在跟她的朋友一起玩。

所以晨晨帮她的弟弟找皮球。对于晨晨来说,帮助她的弟弟真的很难,因为她想和她的朋友们在外面玩,但晨晨还是帮助了她的弟弟。

诚实低心理成本:

这是贝贝,这是贝贝的妈妈。贝贝在玩她的玩具飞机时不小心打碎了妈妈的花瓶。贝贝的妈妈下班回家后,她问贝贝发生了什么。

说真话是正确的事。如果贝贝告诉妈妈是她打碎了花瓶,她的妈妈可能会没收她的飞机,但是贝贝不喜欢她的玩具飞机,所以如果被她的妈妈没收,她不会伤心。贝贝不想玩她的玩具飞机。

所以贝贝告诉她妈妈她打碎了花瓶。对于贝贝来说，说真话很容易，因为她不喜欢她的玩具飞机，所以贝贝跟妈妈讲了真话。

诚实高心理成本：

这是欢欢，这是欢欢的妈妈。欢欢在玩她的小飞机时不小心打碎了妈妈的花瓶。欢欢的妈妈下班回家后，她问欢欢发生了什么。

说真话是正确的事。如果欢欢告诉妈妈是她打碎了花瓶，她的妈妈可能会没收她的飞机。欢欢喜欢她的飞机，如果被她的妈妈没收，她会伤心的。欢欢想要玩她的飞机。

所以欢欢告诉妈妈是她打碎了花瓶。对于欢欢来说，说真话真的很困难，因为她很喜欢她的飞机，但欢欢还是跟妈妈讲了真话。

家务低心理成本：

这是露露，这是露露的妈妈。露露的妈妈让她晚饭后把碗洗干净。

听妈妈的话是正确的事情。但是露露记起她最喜欢的电视节目就要开始了。露露不喜欢看电视，她现在不想要看电视。

所以露露把碗筷收拾干净了。对露露来说，收拾碗筷很容易，因为露露完全不想看电视，所以露露收拾了碗筷。

家务高心理成本：

这是欣欣，这是欣欣的妈妈。欣欣的妈妈让她晚饭后把碗洗干净。

听妈妈的话是正确的事情。但是欣欣记起她最喜欢的电视节目就要开始了。欣欣喜欢看电视，她现在想要去看电视。

但是欣欣把碗筷收拾干净了。对欣欣来说，收拾碗筷非常困难，因为她想要看电视，但她还是收拾了碗筷。

玩具低心理成本：

这是乐乐，这是乐乐的妈妈。乐乐的妈妈让她晚饭后玩积木。

听妈妈的话是正确的事情。乐乐看到地上有一个弹珠游戏。乐乐不喜欢玩弹珠游戏，她现在完全不想玩弹珠游戏。

乐乐晚饭后玩了积木。对乐乐来说，玩积木很容易，因为她不想要玩弹珠游戏，所以乐乐玩了积木。

玩具高心理成本：

这是妮妮，这是妮妮的妈妈。妮妮的妈妈让她今天晚饭后玩积木。

听妈妈的话是正确的事情。妮妮看到地上有一个弹珠玩具。妮妮喜欢玩弹珠。她现在想要玩这个弹珠游戏。

妮妮晚饭后玩了积木。对妮妮来说，玩积木很难，因为她还想要玩弹珠游戏，但是妮妮还是玩了积木。

帮助低物理成本：

这是琳琳，这是琳琳的弟弟。琳琳的弟弟把他最喜欢的皮球弄丢了，他很努力地寻找，但还是没找到，所以他请琳琳帮他找。

帮助别人是正确的事。琳琳看到球就在她旁边的沙发后面。为了帮助她的弟弟，琳琳只需要走到沙发后面就可以捡起球。

所以琳琳帮助她的弟弟拿到了球。对于琳琳来说，帮助她的弟弟很简单，因为弟弟的球就在她旁边的沙发后面，所以欢欢帮助了弟弟。

帮助高物理成本：

这是璐璐，这是璐璐的弟弟。璐璐的弟弟把他最喜欢的皮球弄丢了，他很努力地寻找，但还是没找到，所以他请璐璐帮他找。

帮助别人是正确的事。璐璐看到球就卡在了楼梯的最顶上。为了帮助她的弟弟，璐璐需要爬上楼梯的最上面捡起球。

但是璐璐还是帮助她的弟弟拿到了球。对于璐璐来说，帮助她的弟弟很难，因为弟弟的球卡在了楼梯的最上面，但璐璐还是帮助了弟弟。

家务低物理成本：

这是丽丽，这是丽丽的妈妈。丽丽的妈妈让她晚饭后把碗洗干净。

听妈妈的话是正确的事情。看，桌子上只有几个脏碗碟。为了把桌子收拾干净，丽丽只需要把这几个碗碟都洗了。

所以丽丽还是把桌子收拾干净了。对丽丽来说，收拾桌子非常简单，因为桌子上只有几个脏碗碟，所以她把桌子收拾干净了。

家务高物理成本：

这是贝贝，这是贝贝的妈妈。贝贝的妈妈让她晚饭后把碗洗干净。

听妈妈的话是正确的事情。看,桌子上有很多的脏碗碟。为了把桌子收拾干净,贝贝需要把所有这些碗碟都洗了。

但是贝贝还是把桌子收拾干净了。对贝贝来说,收拾桌子非常困难,因为桌子上有很多脏碗碟,但她还是把桌子收拾干净了。

附录3　社会善念理解任务指导语

你好,小朋友。在今天的游戏中,我想要给你讲一个有关贝贝和她的朋友们的故事。

这是贝贝,贝贝在学校有两个好朋友。这个是乐乐,这个是欢欢。

哪一个是乐乐,哪一个是欢欢?

很好。

你知道吗?贝贝很喜欢吃水果加餐。在学校,她最开心的时候就是领水果加餐的时候。

在加餐时间,贝贝和她的朋友坐在一起。每一个小朋友都排队轮流从老师那里拿加餐,每人每次只能拿一个。排在后面的小朋友要等排在前面的小朋友选完才能选。

每天他们学校有两次水果加餐时间,一次在上午,一次在下午。

今天,加餐是苹果和香蕉。

现在是上午的加餐时间。贝贝和乐乐坐在一起。每个人都要排队轮流从老师那里选一个水果。乐乐排在前面,欢欢先选,贝贝在乐乐之后选。谁先选?谁后选?好的,当轮到欢欢的时候,看,老师这里有什么欢欢可以选择的水果呢?

很好。两个苹果一个香蕉!让我们看看乐乐要选哪个呢?哈!乐乐选择了一个苹果。看乐乐选择了一个苹果。看,乐乐选择了一个苹果。现在,这里剩下了什么给贝贝来选呢?

对!贝贝要从一个苹果和一个香蕉当中选一个。

现在呢,是下午的加餐时间。贝贝和欢欢坐在一起。每个人都要排队轮流从老师那里选一个水果。欢欢排在前面,先选,贝贝在欢欢之后选。谁先选?谁后选?当轮到欢欢的时候,看,老师这里有什么欢欢可以选择的水果呢?

很好。两个香蕉一个苹果!让我们看看欢欢要选哪个呢?哈!欢欢选择了一个苹果。看欢欢选择了一个苹果。看,欢欢选择了一个苹果。现在,剩了什么给贝贝来选呢?

对,贝贝要从两个香蕉中选一个。

好的,让我们再来从头看一看。

你还记得吗?在早上的加餐时间,乐乐选了什么?

对,那么她留下什么给贝贝选呢?

在下午的加餐时间,欢欢选了什么?

对,那么她留下什么给贝贝选呢?

好的,现在我要问你,欢欢和乐乐,你觉得谁对于贝贝来说是个更好的朋友呢?为什么?

现在呢,如果在欢欢和乐乐中选一个来一起玩,你会选谁呢?为什么?

附录4 成就限制认知任务指导语

信念任务:

这是乐乐/丽丽。乐乐/丽丽的学校不是很好,他的老师也不是很好,但是乐乐/丽丽很想在考试中取得好成绩。你觉得虽然乐乐/丽丽的学校和老师不是很好,乐乐/丽丽可以选择在考试中取得好成绩吗,还是乐乐/丽丽就一定不能取得好成绩呢?(或:你觉得因为乐乐/丽丽的学校和老师不是很好,乐乐/丽丽一定不能取得好成绩吗,还是乐乐/丽丽也可以选择取得好成绩呢?)为什么呢?

这是小晨/冰冰。小晨/冰冰不是很聪明。小晨/冰冰学东西比较慢,解决问题也比较慢。但是小晨/冰冰很想在考试中取得好成绩。你觉得虽然小晨/冰冰不聪明,小晨/冰冰可以选择取得好成绩吗,还是小晨/冰冰就一定不能取得好成绩呢?(或:你觉得因为小晨/冰冰不聪明,小晨/冰冰一定不能取得好成绩吗,还是小晨/冰冰也可以选择取得好成绩呢?)为什么呢?

评价任务:

这是小明/芳芳。这是小刚/婷婷。

小明/芳芳和小刚/婷婷都在上学。

小明/芳芳的学校很好,老师也非常好。

现在他们要去参加考试了。

注意力检测:你还记得谁的学校和老师比较好吗?

预测问题:你觉得谁考试成绩会更好呢?

现在他们的考试成绩出来了,让我们来看一下,小明/芳芳和小刚/婷婷考试成绩都非常好,都考了一百分。

小明/芳芳的学校和老师很好,学习成绩很好。

小刚/婷婷的学校和老师不是很好,但学习成绩很好。

推理:你觉得谁更努力?

评价问题:

奖励:如果你只有一个奖品,可以奖励他们中的一个人,你会把奖品给谁呢?

偏好:你更喜欢谁呢?

成功:你觉得谁长大以后会更成功呢?

这是小亮/娜娜。这是小林/琳琳。

小亮/娜娜很聪明,学东西非常快,总能很快解决问题。

小林/琳琳不是很聪明,学东西比较慢,解决问题也比较慢。

现在他们要去参加考试了。

注意力检测:你还记得谁比较聪明吗?

预测问题:你觉得谁的考试成绩会更好呢?

现在他们的考试成绩出来了,让我们来看一下,小明/芳芳和小刚/婷婷考试成绩都非常好,都考了一百分。

小亮/娜娜很聪明,学习成绩很好。

小林/琳琳虽然不是很聪明,但学习成绩也很好。

推理:你觉得谁更努力?

评价问题:

奖励:如果你只有一个奖品,可以给他们中的一个人,你会把奖品给谁呢?

偏好:你更喜欢谁呢?

成功:你觉得谁长大以后会更成功呢?